「全共闘」未完の総括

450人アンケートを読む

本書を読まれる前に

日大・東大闘争を頂点に、全国各地の街頭や学園で〝怒れる若者たちの反乱〟が燃えさかった〝政治の季節〟から半世紀。それを中心的に担った全共闘世代も、今や「後期高齢者」を目前にして、再び「日本の社会制度」を根底から揺るがしかねない存在となりつつあります。

そんな彼らに対して、往時の活動への自己評価から、現在の年金・介護問題などの生活状況、さらに今後の政治・社会制度への提言など七十五項目におよぶアンケートを実施、四百五十超もの回答を得て、その全文を収録した『続・全共闘白書』（発行・情況出版、発売・世界書院）を二〇一九年末に刊行しました。

数多くのメディアで「貴重な歴史的証言」として評価されたこともあり、出版二カ月で増刷となり、同世代を中心に着実に売れつづけています。

いっぽうで『続・全共闘白書』の刊行目的は、「歴史的資料」を後世に残すことだけにあったわけではありません。

いわゆる〝全共闘本〟の多くにありがちな「過去の回顧」でも、「我かく戦えりの手柄話」でもない、〝元全共闘〟の過去と現在をあるがままにさらすことで、未来にむけた課題を次世代に伝え遺したい、次世代との対話・交歓があってこそ社会的役割が果たせる――そう考えたからです。

しかし、あえて四百五十人超の回答を愚直なまでに編集の手を加えなかったために、Ａ５版で七百ページ超の大部となり、同時代者以外の若い世代にとっては、いささか咀嚼と消化が難しい部分もあろうかと思います。

そこで、世代を超えた様々な分野の方たち――とりわけ同世代だけでなく、下の世代の論客と内外の研究者によって本書を読み解いてもらうことにしました。いってみれば『続・全共闘白書』に寄せられた〝元全共闘〟の半世紀にわたる想いの丈を、世代を超えて共有して解読してもらうための「手引きの書」であり「羅針盤」です。

私たちとしては、本書が機縁となって、全共闘運動をめぐる歴史的な功罪と課題について未来へむけて議論が深められることを願っています。

*

なお、本書所収の寄稿の多くは、『続・全共闘白書』の回答を踏まえて論評がなされていることから、巻末に「アンケート結果」を掲載しました。参考になさってください。

二〇二一年一月

全共闘　未完の総括編纂委員会

目次

PROFILE

やまもと・よしたか／元東大全共闘代表
一九四一年、大阪生まれ。東京大学理学部物理学科卒業。同大学院博士課程中退。駿台予備校に講師として勤務。科学史家。元東大全共闘代表。全国全共闘議長。著書に『知性の叛乱』『熱学思想の史的展開』『磁力と重力の発見』『原子・原子核・原子力』『福島の原発事故をめぐって』『近代日本一五〇年』など多数。近年、一九六七年一〇月八日第一次羽田闘争で斃れた高校の後輩である山﨑博昭君を語り継ぐプロジェクトに中心的に関わるなかで全共闘関連のイベントにも参加し、積極的に発言している。本稿は、本書の寄稿依頼に対して、山本氏より、最近の二つ集会での発言をもってそれに代えてほしいとの意向により掲載されるものである。

全共闘はなぜ闘ったのか

山本義隆

あの学園闘争は、それまでの政治党派の論理に納まらない内容を持っていた

今、紹介していただいた山本です。

私は10・8山﨑博昭プロジェクトにかかわっていて、そのプロジェクトがベトナムのホーチミン市

の戦争証跡博物館で『日本のベトナム反戦運動とその時代』展をやってベトナムツアーを企画したのですが、大下さん（大下敦史・元「情況」編集長）は、すでに癌がかなり進行していたにもかかわらずそのツアーに参加してくれました。その時、大下さんの相当病気が進んでいると聞いていたので心配していたのですが、終りまで元気にしておられたので、正直ほっとしました。大下さんは、本当によく病を押してベトナムまで来てくださったと思います。本当に感謝しています。その後、ほぼ半年後になくなられたわけで、やはりあのときの旅行がかなりこたえたのかなとも思われます。

全国で闘われた五十年前の「現場」

今日は、主催者の大谷（行雄）さんから十分くらい喋れと言われ、テーマを聞かれ、苦し紛れに「じゃあ、五十年前のことにしてくれ」と言ったのです。本当は、きちっと準備してそれなりにまとまった話をしようと思っていたんですけど、この一週間ほど、体の具合が悪くて準備できなくて、だからほとんどぶっつけなんです。

五十年前に何があったかというと、丁度五十年前の今日一九六八年六月一七日は東大に千二百名の機動隊が入った日なんです。今日の会の関係でいうと、この「情況」という雑誌が創刊された年でもあります。その当時の雑誌は「朝日ジャーナル」とか「現代の眼」とか「構造」とかいくつかありましたけれども、今は全部なくなって、「情況」だけが残っている。はっきりいったら絶滅危惧種みたいなものです。それが五十年残ったというのはすごいことだと思います。それには大下さんの力はすごかったなとつくづく思います。

それで、「情況」の創刊が五十年前の六月頃だったと思うんですけども、「情況」が成功した理由は何なのかというと、はじめ「情況」ができた時には、清水多吉さんとか、いくつか論壇の物書きさんが書いていたわけですが、それだけではなく現場で運動している人間を書き手に起用したことだと思います。私自身の事をいいますと、ちょうど六月から東大闘争が全学化し、七月に本部を封鎖し安田講堂を解放したのですが、初代編集長の古賀氏が十月の初めごろに安田（講堂）に来て、「山本、何か書け」と言って、それが九月二十七日に東大病院の基礎・病院連合実行委員会が中心になって行われた病院の赤レンガ館封鎖闘争の直後で、その闘争を中心に僕が、「バリケード封鎖の思想」とかいう題だったと思いますが、書いて十一月号に出たんです。それが東大闘争についての初めての現場からの報告だったと思うんです。要するに言いたいのは、「情況」が成功した大きな理由は、現場で運動している無名の人間に書かせたということにあったと思います。ということは、もちろん、そういう現場があったということです。

どういう現場があったかというと、もうちょっと話を広げて六月初めくらいから言いますと、六月二日、九州大学の建設中の建物に米軍のジェット機が激突するという前代未聞のことが起こっています。これについて、その年の「世界」の八月号に書かれています。

普通、〔このような米軍機の〕墜落事故の場合はピストル片手のＭＰのジープがすぐに現場へかけつけて、非常線を張ってあっというまに残骸の一片ものこさずに片づけてしまうのが通例だ。九大の場合も事故当夜、カービン銃をもった武装米兵がトラックでかけつけたが、集まった学生たちに抗議され機体の引き取りはできなかった。

ここにあるように日本国内で米軍機が墜落した時には、通常は日米安保条約にのっとって日本の警察にさえ介入させない米軍の軍事支配領域が事故現場に生まれ、その意味で治外法権だったのですが、それを阻止したのが学生だったのです。つまり学生の実力闘争が日本の主権を守ったと言えます。そしてここから九大闘争が始まります。

日本大学では、六月一一日に一万人の集会があって、そこに武装した右翼が襲撃しているんですね。日本刀も持っていました。屋上から砲丸とかスチールの机を投げ落とすんですから、ひどいもんです。そこに機動隊が来て、大衆は拍手したんですよ、右翼を取り締まってくれると。ところが取り締まられたのは全共闘の方だったので、初めて警察機動隊の正体がわかったわけです。それがきっかけになって、法学部のバリケード封鎖をやったのが六月一一日です。その次の一二日、日大経済学部をバリケード封鎖した。そこから事実上、立て続けに全学バリケード封鎖に入っていくわけです。

そして一月から登録医制度反対・研修協約獲得をめざして闘われていた東大医学部において、その闘争の最中に医学部と東大病院は学生と研修医に一方的な処分を行ったのであり、それにたいする撤回闘争が闘われていたのです。それで六月一五日に、医学部全学闘〔医学部四学年の学生自治会と卒後の研修医よりなる青医連の合同闘争委員会〕と医学連のブントの諸君が、安田講堂の総長室を占拠した。

その翌日六月一六日、教養学部の自治会の正副委員長選挙でフロント〔社会主義学生戦線〕が勝ったんです。これは他の党派の諸君はあんまり言わないですが、僕はあの時にフロントが勝ったことは、ものすごく大きかったと思っています。もし教養の正副委員長が民青だったら、その後の東大闘争はものすごくやりにくかったと思います。

なんでフロントが選挙に勝利したかというと、そのひとつの契機は、その前年の一〇・八と一一・一二の二回の羽田闘争だと言われています。一〇・八の佐藤首相南ベトナム訪問阻止をかかげた羽田闘争で京大生の山﨑博昭君が殺されたことは、多くの学生に当日羽田で闘った学生を孤立させてきた責任は自分たちにもあるのではないのかという反省を迫っていたのです。そして、民青を除く全党派が、当然のことながら山﨑君にたいする追悼と機動隊にする弾劾の意思を表明していました。しかしにもかかわらず、当日赤旗まつりに興じていた民青の諸君だけは、「権力を」ではなく「三派全学連を糾弾する」というようなビラをまき、大衆的にはあきれられていたことがあります。

そして、翌月の一二日の日米安保条約改定協議のため佐藤首相アメリカ訪問阻止にむけた第二次羽田闘争がありました。その闘争は機動隊の厳しい規制が予想されたのですが、その闘いをどうやるかというのを、三派全学連の偉いさんたちがいろいろ相談したんでしょうね。ちょうどその一一月一二日には前の晩から駒場で駒場祭にあたってたんですね。そこに前の晩から全部部隊を入れるという方針が立てられたのです。東大教養学部の駒場キャンパスは、井の頭線の駅の改札口まで大学の構内なんで、いわば大学の構内からそのまま電車に乗れるわけです。それに目を付けたんだと思うんですね。そんなんで第二次羽田闘争は、前の晩から三派全学連の部隊が駒場キャンパスに入って、次の日の朝、井の頭線の駒場東大前駅から出撃して行ったんです。その時、駒場祭の委員会を主導していたのがフロントだったわけです。民青は相変わらず三派全学連を誹謗していたわけですけれども、駒場祭実行委員会としてキャンパスを自主的に管理する立場にあったフロントは、三派全学連とは一線を画しながらも、三派全学連の部隊を受け容れ、大学に手出しさせなかったのです。そういう点が学生大衆に評価されたのだと言われています。

大きな意味を持った講堂の「占拠・解放」

それで、六八年六月の話に戻りますと、一五日に六・一五の統一行動があって、東大ベトナム反戦会議をふくめて大学院のいくつかの組織が一緒になって大学院生二百くらいで六・一五の統一行動に行っているんですね。それで医学部の諸君が総長室占拠に入ったという連絡が入ったので、その統一行動に立ち上った大学院生を中心に医学部の闘争を支援するために本郷に集まり全学闘争連合(全闘連)ができました。東大の中で大衆的な全学組織が最初にできたのは大学院なのです。それ以降、大学院生の全闘連と研修医の青医連が、実際、東大全共闘の中心部隊になっていきました。

そして大学当局は総長室から学生を排除するために一七日に千二百の機動隊を導入し、それをきっかけに闘争は一挙に全学化したのです。二〇日に全学の一日ストがあり、それで二六日には文学部が革マルの主導でストライキに入りました。本郷では医学部をのぞいて初めての無期限ストで、翌二七日には経済の大学院自治会も無期限ストに入っています。この二つは大きかったと思います。とくに大学院の自治会が無期限ストに入ったことは、駒場(教養学部)の学生には大きな影響があったようです。このことは、当時駒場にいた諸君と後に話した時に、直接聞きました。大学に入ったばかりの学生にとっては、自分たちよりも数年以上も年上の大学院生が無期限ストに立ち上ったということはものすごくインパクトのあることだったようです。

そういう情勢で、大学側としても対応を迫られて、六月二八日に総長の会見というのがあって、総長がしばらく無意味なことを言った段階で、付き添っていた医師が「総長は体の調子が悪いから一時休憩します」というようなことを言ってそのまま引っ込み、僕らは戻ってこないのはわかっていましたけれども、「一時休憩」ということだから再開を待っているという口実で、講堂をそのまま実質的に占拠していたんです。

それで、すぐに本部再封鎖の問題が浮上します。その時も、民青の諸君は大学側を追求するよりももっぱら機動隊導入の挑発行動をやるなと言っていたけれど、大衆的にはあまり入らなかったです。なぜかというと、その時点まで全学組織である中央委員会、さらに医学部と文学部以外の自治会執行部を民青は握っとったのですが、そのくせこれまで医学部の処分反対闘争を何もやらなかったじゃないかと、お前らが医学部を孤立させたんじゃないか、という論理が大衆の中にものすごく入っていたですね。実際、当局にたいして機動隊導入を弾劾し処分撤回を迫ることよりも医学部自治会の主導権を奪い返すことのほうに熱心なことを、大衆的に見透かされていたようです。

それで、再封鎖については、七月一日の夜に民青以外の全党派、それから全闘連、青医連それぞれ代表的なメンバーが集まり、議論をしました。やるということでは基本的には全体で一致していたのですが、ただ、いつ決行するかで意見がわれていたのです。この話しをするのは初めてなんですが、内幕を言いますと、全闘連、青医連、解放派、ブント、MLは七月五日に予定されていた駒場の代議員大会で無期限ストの決議をする前にやるということで一致していたのですが、革マルは七月五日の代議員大会でストライキ決議を通してから封鎖、フロントは七月ではなく九月からやると主張、それで延々十時間くらい議論したのです。その時に、その議論をリードしたのは駒場の解放派のＦ君で、これはものすごい迫力でした。何が何でもやると、俺一人でもやるみたいな雰囲気で、それで革マル派もフロントも含めてみんなを説き伏せて、あれは見事なものでした。それで全体の意志一致が勝ち取れときに窓の外を見たらすでに夜が明けて明るくなっていたのを覚えています。朝まで議論やって、その日の晩、二百五十人ほど結集し封鎖実行員会を作って、七月二日に封鎖したわけです。

その直後に僕はＦに聞いたんですよ、「封鎖した後、どうするんだ」。ところが何もイメージ持ってらん、本部を封鎖するという当局にたいする打撃しか考えていないし、後の維持の体制も考えていない。しかし全闘連内部の議論では、そうじゃないだろう、本部の封鎖（ロックアウト）でなくてむしろ安田講堂の占拠（オキュペイション）と学生への解放（リベレイション）こそが重要なんだ、それでいかなければ絶対ダメだということが、とくに建築学科の大学院生の諸君から強く主張されたのです。だから全闘連のスローガンは「本部封鎖・講堂解放」でした。本郷、専門課程のあるキャンパスですけれども、その全体の中心になる所がそれまでどこにもなかったから、講堂を占拠し解放したというのは、その後の展開にとってものすごく大きかったですね。

そしてその後は、どんな理由でもよいからできるだけ多くの諸君に安田に来てもらい講堂に入ってもらうことを考え、講堂にやってきた諸君は、全部入れていくようにして、なかで徹底的に議論をしました。その時の論理というのは、ベトナム反戦闘争の論理と同じなんですね。五〇年代の反戦闘争というのは、日本が戦争に巻き込まれる、朝鮮戦争に巻き込まれるのに反対するというものだったのだけれども、六〇年代末のベトナム反戦闘争は、日本がアメリカのベトナム侵略を支えている、軍事的にも経済的にもですよ、基地を提供しているだけでなく、ベトナム特需で金儲けをしているのであり、だから日本はベトナム戦争の加担者であり受益者である。それにたいして黙っていることはベトナム侵略を容認しているだけではなく加担しているのであり、そのことが問われているのだ、という論理が大衆的にものすごく入っていった面がありました。ということは、そういう論理を受け入れる大衆的な健全さがあったように思うんです。

それと同じで、医学部の諸君が一月からあれだけ苦労して闘ってきたのであり、それにたいしてなにもしようとしなかったことは、結局当局による医学部闘争の弾圧を許し、実質的に加担してきたことになるのであり、それにたいして他学部の学生や院生は実際にどういう支援ができるのかが問われているんだ、そういう議論でやっていって、本部封鎖・講堂解放が支持されていったと思います。そして直後の七月三日に工学部学生大会で本部封鎖支持が決議され、五日に教養学部が無期限ストに突入し、その日の夜、ストライキに突入した駒場の学生諸君も本郷にやってきて、安田講堂内の集会で東大闘争全学共闘会議（東大全共闘）が結成されたのです。

それで、本部再封鎖の次の日から実際に何があったかというと、本部の事務職員が昼休みに連日押しかけてきたわけです。本部の事務の管理職クラスは文部省直轄です。で彼等が一般の職員に安田講堂に行かせるわけです。昼になって職員が押しかけてきて、自分の荷物取りたいから中に入れろとか言ってくるわけです。しかし実際には、本部再封鎖はほとんど確実とされていたから、すでに職員の私物などは当然持ち出されていたわけで、大概の職員は上から言われたからしょうがなくて来ているだけのようでした。要するに嫌がらせなわけですが、しかしそれが何日間か続きました。いずれにせよ、それにたいして、講堂の玄関前で本部側があきらめるまで何日も粘り強くキチン紳士的に丁寧に対応したのは、大学院の全闘連と自発的に集まってきた無党派の諸君だったのです。それだけではなく、安田講堂の占拠と解放は、学生にかぎらず、支援に来てくれた人たちや、外国のマスコミも含めて国内のマスコミ、その他、色んな人が次から次へとやってきて、そのひとつひとつに対応しなければならず、その他に細々したいくつもの問題が発生し、それらを解決してゆかなければならなかったのであり、夥しい雑務とともにそれらの大半を担っていたのは、これも全闘連の院生と無党派の諸君だったのです。党派の諸君は自分たちの党派のこと以外は、全体的な事は実質的にほとんど何もやらなかったですね。

七月は、僕らは初めのうちは、ふたたび機動隊が入るかもしれないと思って余裕がなかったですけど、八月の一〇日に大学当局の対応として悪名高い「八・一〇告示」が出て、それがあまりにひどい内容だったので、僕たちは余裕を持つことができて、東大全学共闘会議としての見解を展開した『東大闘争勝利のために』というパンフレットを作ることになりました。八・一〇告示の批判も含めて、四三青医連のM君と法学部の解放派のS君と僕の三人で作ったんですけれど、「八・一〇告示」が全学生に配布されているので、われわれもこのパンフを全学生に配ろうと決めて、そのためにどうしたらいいか、いろんなことを考えたんですけれども、夏休み中であり、結局郵送するするしかないということで、何とか金を集めて全学生に郵送しました。そのための資金はすべて全闘連のメンバーが助手たちをまわって集めました。そのパンフのS君が書いた「はじめに」に、僕は今でも覚えていますけど、「資本制百年の汚辱にまみれた東京大学の歴史」とあって、その時はじめて、そうだ、今年（一九六八年）は明治維新百年なんだと気づいたわけです。どういうわけか、僕はその時まで気が付かなかったんです。

教授側からの「対話」の現実

八月中のことで、プライベートな話をしますが、僕は当時ドクター・コースの三年で、ドクター論文を書くことになっていたので、八月で状況が少し落ち着いてから安田講堂のなかで計算しとったんですよ。理論物理学の研究といったら、ほとんど計算することですから。それで、当時僕の研究室から五人、僕の研究室の素粒子研は教授一人に院生数人というのではなく、大研究室なんで複数の教授と助教授のもとに二十人近い院生がいるのですが、当時そのうち五人が安田講堂に出入りしとったわけです。それで僕は安田にこもりきりで研究室に戻っていなかったから、気が付かなかったのだけれども、その間に一人ひとり各個撃破で教授に呼び出されておったのです。講堂の占拠には大学院生がかなり関わっているということが当局にもわかってきたらしくて、「八・一〇告示」の後、各教授会に大学院生で安田に出入りしているのをチェックして説得せよというようなお達しが上から出ていたみたいでした。僕は二人目に気づいて、これはまずいと思って、すぐに研究室に戻って、教授が呼び出してくるのを待っとったんですね。僕の本当の指導教官というのは、たまたま外国に行っとって、代わりの教授が指導教官代理ということで、僕を呼び出したわけです。

その世界的に知られているという教授ですが「ドクター論文の締め切りが一二月だというのは知っているか」と言うから「知ってます」と答えたら、「今何している」と聞くわけだ。理論物理の教授と大学院生の間でドクター論文に関連して「何してる？」と聞かれれば、当然、こういう研究をしていますという話になるわけです。だから、黒板に計算式を書き出したんです。三行くらい書いたら見もしないで「もういい」と言うので、失礼な奴だと思ったですね。そうしてようやく「君は安田講堂に出入りしているだろう」と本題を切り出した。だから「ああ、しています」と答えたら、なんと言ったかというと「そういう大学院生は研究者として認めない」と、ほんとにそう言った。研究者というのは教授に認められてなるもんとは思っていなかったから、あっけにとられて、「研究者として認めないというのはどういう意味ですか？」と聞いたら、「共同論文は書かない」、もうひとつは「外国の大学に推薦状を書かない」と、はっきりそう言ったですよ。僕はそれまで教授と共同論文を書いたことないですよ。すでにいくつか論文書いていましたけれど、教授とやったことはないし、指示されたこともない。そして、推薦状云々では、脅しであると同時に「俺が推薦状を書けばアメリカの一流大学に行けるけれど、お前の本来のボスではそうはいけないぞ」と言外に匂わせていることでもあり、二重に不愉快で、ほんとにあきれたですね。

僕がドクター論文のためにやっていることとして黒板に数式を書いた時に、学問上の議論として、そういう前提ではだめだとか、君の物理学の理解は浅いというような物理学上の批判をするのであれば、僕は素直に聞くし、そのうえで、自分の考えを展開することも可能で、いずれにせよ有り難いと思う。あるいは、医学部教授会や文学部教授会や大学当局のやっていることは間違ってはいない、だから君たちの要求は不当であり、したがって講堂の占拠は認められないというように教授が主張するのであれば、それはひとつの政治的立場の表明であり、それにたいしては、私のほうでも、大学当局や教授会の過ちとわれわれの要求の正当性を語ることはできるので、腹は立たない。ただ政治的な立場の違いを認識して、政治的に対応するだけである。

しかし、問題となっている処分や機動隊導入の問題にまったく触れずに、「研究者として認めない」「共同研究はしない」とか、まして「外国の大学への推薦状を書かない」というような言い方は、絶対的に優位な立場からの反論もなにも不可能な一方的な脅しであり、到底認められるものではありません。いずれにせよ、われわれの闘争にたいしてこういう形でしか言えないということは、裏返せば、処分や機動隊導入が不当であるというわれわれの主張にたいしてそれを否定する論拠を教授の側が有していないことを意味しています。あのころマスコミでは「識者」と言われている人たちが、大学で紛争が頻発するのは教授と学生の間で「対話が不足」しているからだというようなことをしたり顔で言ってましたが、これが教授側からの「対話」の現実だったわけです。正直あきれたですね。

東大病院にはそれぞれの教授の下に「医局」という異様な組織があり、二〇代・三〇代、あるいは四〇代の働き盛りの医者が何人もその「医局」に属して無給で働いている。どうしてそんな奇妙なことがありうるのかというと、もちろん医師の場合には市中病院のバイトで生活費が稼げるからであるが、それだけではなく、その医局で何年間か辛抱していれば、教授が自身の縄張りの内にある大学や大病院のしかるべきポストを斡旋してくれるからというわけだ。そういうのを見ると、医学部はなんと前近代的な所かと思われるが、しかし有力教授のもとでおとなしくしていればアメリカの一流の大学に推薦状を書いてもらえるというのも、構造としてはまったく同じではないか。いくらなんでもひどいと思って、その教授に言い返しました。「わかりました、本気で言っているんですね。じゃあ大学院生皆をあつめて、みんなの前で言ってください」。研究室の大学院生全員に集まってもらい、僕はあらためて言いました。「先生はさっき、研究者として認めない、共同論文を書かない、外国への推薦状を書かないと言いましたね」。さすがに大学院生はみんな怒って、いくら何でもそれはないでしょうというので、研究室の雰囲気は一変に変わったですね。

この時の経験で、僕自身は、この闘争は中途半端にかかわってはいけない、中途半端な闘いでは一生後悔することになると思いました。腹を決めたのは八月です。その直前までドクター論文のための計算などをしとったのですが、研究室にはもう戻らんと思ったですね。それ以後、ドクター論文を書こうなどとはまったく考えなくなりました。

大学院レベルでは、似たようなことがいくつもの学部や学科であったようです。そんなわけで、九月過ぎたら雰囲気が変わってきました。

医学部の教授会というのは、今の安倍政権と全く同じです。明らかに間違っている、ウソをついている、そのことが皆にわかっているけど認めない、全くあれと同じですね。誤認処分が明らかであるのに、認めようとしないし、責任をとろうともしない。しかし学内の議論は、それだけではなく、医学部のそういうメチャクチャを認めてきた他の学部の教授会は何なのかというのが、各学部で問題にされていったわけです。法学部の偉い先生が普段から人権だ何だと立派なことを言っているけど、こんなひどいことが大学のなかで行なわれているのになんにも発言しない、あんたたち何を考えているんだと、こんなことが大学の中で許されていいのか、そういう風に各学部や学科単位で教授たちと議論があって、それで雰囲気がものすごく変わっていったと思います。

それで各学部で教授とやりあって、一一月頃になり、大学側は加藤一郎を総長代行にして、収拾をはかりました。そのころ、われわれの七項目の要求に対して、実質上六項半目まで飲んだのにたいして、にもかかわらずそれを全共闘は拒否しているというような宣伝が大学側からなされていました。あとで丸山眞雄の書いたのを読むと、全共闘の言う「飲み方が悪い」というような批判は政治ではなく宗教だというようなことが書かれていました。しかしそうではなく、われわれは責任を問うていたのです。処分の過ちを認めて撤回するというのと、ただ元に戻してなかったことにするというのは全く異なることです。後者では、誰も責任をとらないからです。闘争後十年ほどして、テレビの回顧番組で、当時の医学部の教授にアナウンサーが、誰が見ても誤認処分であることが明らかであったのに、どうして医学部の教授会はそれを認めなかったのかと聞いたのにたいして、その教授がそれを認めたら責任をとらなければいけなくなると言下に答えたのが、印象に残っています。彼らは責任をとらなかったのです。

このことの重要性は，福島の原発事故で明らかになりました。結局、原子力発電の旗を振った政治家たちも東京電力の首脳部も経産省の役人も原子力村の教授たちも、誰も責任をとっていません。そうして現在、安全神話が復活し、原発回帰の動きがじわじわ進められています。さかのぼればかつての戦争でもそうです。かつての戦争で日本の民衆が自分たち手で戦争責任を追及できなかったことが、その後の日本社会のあり方に大きく影響をしています。

私たちは、一九六七年の物理学会内部での米軍資金問題の闘争を、総会で決議案の採択を迫るという形で闘いました。決議案の第一項・第二項は、米軍資金導入の過ちを認めさせること、第三項は今後のこととして「日本物理学会は今後内外を問わず、一切の軍隊からの援助、その他一切の協力関係を持たない」、そして第四項は「日本物理学会は今回の米軍資金を導入した仲介者および半導体国際会議実行委員会に対して適当な処分を行う」、すなわち責任追求でした。総会では初めの三項は可決したのですが、残念ながら第四項は否決されました。しかし私は、この第四項を提案したことは、日本社会に根強い無責任の風土のなかにあっては、きわめて重要であったと思ってます。

全てのことに正しい前衛党なんてあるわけない

東大闘争の話に戻りますと、一一月の時点で、機動隊導入や処分の問題はもちろんあるけれども、それとともに、あるいはそれ以上に、そもそも東京大学って何なんだと、何をやってきたんだということが強く意識されてきたわけです。たとえば産学共同路線が議論されていました。解放派の諸君が産学共同反対とよく言っていたので内容を聞いてみたら、教育のレベルで言っている。しかし、産学共同というのは、本当は研究室レベルの問題なんです。特に工学部、薬学部、そして農学部や理学部の一部もそうです。もう露骨に産学共同なんです。要するに東大は、とくに理工系、あるいは農学系、薬学系は、端的に国策大学なんです。だから、一一月頃にＭＬの諸君が「東京帝国主義大学解体」というスローガンを初めて言った時、それは僕には腑に落ちる処があったですね。

そういうことがいっぱいあって、封鎖闘争というのも単に戦術的なものじゃなくて、そういう学生なり大学院生の今までの考え方を変えていく解放空間だったと思うんですよね。さっき「情況」に初めて書いた論文が九月二七日の病院の赤レンガ館封鎖と言いましたけれど、赤レンガ封鎖は誰がやったかというと、基礎病院連合実行委員会という、お医者さんと研究者が中心となった闘争なんです。そのことは、これまでの医局や研究室での人間関係を断ち切る闘いのはじまりだったのです。そしてその後、赤レンガでは精神神経科の開放治療が続けられていったんです。だから、そういう風ないろんな内容を持っていたと思うんです。言いたいのは、あの学園闘争は、それまでの政治党派の論理に納まらない内容を持っていたということです。

それまでの左翼というのは、近代化して工業化が進んで生産力が向上したら、資本主義では矛盾が起こるけれども、社会主義ならばいいみたいな、非常にシンプルな思い込みがあったと思います。何というか、そのためには一方では近代化・工業化が進むと共に、前衛党が権力を取ったら何でもかんでも解決するみたいなそういう幻想が五〇年代にはあったんですよ。だから、唯一絶対正しい前衛党があって、それが力をのばしてゆくことがまず第一で、個別の闘争はすべてそのためにあるんだ、みたいなところがあったわけですよ。六〇年安保闘争の直後はまだそういう幻想はあったですね。六〇年安保闘争の総括というのは、本当の前衛党を作らなければいけないみたいなものがあって、そういう意味では、住民運動であれ何であれ、一番大事なのは、そういう指導的な前衛党が力を伸ばすことなんだという論理みたいなものが、あった。しかし六〇年代を通してそういうことでは解決できないんじゃないか、そんなことじゃないんだ、それはソ連の様相を見ても中国の様相を見てもわかってきたし、東大の問題にしても地域開発の問題にしても、全てのことに正しい前衛党なんてあるわけない。

そういう問題の立て方をしてはあかんのちゃうか、というのが、僕らがあの時に感じ取ったものです。内ゲバの問題なんかでも、詰まるところ、そういうすべてのことに絶対的に正しい唯一の前衛党の幻想みたいなものがあったんじゃないかと思います。実際には現実に運動に関わっている人間なり集団が、その問題にかんしての前衛と考えるべきなんだと、僕はずっと思っているんです。重要なのは、問題ごとに異議申し立てができる社会的背景があることだと思っています。

この間、私は10・8山﨑博昭プロジェクトに関わってきました。たまたま山﨑博昭君が僕の高校の後輩だったこともあって、山﨑君と高校で同期の佐々木君たちに言われて、それから水戸喜世子さんに言われて、この運動に関わってきました。水戸さんに関しては、水戸巌さんがまだ核研（原子核研究所）におられた頃からの、米軍資金闘争をやった時からの知り合いです。それで一〇・八羽田闘争の直後に、僕は水戸さんのお家まで行って救援の手伝いをして、そのときはじめて水戸喜世子さんにもお会いしました。その一〇・八闘争の救援運動から救援連絡センターが生まれてゆきます。あの七〇年前後のいわゆる新左翼運動が生んだもののひとつとして救援運動があるわけです。

それまでは、共産党の救援運動というのがあったわけですけれども、それは党の方針を受け容れる者しか救援しないというものでした。それにたいして水戸さんは、権力に弾圧された者は党派を問わず誰であれ全部救援しなければいけないという考えで、それを貫いた人なんです。それで、その救援運動が実に五十年続いてきた。これは新左翼運動の最大の遺産のひとつだと思います。この間、10・8山﨑博昭プロジェクトの中で議論していたんですけれども、一〇・八闘争の救援から始まった水戸さんの始められた救援運動は、ちゃんとその意義とその歴史を語り継ぐべきではないかと、思っております。絶滅危惧種の「情況」が五十年生き残ったのですが、救援運動は絶滅危惧種になっては困るので、それを維持してこられた水戸さん夫妻、それから現在の事務局長の山中幸男さん、本当に頭下がります。

そんなことで僕の話、まとまらないで申し訳ないですが終わります。

（「大下敦史ゆかりの集い 追悼！ 記念講演会」（二〇一八年六月一七日）における発言）

若い人に伝えてこれなかった自分が情けない

今日の集会ですけれども、高校生の闘争をやった皆さんの集会だからあまり僕なんかが表に出ない方がええと思っとったんだけど、大谷（行雄）君に引っ張り出されて来ました。

先ほどから三つのこと——党派との関係、自己否定、若い人に言うこと——を聞かれました。はじめに党派との関係ですけども、それはなかなか整理した形では言いにくいから、具体的に言います。

東大闘争には六〇年安保の経験者が多くいた

僕は一九六〇年の入学です。東大闘争を闘った僕ら大学院生は全闘連と言っていたんですけれど、そこには僕と同年で六〇年安保の経験者が多くいて、それが大体中心になっていました。助手共闘なんかはさらに上の世代です。さっき塩川（喜信）さんの話が出ましたけれど、塩川さんは五八年に全学連委員長をやった、つまり唐牛健太郎の前の委員長ですよ。東大全共闘の助手共闘にはそんな人もおったわけです。

僕は今でも思い出すけれども、塩川さんを初めて大衆の前に出したのは一〇月の集会で、ちょっと中だるみみたいになっとったんで、インパクトがいるなということで塩川を引っ張り出しました。その時に僕は塩川さんに「元全学連委員長と紹介していいか」と聞いたら塩川さんは「よしてくれよ」とか言ってたのですが、それを横で聞いていたもう一人の同年輩の助手共闘の人が「やっちゃえやっちゃえ」と言うから、集会で「元全学連委員長の塩川さんを紹介します」と言ったら、聞いていた学生諸君、エッという感じで目の色が変わったですね。そんなのがおるんか、ちゅう感じで。まわりで取材していた記者たちの雰囲気も変わったですね。そんなんで、若い党派の活動家諸君も僕らをそれなりに敬意を持って接してくれたのかと思います。

それともうひとつは、東大闘争では六八年七月の段階で安田講堂を占拠しています。これは本部封鎖と言ってますけれども、本当はオキュペーションなんです、占拠なんですよ。その時、党派の活動家諸君は本部封鎖をロックアウト、つまり当局にたいする打撃として本部事務を封鎖すると考えておったみたいですが、僕らは全闘連の中で議論して、そうじゃないんだと、講堂解放なんで、それが重要なんだと考えていました。要するに講堂を解放空間にしてできるかぎりの学生を中に入れて、学生の新しい共同性を作り出すことが重要なんだと考えていました。それが七月で、それでひと夏われわれはやってきました。実際には、あれだけのスペースを占拠して、しかも多くの諸君に解放するということは、いろいろ瑣末で雑用的で消耗な作業が必要なわけです。闘争と言うのは、実際にはそういう毎日毎日の夥しい雑事の積み重ねなのです。それを維持したのは自発的に集まってきたノンセクトの諸君なんです、僕ら全闘連と青医連を含めてノンセクトの諸君なんです。

初めのうちは本部の職員が、本部の職員というのは文部省直属なんですけれども、毎日押しかけてきて、それとの攻防戦ですよ。そういうことを全部耐え抜いて、毎日の雑用を全部やって、そういう意味で、東大全共闘の中心になっていたわけです。だからひと夏越えた段階で、政治党派の諸君も敬意を表せざるを得ない状態だったと思います。そういう意味では、諸党派の活動家の諸君とノンセクトの部分の関係は、意図してそうなったわけではないけれども、東大闘争ではそれなりにうまくいっていたと思います。

もちろんそれ以前の蓄積もあるんですけどね。それ以前の砂川闘争の時から、本郷で私は東大ベトナム反戦会議というのをやっていたんですけれども、各党派を全部集めて本郷で統一集会をやらせたりしていたから、そういう蓄積があったということもあります。東大全共闘は、いくつかの政治党派と全闘連のような無党派の集団の寄り集まりでしたが、それがそれなりにまとまってやってゆけた背景は、そういうことだったと思います。

学問による国威発揚は明治以来変わらない

それからさっき問われた「自己否定」と「大学解体」ですけれども、東大全共闘として闘争の過程で言い出したのは「帝国主義大学解体」。わかりやすく言えば国策大学批判です。国策大学に対して「大学解体」と言ったんです。「自己否定」ということをスローガンとして言ったことはあまりないんですよね。ほとんどビラにもそんなこと書いていない。言い出したのは安田（講堂攻防戦）の後だったような気がするんですが、むしろマスコミが広げた感じもします。

ただ僕自身の気分はどうだったかと言うと、当時高校生の諸君からすれば僕は十年くらい年上なので、すでに大学院の博士課程の三年です。それまでに僕は六七年に日本物理学会が米軍から資金を援助されていたことを巡って闘争をやっていたんですけれども、その時に教授たちとやり合ったわけですよ。そうすると、最終的には「それでも研究が進めばいいことじゃないか」という話にいくわけですよ。そこには、とにもかくにも研究が進むことは無前提的に良いこととして、肯定されるべきこととして、考えられ、語られているわけです。

僕らは米軍からの資金援助にたいして「それはけしからんことだと」と言って、その責任者の責任追及をしたのだけれど、それに対していろんな言い訳をするわけです。「物理学会というような組織は研究者の研究のための同好会みたいなもので、そういう所にそういう政治的な話題を持ち込むのはいかん」とか言ってるので、「何言ってんだあなたたちは」ということになる。その当時、米軍はベトナム戦争の一方の当時者です。そこから金を貰ったということは、それ自体がものすごい政治的なことなんだ。一方では、そういう政治的なことを既成事実として自分たちでやっておきながら、他方で、われわれにたいして政治的な議論を持ち込むなという言い方で、その責任追及を封じようとするのは、そのこと自体がきわめて政治的ではないか、ということになる。だから問題は、政治的な議論を持ち込むなではなく、政治には無関係ではありえないんだから、問題はどのように政治的でなければならないかであり、外国の軍隊であり戦争している国の軍隊である米軍と密接な関係をもつのか、そういう関係を持たないのかが問われているんだと僕たちは主張してきました。

現実の話で言うと、確かに教授が言うように、直接軍事研究をせよというような意味での見返りは要求されていない。けれども、資金援助の条件に学会の広報物に米国軍隊から資金援助を得たことを書け、となっている。そうすると学会のプログラムなり何なりにそういうのを書けば、国際会議ですから世界中の物理学者がやってきて、日本の物理学会は米軍とそういう関係にあるんですか、日本物理学会は米軍のベトナム侵略を認めているのですか、ということになる。ものすごい政治的なことなんですよ。「そういうことも分からんのか、お前たちは」という話になるでしょ。そうすると追いつめられて、最後は「それでも研究が進めばいいじゃないか」という話になるわけで、何はともあれ研究が進めばいい。そうすると研究を進めるということは何なのかという話に最終的にはなるわけです。物理学の研究というは軍隊から金を貰ってまでするほど、普遍的に価値のあることなのかということになる。

個人のレベルでは、研究は、突き詰めれば好きでやってるのであり、それと同時に、研究で業績上げれば認められてキャリア・アップにつながり、それで自分の地位と社会的評価が上がっていく、そういうものとしてなされている。しかしそういうもともと個人的なものであった研究活動にたいして、実際には一九世紀の半ば以降、国家が政策として推進するようになったわけです。現代の社会は、一定数の研究者による研究活動を社会的に必要としているわけです。だからこそ、国が研究活動に金を出すわけです。何でそのような研究活動に金を出すのかといったら、それはもちろん直接産業技術の開発につながるということはあるだろうけれども、それだけではないんですね。たとえばニュートリノ研究のような、技術開発というような意味ではおよそ実用につながりそうにない部分にだって政府は金を出しているんですから。湯川先生の中間子論だって、それが直接なんかに使えるわけではない。

明治以降日本はしゃかりきになって近代化をやって公的に科学技術の発展を進めてきたが、それはもちろん直接的には富国強兵・殖産興業のためだけども、それだけはないんですね。それをやることによって、日本は近代国家になって行くんだと、国際社会で認められて行くんだ、そして帝国主義列強の一角に食い込むんだ、というのがあったと思うんです。必死になって欧米諸国に追いつこうとしていた日本にとって、その要素はものすごく大きかったと思うんです。だから直接技術に関係なくても金を出す。特に国際的に評価される研究、特に物理とか数学に金を出すわけです。ようするに国威発揚なんであって、その要素は僕らが思っている以上に大きいと思います。そしてそれは、明治以降、今日まで変わらない。

特権階級だった東大院生の「自己否定」

たとえば日本で最初に原子力開発を言い出したのは一九五〇年代の中曽根ですが、中曽根がそれを言いだした当時、彼は必ずしもエネルギー問題に主要に関心があったわけでもないと思われます。まだ石炭が主で、石油へのエネルギー転換が議論される以前ですから。またそれが核武装につながるというけれど、少なくともその段階ではその点はまだ本気では考えていなかったのではないかと思う。そうすると何かというと「一等国」の証ということなんです。戦前よく言われた「一等国」というのは戦艦何万トン持っているということだったわけですが、あれと同じ発想なんですね。

それは世界中どこでもそうです。ドゴールや毛沢東もそうです。ドゴールや毛沢東も原爆を作ったからといって、使えるとは思ってないです。では何で作るのかというと、それは超大国の証なんですよ。国際社会で自己主張して、アメリカやソ連と対等に渡り合える資格だったのです。原爆を持っているということは「超大国」の証であり、原爆までは持たないけれどもそれに準ずる形で核技術を持っている国はそれに次ぐ「一等国」なんです。中曽根の当時の発想はそれだったと思うんです。要するに日本は国際社会で認められる、発言権を持っている「一等国」でなければならない、そのためには核技術を持たなければいけない。戦後の国際社会はそうなんです。それを中曽根はいち早く見抜いたんです。そうだと思います。さらに後になって岸信介は、「潜在的核武装」という形で将来的な核武装の可能性を作るんだという形の路線を引き、現在の外務省はそうですけれども。

そんな風に、科学技術の発展ということに対して、僕はだんだん自分で疑問を持ってきました。東大のとくに理科系の大学院生なんかなんか実質上、国の研究活動の底辺だけではなく多くの場合根幹を担ってるわけです。それで大学院生の当然の要求みたいな形でいろいろ権利要求をするわけですよ。研究費を上げろとか、奨学金上げろとか、将来計画の提言だとか、それが当然の権利みたいに言われていたわけです。僕も大学院に入った時、初めのうちはそんなもんかと思ってたけれども、段々それに疑問を感じてきて、そういうことの要求というのは特権的なレベルで分け前をよこせと言っているのとちゃうんか、と思われて。たとえばさっき日本物理学会が国際会議開催にあたって米軍から資金援助を得ていた問題で、僕らは「日本物理学会は今後軍からの資金援助を受けない」との決議をとる運動を始めたのですが、そのとき共産党系の人たちは、物理学会が米軍から資金援助を受けたのは貧困な文教政策の結果であり、科学研究の予算が少ないことが原因だから、政府に研究費増額を要求する運動にすべきだというような主張をしたのですが、とてもじゃないけど、一緒にやる気はしなかった。「自己否定」とか「ただの人」というのはそういう研究者としての立場からの要求なんかではあかんのちゃうか、研究者という立場を全面肯定したうえでの権利要求のような運動はあかんのとちがうか、難しく言えば普遍性を持たないんじゃないか。そういうものがあったわけで、だからこれは学生諸君とはだいぶん違う考えを持っていたというか、違う気分があったのではないかと思いますね。

例えば「産学共同路線粉砕」とか言うでしょ。後になって分かったんだけれども、学生と言っている意味が大分違っていた。学生諸君は産学共同というのは、労働者の予備軍として学生は教育されているんだから、それと闘うことが労働者と連帯することになる、みたいなことを言ってたけど、そういう言い方は言葉だけの問題で、一種の観念論のように思われます。僕らはもっと現実的に産学共同というのは大学の中に企業からどんどん金が入ってきていて、企業や国策と一体化している、そういう現実をさしていたわけです。

すさまじいですよそれは。特に僕は六〇年入学、つまり高度成長が始まり、理工系ブームが始まった時で、実際、その年に原子力工学科が出来ているわけです。大体、原子力工学科を新設するというようなことが大学だけの独自の判断で出てくるはずはない。大学の自治とか言うけれども、それは財界と通産省（現経産省）と文部省（現文科省）の働きかけに応じるかたちで決められたに違いないですよ。実際そのころにいくつもの大学でほぼ一斉に原子力工学科が生まれています。こうしてその後の原子力村が生まれていったのです。もちろん原子力工学だけじゃないですよ。電子工学科が出来たのは一九五九年であり、これが六〇年代の先端技術開発を担ってゆきます。工学部、薬学部ほぼ全部そうです。結局、研究の前線配置、つまりどの分野にどれだけ重点を置くのかということは、財界の意向を反映したかたちで、政策で決められて、基本的にはその枠内で個別の研究がなされているのです。

膨大な寄付講座が出来ている、寄付金が入ってきている、だから産学共同路線粉砕というのは、そういうものに対するものだと思っとったんです。そういう風な企業と一体となって大学の研究が進められているわけです。工学部や薬学部の教授だって、その多くが大きな企業とつながっていて、毎年企業から委託研究生を引き受けて、寄付を受け、それと引き換えに卒業生を企業に押し込んでいるわけです。個々の教授たちの権威は、多くの場合、そういう風に企業とパイプを持っているとか、国の政策のための委員会に名を連ねて政策にお墨付きを与える、といったことにあるわけです。国と電力会社の原子力政策に東大をはじめとする大学の教授たちがどれほど加担しているのかは、フクシマ以来明らかになっています。

だから東大のとくに理工系の大学院生なんて特権階級なんですよ。あまり特権階級という意識がなかったのかもしれないけれども、やっぱりそうなんですね。そういう中で権利の分け前をより多くよこせというのではない自己主張はありうるのか、という問題だったと思います。「自己否定」というのは今から考えるとかなり気恥ずかしい言葉でなかなか言えないですけれども、あの時は言えたのだからすごいものだと思います。そういう中で、そういうところから離れて自分たちの主張があるんだということを言いたかったようなところがあるんですね。うまく言えんですけれども。

この五十年間俺たちは何をやっていたのか

「今の若い人に対して」ということについて、これは本当にどうしていいのか僕も知りたいですけれども、あかんと思ったのは、ひとつは福島の事故の後、これは後で聞いたんですけれども、東京大学のキャンパスに行った奴が「東京大学の学生は何もしとらん。シーンとしていて、立看ひとつ出ていない」と言ってたんですね。あれだけの事故があったにもかかわらず、何事もなかったように続けられている物理学や化学や工学の研究て一体何なんだと思います。

それともうひとつ僕の直接の経験を言いますと、昨年の一一月、京大生の山崎君が六七年の一〇・八闘争で虐殺された、その展示会を「10・8山﨑博昭プロジェクト」の企画で京都大学の去年の一一月の学園祭でやったんで、僕は数十年ぶりに大学の学園祭というところに足を踏み入れました。ちょうど香港の理工大学に機動隊が突入する寸前でした。僕は前の晩、ホテルでテレビを見たら、ニュースでその寸前の学生が思い詰めた感じで喋っているわけです。正直、涙が出てきましたよ。翌日、京都大学に行ったらお祭りですから明るくて楽しそうで、立看もいっぱい出ていているんですよ。それはいいんですが、僕が見て回ったかぎりでは「香港学生に連帯する」というような看板がひとつもない。これはやはり「あかん」と思った。皆が皆そうせよとは言わんけれども、大学のキャンパスの中にせめてそういうふうな看板のひとつぐらいなければ嘘だろうと思ったわけです。

そういう意味では僕は何とか、さっきの福島の時の東京大学は何のレスポンスもないというか、シーンとして普段と変わらん状況があったということを含めて、やっぱり「俺たちこの五十年間何しとったんや」と思います。本当悔しいし、自分が情けないです。何で若い人たちに伝えてこれなかったんだと思います。そんなんで、さっきの質問の答えにならんけれども、答えようがないんで、いい知恵があったら出してもらいたい感じです。

（「高校闘争から半世紀―私たちは何を残したのか、未来への継承　高校生が世界を変える」シンポジウム（二〇二〇年二月一一日）における発言）

PROFILE

みかみ・おさむ／評論家・元新左翼活動家
一九四一年、三重県四日市市生まれ。一九六〇年に中央大学法学部に入学し、安保闘争に参加。六二年、社会主義学生同盟の全国委員長となる。第二次ブントに加入し、全共闘運動やベトナム反戦闘争にも加わる。ブント内部の党派闘争では、吉本隆明の影響を受けて、赤軍派等の軍事路線を批判する共産主義者同盟叛旗派を創設し、同派のリーダーを務める。七五年に同派を辞し、執筆活動に転じる。本名は味岡修。仲間内では本名に由来する「味さん」の呼び名で親しまれ、温和な人柄から、老・壮・青に幅広い交友関係を持つ。直近では経産省前脱原発テント広場の運動に参画。また、言論誌「流砂」を発行し続けている。

未完のものとしてある運動と闘争の記憶

三上 治

1．あの時代のことは少しも色あせない

自分では最近は少なくなっていると思っていたがそうではないらしい。夢であの時代のことを見てうなされたりするようなことだ。もっとも、これは連れ合いの言う事なのだが、自分でもハッとする

こともある。ゲバルトで追い詰められて必死で抗おうとしていることや、懐かしい面々からなぜか自分だけが疎遠なところにおかれて焦っているようなことなどである。また、逮捕されてこれから拘置所に連れて行かれる何とも言えず、絶望的な気持ちに誘うものもある。こういう苦しいことだけではない。バリケードの中で流行りのグループサウンズの歌を教えてくれた女子学生の笑顔もあるのだが……。こうした夢見は、最近は少なくなっていると思ってきたが、どうやらそうでもないないらしい。歳をとると直近の記憶は忘れるが、昔の記憶は鮮明だというが、そんなことも関係しているのだろうか。

人の記憶というのは不思議なものだ。色濃く残っているものと、そうでないものがある。記憶は万遍なくあるというものではないのだ。記憶ということに拘ったのは三島由紀夫だが、彼はこのことを気にしていて人々の記憶に残る行動をこころがけたと言われる。何を考えているのだと思ったことがあるが、今では少し分かる思いもする。僕らは一九六〇年代に後世にのこる記憶のために様々の行動をしたのではないが、この当時のことは記憶に残っている。一九六〇年代といえばはるか五十年以前のことだが、昨日のことのように想起する。何かにつけてこのことを思い出している。例えば、やっと首相の座を降りた安倍晋三だが、彼のことではいつも祖父の岸信介と安保闘争の事を思い出すように。それだけ、安保闘争や全共闘運動は深い記憶としてあるし、しかも、この記憶は未完のものとしてあり、想起するごとに違ったことが伴われてくる。僕は繰り返し、取り出し対象化しようとするのだが、それはしきれないものを残し、その都度あらたなことを見出す。

ここに『続・全共闘白書』がある。かつて全共闘運動を闘った面々が、全共闘運動について、その後への影響についてアンケートに答える形で語ったものである。この全共闘白書にはその前段というべき『全共闘白書』（新潮社、一九九四年八月二五日発行）がある。二十五年前である。僕はこの白書のときは呼びかけ人に名を連ねており、冒頭の「今こそ語りはじめよう『全共闘世代』」でも発言している。「僕はこの企ての中心になった人たちよりは少し年上ですから、最初呼びかけ人になるのは躊躇がありました。でも、全共闘運動というのは確か『猪』の年代の前後の人たちが中心だったのですが、東大の最首悟君や山本義隆君なんかは僕らと同年代ですし、幅広く構成されてもいたわけで加わることにしました」と。この『続・全共闘白書』でもアンケートは来ていたが、忙しさにかまけてやりすごしてしまった。企画・編集をした人には申し訳ないと思った。全共闘運動から二十五年を経たときも、「遠く時間が経ったものだ」という思いがしたが、この『続・全共闘白書』は五十年を経てのことだから、なおさらのことである。そしてあの時代のことが少しも色あせない記憶としてあることを確認する。最初の『全共闘白書』では登場していた今井澄や長谷百合子はもう帰らぬ人になっている。それがこころに残り、彼等の面影が自然に浮かぶが、そんな歳になったのだと思う。そういう感慨もある。

2. バリケードの中のいいしれない自由

全共闘運動については小熊英二『１９６８』（上・下　新曜社）がある。初めと終わりを特定しにくい、その上、多様な形態としてあった全共闘運動を全体的に再構成しながら取り出したこの作品は労作には違いないのだけれど、これは全共闘運動の当事者や周辺にいた人たちの評は芳しくない。何故だろうと思う。全共闘運動は時間的に、かつ空間的に膨大な領域にわたる運動としてあり、こういう作品にして描くことにもともと無理があり、当然にもいろいろの批判も出て来る。ただ、小熊のこの作品に対する不満はこういう類のものではない、と思う。全共闘運動は全体を描くことが困難であるように、その本質的なものを理論（理念）や言語表現として取り出しにくい。これは運動の当事者や周辺にいた人の誰もが感じて来たことである。ただ、理論や言語表現が難しくても、これが本質だと直観し、感性的に感じていたことはある。これは全共闘運動の全体性と言ってもいいものである。僕はこれについてこう語ってきた。

「中大の事を例にすれば、学生たちはこうした理念（マルクス・レーニン主義）とは別に時代の支配的な権威を疑い、それから自由になろうとすることを試みたわけです。これは本質的な意味での体制への挑みであってイデオロギーを超えたものだったのです。言葉の本来の意味での自由の追求と言って良かったのです。自由な感覚や関係のひろがりを求めたわけです。だから、資本主義体制と社会主義体制とも衝突したものですし、双方に異議申し立てを行ったわけです。この世代的経験は日本社会の中で特異な際立ったものかもしれないですが、表面的な運動の消長とはべつにやはり生きているんじゃないですか。その思想的経験は射程の長いものだったし、いろんな形で生きているわけです。」（『全共闘白書』）。

二十五年前の発言だが、現在の発言としてもいいと思っている。ここで僕は全体性というか、その方向を自由という言葉で表現しているが、こういう全体性を全共闘運動の当事者たちは直観や感覚として共有していたように思う。バリケードの中でいいしれない自由というか解放感を持ったということでもいい。全共闘運動の全体性はこういうところにあったことは言葉を超えて存在してきたのだと思う。

小熊英二はこの全体性のところをベ平連（ベトナム平和連合）的な自由のところで枠づけているように思う。「市民的自由」と言い換えてもいいのかもしれない。ベ平連的な自由と僕らが感覚的に受容した自由とは微妙だが違っていた。当時の言葉でいえば直接民主主義という事になるが、その取り出し方が全共闘運動の内部や周辺の人たちとは違っていた。別のいいかたをすれば小熊はそこのところで目線を下げて取り出したといえる。この場合の目線を下げてとはずらして、少し体制的にという意味である。小熊の『１９６８』は全共闘運動の持った全体性（自由）をベ平連的自由の水準にしてとりだしている。いうならべ平連的自由は戦後民主主義的な自由と全共闘の自由との中間のような位置にあった。これは僕の認識だが、ともあれベ平連的な自由に枠づけたことが、当事者たちの不評を招いている要因だと思う。小熊の場合は急進派（革命派）と距離をとろうとするところがあり、それが結果として自由について視線がずれた、と思う。

少し、前のことになるが、国立歴史民俗博物館で企画展示「１９６８」（「無数の問いの噴出の時代」）

が開かれた。それはいい企画だったと思うが、そこで気になったのは、ベ平連を前面に出しすぎているのではないかということだった。特に、ベトナム反戦闘争においてそうだったと思う。公的機関での展示ということの事情（制約）がそこにはあるのだろうと推察できるにしても、三派全学連のことも含めて急進派のベトナム反戦闘争は抑えられているように見えた。ベ平連的、あるいは市民的なものを強調するということが、何かを隠すことにつながっているように思えた。

いうまでもないが、僕はベ平連の運動を批判しているのではない。今は、一九六〇年代から一九七〇年代のベ平連の運動を評価はしている。当時よりは評価できる。しかし、僕らがベ平連とは違った活動を、ベトナム反戦闘争や全共闘運動においてはやっていたのだし、そこでの違いについては意識しておきたいと思う。それは今、リベラルということが重要な社会的理念として語られることにも関わる。もう僕らの思想的に依拠すべきものは「自由と民主主義」しかないと語られ、かつての左翼の多くの人もそこに移行しているように見える。自由と民主主義、とりわけ自由ということが重要なものになっており、そこが反体制・反権力の思想が基盤だという事に僕は同意する。僕もその立場に今はある、と語っておいていいと思う。ただ、自由や民主主義はいろいろのことを帯びているのであって、自由や民主主義というのはよくよく考えられ、吟味しないといけない、と思う。体制のイデオロギーという面を持つし、その歴史もあるのだから、それが何であり、日本の歴史の中で自由や民主主義はどのように存在し、機能してきたかの絶えざる検討が不可欠である。いつもそこを意識し、考えないといけない。

本当の自由や民主主義など、登場したことがなく、全共闘運動などの中で一瞬だけ出現したものだと言ってもいいのである。自由や民主主義は現実の絶えざる反抗、その運動の中にあるのであって、イデオロギーや信条ではないのである。まして制度としてあるのではない。だから、それは、また、永続的なものなのである。僕は一九六〇年代の反体制・反権力の運動のなかで登場し、記憶として残っているもので、自由や民主主義を流通す言葉や理念とは区別しながら考えている。だから香港の若者たちの行動に共感し、そこから想起されるものにそれを見てもいる。香港の若者たちに対する反応というか、その感度は自由や民主制をどういうものとして考えるかのリトマス試験紙のようなものだ。

3．七〇年安保は目標だったか

全共闘運動のことを思い起こすと僕はどうしても一九六〇年代の前半のことを想起する。一九六〇年安保闘争の敗退のあと、反体制・反権力の政治運動や社会運動は谷間にあり、混迷と停滞の中にあった。こうした中で運動に参画する面々は一九六〇年安保闘争を超える闘いを展開したいと思っていた。そこでは一つの目標として一九七〇年安保のことを想定していた。一九七〇年は安保改定の時であり、安保問題が再び政治主題になるだろう、と考えられていたのだ。これは漠然とではあるが多くの人にもたれていたことだった。願望だと言ってもよかった。僕は学生生活を始めたばかりであり、思想的にどう生きていいのかの悩みを抱えながら、政治運動に出入りしていた。

時代は高度成長の入り口で面白かったが、運動は低迷と停滞の中にあり、反体制や反権力の思想も停滞していた。こうした中で一九六〇年安保闘争のイデオローグであった竹内好は再刊された雑誌『展望』の創刊号（一九六四年一〇月号）で、「一九七〇年は目標か」という政治的診断（予測）をしていた。彼は目標ではないという否定的な診断をしていたが、当時は誰もそう思っていたのだ。しかし、幸か不幸か、一九六五年を境にして混迷と停滞にあった運動はそれを脱する展開をはじめる。ベトナム反戦闘争と大学闘争（学園闘争）がその契機となり、一九六〇年代後半のベトナム反戦闘争と全共闘運動となっていくのである。これらが、この時期の運動の脱出であったかどうかは評価の定まらないことかもしれないが、一般的には脱したと言っていいと考えられる。ただ、このときの低迷と停滞にあった運動はそれを思想的に脱する形でそこにいたったのかどうか、という疑念はある。結論からいえば、政治運動や社会運動を主体的に展開しようとした部分は混迷と停滞を引きずる形で、ベトナム反戦闘争や全共闘運動を迎えたのだと思う。そして、これがこの運動の全体に貫かれた矛盾をなしたのだと思う。一九六〇年代の運動の停滞と混迷の時期に主体が背負っていた問題が解かれないで、この時期の運動に引き継がれた、ということである。

一九六〇年代の前半も運動の低迷と停滞は何であり、何処に要因があったかはこれまであまり論じられないできたのだが、基本的には一九六〇年安保闘争の総括をどのようにやりえたかということになる。その場合に一つは安保改定を推進した中心人物である岸信介が退陣したことをどう把握したかということがある。その後に池田勇人が登場し、政権の座は佐藤栄作に引き継がれていく。

そして、ここには大きな国家政策の転換があった。岸の構想から池田は吉田の路線（軽武装―経済の高度成長）に切り替えた。この問題は戦後の日本国家のあり様（志向するところ）の転換だった。

安保改定を推進した岸は安保改定を一つの結節として、日本国家の復権を目指していた。それは占領軍によって進められた戦後政治（戦後改革）の清算であり、日本国家の復権だった。これは憲法を改正することを頂点に置くものだった。この場合に彼の日本国家の復権というのは天皇制国家への回帰ではなく、国家主義的な戦前の国家、いうなら国家主権的な国家イメージだった。これは戦後改革を通じて実現した戦後国家（民主的国家）の修正である。大きくいえば、国家主権の方向での修正である。対外的には対米関係の改善（隷属から対等へ）ということを含みながら戦争権の回復（憲法九条の改正）を目指すものだった。一九六〇年安保闘争が反岸に集中し、民主主義闘争になって行ったのは岸のこの国家構想に対する批判となった。安保改定に向かって動いてきた戦後保守政治に対する批判であり、対抗であった。歴史の逆コースという言葉があったが、これは岸の国家主義的動きへの対抗だった。この岸は安保条約の改定は成功するが、退陣する。これは彼の国家構想の頓挫を意味した。

岸の後継を担った池田は岸の政治というか方向を引き継ぐというよりは、それを切断する形でその政治的方向を定めた。その象徴は憲法改正の封印であり、経済の高度成長に軸を定めることだった。この転換は岸の日本国家の復権構想の封印であり、戦後改革として成立した国家の容認であった。これは日本の戦後国家がどういう方向に向かうのかの曖昧さを内包していくことになるが、戦後国家の肯定という面での安定性を持つことになった。岸の政治的方向の切断、それからの転換を反体制・反権力の側はどう認識したか。日本国家の担い手たちが国家をどういう方向に持って行こうとしているかについての認識である。そこを曖昧なままにしてきた、ということになる。反体制・反権力運動で大きな力をもっていた左翼は、経済分析に集中していて、この国家の動きとしてとらえてはいなかったと思う。日本国家の帝国主義的復権という一般論的な国家分析や認識をしていても、岸から池田への転換がどういう意味を持つかに視座は行かなかったのである。国家とは帝国主義化して行くものであり、それに反対という事を経文のように唱えていただけで、国家の動きをその歴史性も含めて捉えてはいなかった。

もう一つは一九六〇年安保闘争を担った側の総括ということになる。これについては多くを語らないが、安保闘争の構成要因である政治集団としてのブンド（共産主義者同盟）はその総括過程で分裂し、消滅していた。これは闘争を構想したものと闘争結果の違い（落差）を対象化できなかったということになる、これは政治集団が社会主義体制への変革を据えて安保闘争を闘ったのに、運動の実際は自由や民主主義の実現を求めるものだったということであり、この落差を解決できなかった。安保闘争で指導的役割を担ったブンドは伝統的左翼の一員であったが、伝統的左翼では政治といえば社会主義を目指すことは当然のこととしてあった。プロレタリア政治というのが左翼の常識であり、それを支える基盤もあったのである。ブンドは伝統的な左翼の中で、共産党に替わる新しい前衛党の建設を目指し､そのための闘争として安保改定闘争をやろうとしたが､実際に展開されたのは違った運動だった。安保闘争という反体制・反権力の闘争はプロレタリア的な政治を目ざした運動ではなく、体制の強権化（国家主義化）に対抗し、自由と民主制の発現を内容とした。この落差に戸惑い、対応しきれずに自壊したのがブンドだった。

これの残党というか、独立ブンド（独立社学同）として残っていた面々を中心に安保闘争後の反体制・反権力の運動が展開されようとしていた。だが、主体という意味では安保闘争の総括ができないままに、伝統的左翼の思想（思考や理念）を引きずっていた。運動の混迷と停滞の主体的な要因は解消されずにあり、これはベトナム反戦闘争や全共闘運動にも影響を与えた。この矛盾は全体をおおったのである。社会主義あるいはそれを目指すことが、反体制・反権力運動の全体性だったが、この全体性そのものが、運動が持った全体性とは矛盾していたのである。その問題を一九六〇年代の前半に主体的に運動を担おうとした部分は解決しえないで、一九六〇年代の後半に残したのである。この全体性のところでの社会主義政治の実現と自由の志向性とは綱領的レベルの矛盾だったが、ここを解決できなかったのである。

4. 全共闘運動のはじまりと終わり

一九六五年ころから混迷と停滞にあった反体制・反権力の運動はそれを脱する兆しをみせる。一つはベトナム反戦という動きが強く出てきたことである。アメリカの南ベトナム政府支援の軍事介入とベトナム解放軍の戦いは激化し、世界的に反戦闘争が起きてきた。日本では一九六五年にベ平連も結成された。安保闘争後に全学連の再建を目指していた三派（ブンド・革共同中核派・社青同解放派）は大衆的政治運動としてこれを展開していくことになる。

日本の戦後では戦争反対・反戦平和闘争は戦争の反省を基盤として展開されてきた。一九六〇年安保改定に反対する闘争でも、反戦というのは柱であった。日本の国家主権の強化を目指す岸信介には戦争権の回復ということがあったから、戦争に反対というのは大きな軸でもあったのだ。一九六八年六月二一日を頂点にする反戦闘争は様々形態を持ちながら展開して行った。

ただ、この反戦闘争はその全体性がもう一つ、日本の国家の動向と関係する形で鮮明にならないところがあった。当時の首相は岸信介の実弟である佐藤栄作だった。しかし、彼は岸の政治路線を踏襲したわけではなかった。彼は反共同盟としてアメリカのベトナム軍事介入を支援することは明瞭だったが、アメリカの要請に従って自衛隊を派遣するところにまでは踏み切らなかった。踏み切れなかった、というべきかもしれない。安保闘争も含めた戦争反対の国民の声が強くあった。これも一つの要因だが、佐藤は岸ほど日本国家の復権（戦後改革で出来た国家体制の修正）にこだわっていなかった。その意味では佐藤栄作は池田路線をひきついだところがあり、どちらかといえば中間的だったのだ。彼は池田路線を踏襲しながら、岸信介の路線もいくらかは取り入れていくということだったのだが、アメリカのベトナム戦争に加担しながら、憲法を改正し、日本の国家的な戦争権を回復するという道はとらなかった。このことはベトナム反戦闘争が、日本のベトナムへの自衛隊派遣を押しとどめたことは確かだが、国家との闘争として深まらなかった要因だった。

全共闘運動のはじまりを特定することは難しいが、一九六五年ころからはじまったとはいえるだろう。僕は一九六三年の秋の中大学館闘争で退学処分になっていたが、その中大では一九六五年に引き継いでの学館闘争で全学バリケード封鎖（バリケード占拠）が行われ、この大学封鎖（占拠）は早稲田大の学費値上げ阻止闘争に引き継がれていった。この闘争形態は運動の現場で偶然のように生まれ、瞬く間に広がったものである。いうまでもないことだが、この大学占拠（封鎖）闘争は政治党派が主導したものではない。この運動を主導した自治会の指導部のメンバーが党派の構成員であったという意味では党派は関与していたが、党派が考え指導したというものではなかった。例えば、中大では学館闘争では日韓会談闘争か学館闘争かという論争が党派から出され、党派は日韓闘争の優位を主張していた。学生運動では政治運動が優位に置かれる、それが左翼の影響下での様式だった。大学闘争は副次的なものと見なされていたのである。

この全共闘運動は一九六八年の日大全共闘と東大全共闘の登場で頂点を迎える。これはよく知られていることだが、大体、一九七〇年ころに終わりをむかえるということになった。ただ、個別の大学では継続してあったのだと思う。

僕は反戦闘争も全共闘運動も関わっていたのだが、それが相互に影響をあたえながら、独自に位相を持っていることも実感してきた。それを大きな範疇として、政治運動と社会運動というように区分していたが、どちらかというと全共闘運動が一九六〇年安保闘争の継承的運動であると思ってきた。それは党派的なイデオロギーの影響力がすくなく、大衆的運動（大衆的な個々の意志が強くあらわれる運動）という面が強いからだと考えてきた。それはその分、自由で民主的な闘争という面が強かったということになる。もちろん、自由や民主的というときは先のところで指摘した注意がいるのだが……。

5. 直接的な表現とその運動形態

『続・全共闘白書』を読みながら思ったことはこういうアンケートをつくることは全共闘運動を概括することでもあるから、とても大変だったのだろうということだ。複雑な性格というか、それは概括することが難しいのにと思ったのだ。誰が考えたのかはわからないが、「最後にこれだけは言いたい」を付け加えたのはそれだけによかったと思う。これは『全共闘白書』の続きでもあるが、今回はこの部分が充実していた、と思う。

本書を読むときに、興味があちらこちらに飛ぶのは自然だろうが、この回答の中で、注目したのは「問9　もしあなたが全共闘運動あるいは何らかの政治社会運動的なものから距離をおくようになったとしたら、それを決定づけたもの（事件）はなんですか」というものだった。これには複数の回答ができるようになっているが、内ゲバ（党派闘争）、暴力闘争自体を挙げている人が多くいるのが気になった。自分に即していえば、これは赤軍派問題と深く関係していることでもあるが、自分の中でも残してきた問題だと思った。「全共闘運動」とは少し違う政治闘争の場面で主に出てきた問題だが、自分としては残してきてしまった問題だと思う。もう一つは暴力闘争自体という事については、暴力闘争という概念も含めて未だにもう一つ解明しえないところがあると思っている。

僕は暴力革命という理念を信じて当時の行動をやってきたわけではない。お前はブンド（第二次ブンド）の指導部に属し、第二次ブンドは暴力革命を綱領としていたのではないか、と言われるかもしれないが、これは確かだ。ただ、暴力的行動に魅せられ、それに執着してきたこともある。暴力的な行動も含めて急進的な行動に魅せられ、それをやってきたが、僕は暴力革命という理念のためではなかった。それは当初から意識はしてきた。そした、この問題は最終的な答えが出ないままに、現在まで残ってきた。

これは国家の暴力的機構と対抗するためというよりは、日本の権力様式の根幹にある官僚的合理主義が人々の政治意思を間接化してしか発現させないところから生まれることだと考えてきた。例えば、自由も民主制も人々の意思が間接化してしかあらわれないとき、間接民主主義のように、人々の意思とは別のものとしてあらわれる。自己意識を取り出すために神を媒介して時に別のものとしてあらわれるように。神に相当するものが官僚制であり、官僚化された自由や民主制は自己意志としてあるものとは別のものになる。自己意志は政治意志でいいわけだが、神（官僚制）を媒介する様式、その間接化される様式を破るために直接性ということが大事であり、急進的行動は直接性と深く関わっている。そのことにこだわってきたのである。

また、直接性ということが自由に関わる。自由や民主制も官僚化したとき、体制的・国家的なものに変質する。それを取り戻すには直接ということが重要になる。直接行動や直接民主主義という言葉があるように。この問題は現在も僕の中では未解決の問題として残っている。何故なら、社会、あるいは政治の構成の高度化は官僚化を不可避に生み出すからである。少し理論的に言えば、代表制ということの問題だといえる。自由や民主制も代表制をもってあらわれるしかないとすれば、社会の中から生まれる反抗の意識と存在は代表制の中で、間接化され疎外されてしまう。代表制は官僚制と言ってもいいが、そこを媒介させると社会のなかにある、人々の意識（意思）は疎外、もしくは変質を被る。これを避けるためには社会の中にある反抗の意識（意思）が直接的に表現されなければならない。これは社会の中から出て反抗が運動としては間接化（官僚化）と対立し、それが直接性として現れざるをえないということである。官憲との暴力的対決は暴力装置としての官憲との対決というよりは、官僚機構が間接化した表現（運動）しか許さないことへの対抗であった。バリケードもゲバ棒も僕には直接的な表現とその運動形態というところが中心にあった。これは意思（反抗する意思）を力として構成するものと、構成されたものとの矛盾のように現在的には絶えずあるものだ。

6. 権力の存在様式を変える革命

僕は個人的には内ゲバは嫌悪していたし、それをなるべく避けるようにしてきた、と思ってきた。もちろん、これは主観的な思いにすぎないことは承知している。一九六九年の夏に僕らはブンド赤軍派の面々を中大のバリケードに拉致し、監禁したことがある。この監禁からの脱出過程で望月さんという同志社大の学生が亡くなった。僕は一九六九年にこの事件で逮捕され、起訴にはいたらなかったが、傷跡のように残ってきた。七月六日に赤軍派がブンドの会議を襲い、議長の仏徳二さんに暴行を加えた。僕もこの会議には参加する予定であり、参加していたら同じようになっていたと思う。赤軍派に対抗して彼等を拉致し、監禁するまでは対抗措置としてやむを得ない行為だったと思うが、その後の監禁は反省すべきことのように思う。というのは監禁し続ける意味はなかったし、監禁を続ける意思もなかったとは言わないが、曖昧だった。この事件は緊急対応を迫られることとしてあったが、それ以上に僕が内ゲバ的な行為に対する明瞭な考えを持ってはいなかったことを示した。それはずーっと残ってきたことだ。

他者の暴力的排除ということについて日本共産党や革共同などは割と明瞭な考えを持っていたように思う。当時、これにまつわる事件を目撃したことはあり、僕らはそれを暗い左翼の所業としてみていた。漠然と否だとは思っていたが、同じ事態に直面したら、僕らも同じことをやるかもしれないと考え、どうしたらいいのかの考えを持ってはいなかった。そこを突き詰めた考えは持っていなかった。反体制・反権力を目指す集団の内部や隣接する集団の間で血を血で洗うような抗争が発生する必然を僕らは経験的に分かってはいた。

人間の敵対意識は愛の意識と同様に近接した関係の内で発生する。これは男女の関係と同じであり、愛憎は近接した関係で発生するのであり、それが敵対意識や感情として強い推力を持ち、それは簡単には止められないのである。しかし、この感情が近接したところで発生するのは避けられないとしても、それをそのまま行為に転ずれば、本来、敵対的存在でない者への敵対行為となってしまう。これは矛盾である。それは外から見れば、時間が経てばすぐに気の付く矛盾である。日常的な世界ではこれは近親憎悪のように様々の場面で発生しているが、人々はそれが発現しないように耐えている。これを防いでいる。発現すれば事件のようなものになるからであり、この近接したところで出てくる意識を中性的な意識が制御している。この中性的な意識は感性的・感覚的な好きと嫌いという感情を中性化していくものであるが、この感情の制御として働くのだ。倫理やモラルと言ってもいい。中性化された意識は文化や文明の意識と言っていいのかもしれない。

毛沢東はこの現象を敵対矛盾と味方内部の矛盾として指摘し、しかし、それを防ぐ具体的考えは提示してはいない。矛盾の指摘以上はしていない。当時の左翼は内ゲバを否定する考えは持ってはいなかった。「奴は敵だ、敵を殺せ」ということが政治のあり様なら、敵はいつでも近接した関係の面々に転じてしまう。奴は敵だという感情や感性は身近なところで発生するだけでなく、それを得た時、現実性を帯びるともいえるのだ。僕は連合赤軍事件を想起するが、ここに多くの秘密というか、根深いものがある。

これを防ぐ道は「奴は敵だ、敵を殺せ」という政治、政治の根幹にある権力の原理の変革にもとめるほかはない。「奴は敵だ、奴を殺せ」という政治原理、権力の原理を変えること、権力が権力を制限し、この原理を変えることによってである。権力の存在様式を変えることである。そのことを意識的にやることである。戦争は政治の延長なら、非戦という形で政治を変えることであり、自由や民主制が「奴は敵だ、奴を殺せ」という政治原理の変革(革命)なら、これは非戦と両輪のようなものとしてある。「奴は敵だ、奴を殺せ」という権力の存在様式を変えることは革命なのであるが、ロシア革命はこのところで失敗した。「奴は敵だ、敵を殺せ」という原理を持つ専制権力に対抗して「奴は敵だ、奴を殺せ」ということで成功したのがロシア革命である。ここまでは対抗関係として必然であったと思う。ただ、ロシア革命後に創設した権力においてレーニンは失敗した。それは創設した権力が専制権力の原理を変えるものに、権力の存在様式そのものを変えるようなものではなかったからだ。これは粛清などを生み出したことになったが、マルクス主義は権力を誰が握るのか、ということで権力の問題は提起したが、権力の様式、あり方を変えるということには意識がなかった。どの階級が権力を握るかという意味での革命（政治革命）は提起したが、権力の存在様式を変えるという意味での革命（政治）は提起しなかったし、そこでは失敗した。マルクス主義の伝統にあった左翼は内ゲバを推進したにしても、それを防ぐという考えは持っていなかったのである。僕らはロシアマルクス主義の影響を断ち切ろうとはしたが、権力観のところではそれができなかった。

7．赤軍派は何処で何を錯誤したのか

このアンケートを読みながら、僕は多くが運動から退いて理由にあげている内ゲバなどについて心を止めながら僕はそれを止める問題についてどこまで考えてきたかをかえりみた。これと関連しながら「問5　当時、全共闘運動あるいは何らかの政治社会運動によって革命（あるいは大きな社会変革）がおこると信じていましたか」「問6　社会主義は有効性を失ったと思いますか」というところが気になった。前のところの問いを含みながら、この辺の感想を述べてみたい。

当時、というと一九六〇年代には、歴史は資本主義から社会主義への時代になった。そうなるという考えは歴史観として流通していたように思う。特に知識人の間では。学生層は予備知識人であった。一九三〇年代にシモーヌ・ヴェーユはやがて社会主義が来るだろうというのは空なる信仰のようなものだと批判していたが、一九六〇年代には同じように社会主義が必然的な未来という信仰が流通していた。革命というのも同じように信じられていた。ただ、一九六〇年の安保闘争はソ連などの「社会主義圏」は社会主義ではないという疑念が生じていて、それまでの「社会主義圏」の出現と社会主義を一体化した見方は疑われ出していた。それにもう一つロシア革命で範型づけられた革命的条件は今の日本にはないという認識があった。これは誰もが認識していたことだった。敗戦時に敗戦革命としてそれはあったが、それは遠のいていた。

だから一九六〇年代は「本当の社会主義をもとめる」ということやロシア革命で範型化した革命概念や革命像が革命される革命が出現するかもしれないという期待を多くの人が持っていた。そのような変化を孕みつつも、大正デモクラシー以降の「社会主義」の出現という意識、革命という意識が残っていた最後の世代ということになるのかもしれない。こういう意識があった知識人、あるいは予備知識人というのが当時の学生だった。

この中で僕が考え続けてきたのは一九六〇年代安保闘争の経験が大きいのだが、ロシアが社会主義でないように、ロシア革命を範型とした革命概念を革命した革命（革命的なもの）がでてくるのでは、ということだった。これは幻想と言えば幻想であるが、この考えはやがて、政治的には自由や民主制が日本で出てきたことはまだないのであり、真正の自由や民主制の登場というように考えるように変わってきた。これには自由や民主制を永続的なものと考えるようになったことがある。

そうすれば赤軍派とは何であったろうか。赤軍派という名前そのものが奇妙というか、驚きだったのだが、ロシア革命のような革命の条件に今はないという時代認識を彼等が変えていたことがまずある。この認識から出された革命期の方針（前段階武装蜂起）は現実基盤を欠くだけでなく、空想的なものであった。主観にそって現実認識を変えたともいえるが、厳しい現実認識に立たない、それに耐えるということは日本の左翼、あるいは知識人の弱いところかもしれない。

しかも、反体制・反権力運動は一九六八年を頂点にして明瞭な後退期に入っているのに。後退期に武装抵抗をするというのならわからないでもなかった。この場合は赤色テロルにしかならないにしても、その自覚の上で抵抗として試みるというならまだ分かる。そう思えた。日本での反体制・反権力の運動はその後退期には急進派が出てきて分裂し、爆弾闘争のようなことが出てくる。これは武装抵抗して闘いの刻印を後世にのこすということである。そういう動きとしては理解できた。ただ、僕は反戦闘争を大衆運動として展開してきたし、そこに革命性を見出していたのだから、こういう抵抗には意味を認めてはいなかったし、否定的だった。この点では自分の闘い方は明瞭だった。大衆運動としての急進的運動という道は赤軍派のような前段蜂起とも、武装抵抗とも違うものであり、その点では後退戦は困難であったが、そこに向かう方向は明瞭だった。

赤軍派は何処で何を錯誤したのだろうか。これはこのアンケートでももっとも印象に残っている事件としてあげられている一九六七年一〇月八日の羽田闘争においてだと思う。この闘争は学生たちが初めて警察官にゲバ棒を向けたものだった。これが反戦闘争に新たな形態を与え、常態化していくものである。これを彼等は革命的暴力というように概念化した。この闘争が警官の抑圧的な壁を突破し、解放感をもたらした。これは事実である。これは全共闘運動でのバリケードに匹敵するものだった。しかし、これを革命的暴力というとちがってしまう。革命的暴力というのは国家権力の暴力装置に対抗し、それを覆す志向性をもった暴力のことである。そういうものとして一〇月八日の羽田闘争はあったのか。ゲバ棒を持って警官に立ち向かうことは、警官の抑圧を超えて自分たちの行動を守る、あるいは意思表示の確保であり、その意味では素手のスクラムでの行動とは違うが、基本的にはその延長にあるものだ。僕のなかではこれは一九六〇年安保闘争での国会構内占拠ということと連なってはいる。それは権力への意思表示の行動であり、暴力的に権力を奪取するための行動ではなかった。直接的な行動を実現するために権力の壁を破ったことであり、直接的な表現を抑圧する権力機構との闘いであった。官憲への対抗として出てきた暴力的行為だが、暴力という意味は官憲の抑圧が強いたもので、大きくいえば直接的な表現のための自衛的なものであったといえる。

一九六〇年安保闘争での六月一五日の行動（学生たちの国会構内占拠）は岸信介の国家復権（国家主義的な戦後国家の修正）へのノーの提示であり、主権、あるいは国民主権の意志表示だった。国家主義に対する主権（自由と民主制）の提起であり、その精神の登場だった。これを伝統的左翼は暴力革命の実現として見ようとした。その観点から何が足らなかったのかを総括しようとした。けれども、六月一五日の行動は暴力装置としての国家に対抗し、それを暴力的にこわすという行動ではなかった。言葉はともかく、国家主義的な権力の所業にノーを応え、それを通じて主権の主張をしていたのだ。日本では暴力革命を理念とする左翼はそういう闘争をそれらしいものとしては一度もやれなかった。日本共産党の一九五二年の武装闘争はあるが、これは国民的な基盤に立つものではなかったし、武装闘争らしきものはできなかった。だから、日本の伝統的な左翼ができなかった暴力革命に近いことを実現できたと錯誤する部分もいた。一九六七年の羽田闘争から常態化した国家権力との暴力的な闘争は、暴力革命の実現だったのか。当時のブンドはこれを「組織された暴力」として理念化したが、暴力革命のはじまり、その意識的な行為と位置づけようとした。だが、これは実力闘争とも称されていたが、警官の壁を破っての自分たちの政治意志の表現（意思表示）であって、暴力革命という理念の実現ではないと考えてもいた。暴力的であるにしてもそれは自衛的なものだった。僕らの政治意志の表現を阻む権力の壁をやぶるということだった。ここの問題はとても重要なところだったのだが、詰め切れないであった。アンケートを読みながら何度も考えたところである。

革命的条件がないところ、革命を想起させる大衆の意思表示は暴力革命の実現と思わせたのかもしれないが、これは違うのである。これは直接的な意志の表現を抑圧する、日本の権力形態との闘いであり、警官はその一つの壁であるにすぎない。背後の官僚機構があり、国会もそれに支配されている。国民の政治的意志、いうなら主権は官僚機構の支配する日本では、間接化することでしか登場しえない。間接民主主義と言ってもいいが、民主主義も官僚という媒介を経て、国民の意志は遠ざけられてしまうか、骨抜きになる。国民の意志は間接的な経路をへて骨抜きにされるか、別のものにされてしまう。その壁を壊すのが直接行動であり、直接民主主義である。その意味で羽田闘争以降の暴力的な行動は直接民主主義的なものだった。これは大衆的な政治的意志が意志として実現しえない、日本の権力構造との闘いだった、といえるからだ。ただ、この時期の国家はどういう方向を取ろうとしているのかは明瞭ではなかった。僕らが明瞭にしきれなかったということでもある。これは反戦闘争の曖昧さでもあったが、このことが観念的な赤軍派を登場させたのかもしれない。

僕は、アンケートを読みながら、僕らが羽田闘争以降の闘争を理念とし、言語表現として提起できなかったことをあらためて思った。赤軍派はそのところに登場した伝統的左翼の理念であり、言語表現だった。この観念性（空想性）は明瞭であり、批判も簡単だったが、日本における革命の思想の貧困さということをあらためて突きつけたし、そこでは気分は絶望的になるしかなかった。このアンケートでは全共闘運動についてのことが中心であり、そこではいろいろの知見を得た。それに入れなかったのが残念だが、これはいつか別の機会にと思っている。

PROFILE

こにし・たかひろ／元赤軍派
一九四四年生まれ。東京都立小石川高校から東京大学理科三類に入学。一時は野球部に在籍して捕手としてプレーしていたが、医学部に進学すると東大闘争が勃発、東大全共闘医学部共闘会議議長に就任。一九六九年、共産同赤軍派による東京戦争で警視庁本富士署襲撃に関与、翌一九七〇年には、日航機「よど号」をハイジャックして北朝鮮に亡命。同グループでは〝主犯〟の田宮高麿（大阪市大、一九九五年死去）につぐ存在だった。現在も当地に留ってグループの中心として活動する。「全共闘運動から半世紀、今こそ全世界的な転換の時がやってきた」と訴える。

半世紀ぶりの転換の時、今度こそ決着を付ける時だ

小西隆裕

歴史は繰り返すと言う。

実際、日本と世界の歴史にあって、そのように言える時は幾度もあった。

だが、それが今だと言われて、あの全共闘の時代を思い浮かべる人は、果たしてどれほどいるだろうか。あの時と今と、何がどう繰り返されているのか。

1．半世紀前も転換の時だった

今繰り返されているのは、時代の転換ではないか。

半世紀前、あの時も時代転換の時だった。

ベトナムをはじめ、米国の新植民地主義に反対する民族解放闘争が最後の勝利の時を目前にしていた。それに呼応するベトナム反戦闘争など、先進国における学生主体の闘いの高揚があった。

一方、戦後世界をリードした米国の圧倒的経済力には翳りが生まれていた。ドル危機、石油危機、そしてスタグフレーションによる経済停滞が生まれる中、復興した敗戦国、日本、西独の経済競争力は、帝国主義の不均等発展により米国を凌駕するようになっていた。

一言で言って、新植民地主義、ケインズ主義に基づく米国による戦後世界への覇権は、世界に広がる従来の闘いとは異なる新しい闘いと自らの内部矛盾によって、大きく揺らぎ破綻の危機に直面していたと言うことができる。

この時代の転換点にあって、米覇権は、自らの覇権のあり方自体の転換を図ってきた。新植民地主義、ケインズ主義からグローバリズム、新自由主義への転換。

傀儡政権をうち倒して、世界的範囲で雨後の竹の子のように生まれてきた真の独立政権、民族自主権の確立に対しては、国と民族そのものを否定し国境の廃絶を唱えるグローバリズムで、また、有効需要創出のケインズ主義の矛盾とその結果生まれたインフレと不況の同時進行、スタグフレーションの泥沼に対しては、規制緩和や民営化で供給の側の強化を図る新自由主義で対応してきた。グローバリズムと新自由主義、この二つが国と民族、集団そのものの否定で統一されているのを看過してはならないと思う。

残念ながら、あの時、われわれの闘いは、こうした米覇権の転換を乗り越えることができなかった。多国籍企業の圧倒的な浸透に無防備だった新興独立諸国の闘いや世界秩序の基本単位としての国や国境を否定し、あらゆる規制を取り払うグローバリズム、新自由主義の波に飲み込まれた感のある先進国の闘いは、その象徴だと言えるのではないだろうか。

2. 半世紀ぶりに迎えた時代の転換

歴史は繰り返す。今再び、時代転換の時がめぐってきている。

グローバリズムと新自由主義による覇権の寿命は存外短かった。新しい世界理念として無限の可能性があるかのように喧伝されたこの「理念」の矛盾は、世界中至る所に吹き出し、今、「新型コロナ」禍として大爆発を起こしている。

米国の圧倒的軍事力をかさに着て、国境を無視し宣戦布告もなしに敢行された恐怖のネオコン戦争、新世紀の新しい型の戦争と喧伝された反テロ戦争が、米国の威容を誇示するどころか、逆に、イラク、アフガン戦争、ＩＳ戦争と、ことごとくそれを血にまみれさせる出口なき泥沼に陥ったこと。

国と集団を否定し、あらゆる規制という規制を緩和、撤廃して、経済のすべてを弱肉強食の自由競争に委ねる市場主義、新自由主義経済が、所得と地域、企業と産業など経済のあらゆる領域、部門に及ぶ恐るべき格差と不均衡を生み出し、それによる出口なき長期経済停滞と膨張するだけ膨張し腐れ果てた経済の投機化、その行き着く先としてのリーマンショックを結果したこと。うち続くテロと戦争、経済の停滞と崩壊、それにより生活を破壊され、国を失った、全世界数千万に上る移民難民の大群。彼らが流れ着く先、先進国での労働力買い叩きと不安定雇用、失業の急増、そして治安の悪化と社会不安の高まり。それが移民難民への排斥を超えて、欧米先進国から全世界に広がる反グローバリズム、自国第一主義の闘いの嵐を巻き起こしたこと。

真理の基準は実践にある。膨大に広がるグローバリズム、新自由主義世界の惨憺たる現実が何よりも雄弁にこの「理念」の破産を物語っている。

国と民族、集団そのものまで否定して支配する究極の覇権主義、グローバリズム、新自由主義の破産に直面した米覇権がその地位にしがみつき、あがき押し立てたトランプ政権がもはや覇権としての体をなすこともできない矛盾に満ちた「アメリカファースト」覇権でしかあり得ないのは必然だと言うことができる。

「弱り目に祟り目」とはこのことを言うのだろう。今、世界に猛威をふるう「新型コロナ」の大惨禍は、国を否定したグローバリズム、新自由主義が内包するこうした矛盾の最終的大爆発だと言えるのではないだろうか。

水際でのコロナ浸透を阻止できなかっただけではない。国の負担による検査、隔離、治療でコロナを封じ込めることも、自らがつくり出した脆弱な医療体制の崩壊を叫ぶだけで、この感染症撲滅への国家的闘いを統一的に指揮することも組織することもできず、感染拡大を抑えるための闘いのすべてを「自己責任」として国民に丸投げし、国としての責任と役割を放棄した安倍政権に対する支持率の急激な低下はあまりにも当然だと言うことができる。

グローバリズム、新自由主義による米覇権の破綻と行き詰まりが極まっただけではない。今日、全世界的範囲で政治のあり方自体の根本的転換が起こってきている。

「一%のための政治」に反対し、「九九%のための政治」を求めたウォール街占拠の闘い辺りに端を発した新しい闘いは、今、これまでになかった新しい政治として全世界に波及してきていると思う。「左右のポピュリズム」だとメディアなどが喧伝してやまないこの政治は、従来の「大衆迎合」の政治とはまったく異なる新しい型の政治だと言えるのではないだろうか。

何よりもこの闘いは、政党が大衆を扇動し動かしているのではない。逆に、大衆が政党を動かし政治を動かしている。韓国における「ロウソク革命」で大衆自身が叫んだこの言葉が事の本質を端的に物語っていると思う。

もう一つは、この闘いが左右や保革など、従来のイデオロギーを旗印に闘われる闘いではないということだ。掲げられているスローガンは、右でも左でもない、自分たちの国、自分たちの地域、自分たち自身だ。これは、自分たちの国、自分たちのものを否定し、人間をバラバラの個に分解して、覇権の「普遍的価値」を押し付ける、究極の覇権主義、グローバリズム、新自由主義に対する痛烈な反逆に他ならないのではないだろうか。

覇権の崩壊と新しい政治の台頭、まさにここに半世紀ぶりに訪れた時代の転換が象徴的に示されているのではないだろうか。

3. 今度こそ決着を付ける時だ

半世紀前、あの時代転換の時、われわれは、米覇権のあり方の転換を許し、帝国主義による覇権そのものを終息させることができなかった。

しかし、今は違う。今度こそ闘いの決着を付ける時がきているのではないだろうか。

何よりも、今度破綻したグローバリズム、新自由主義に基づく覇権は、もうこれ以上にはない究極の覇権だ。それは、先述したように、国と民族そのものを否定するグローバリズム、新自由主義が国と民族の上に君臨する覇権主義の極致であるからに他ならない。反グローバリズムの旗を掲げたトランプのアメリカファースト覇権がその自己矛盾によって、執権の最初から覇権としての体をなさず、全世界の嘲笑、排撃の的になっているところにそれは端的に示されているのではないかと思う。

しかし、闘いの勝敗を決めるのは、客観ではない。あくまで主体だ。いくら客観的条件が成熟していても、主体的条件が準備できていなければ、闘いの勝利はあり得ない。

そこから現状況を見た時、見えてくるのは、新しい闘い、新しい政治だ。世界に広がるこの政治、この闘いにこそ、時代を真に転換させ、覇権そのものを最終的に終焉させる主体の力が秘められているのではないだろうか。

だが、闘いは未だ発展途上だ。世界においても、日本においても、闘いの主体、政治の主体は未だ築かれたと言うことはできない。スペインにおけるポデモス、イタリア、五つ星運動、フランス、黄色いベスト、米国、プログレッシブ、韓国、「ロウソク革命」、そして日本における「れいわ」、等々、これまでになかった新しい質をその組織と運動に備えた新しい政治の主体は、今、広く世界的範囲に生まれてきている。そこに、これまでの運動にはかつて見られなかった「自国第一」「国民主体」の新しい質が内包されているのは事実だと思う。しかし、それらが、脱覇権の新しい国、自分たちの国、自分たちの地域を全国民、全住民と一体に築き発展させて行く主体になっているかと言えば、まだまだだと思う。そのための理念も組織も運動も発展途上にあるのは事実ではないだろうか。

主体の発展は、ただ闘争を通じてのみあり得る。自らの存亡を懸けた米覇権との誰が誰をの死闘を通じてのみ、その発展はあり得るだろう。

今日、米覇権は、「米中新冷戦」を掲げて、自らの最後の攻勢を掛けてきているように見える。かつて、米国に付くのか、ソ連に付くのか、二者択一を世界に迫り、「西側」と「東側」に世界を分割しブロック化して覇権した「米ソ冷戦」の夢よもう一度ということだ。

もちろん、今秋米大統領選でバイデンが勝った時には、トランプが仕掛けたこの「抗争」に若干の変化はあり得るだろう。しかし、誰が大統領になろうが、大筋において、この米覇権の生き残りを掛けた戦略に変更はないのではないか。

問題は、これとどう闘うかだ。

そこでまず問われるのは、今が脱覇権の時代だという時代認識だと思う。すなわち、「米中どちらに付くのか」という今回の米国の脅迫にまともに応える国は少ないのではないかと言うことだ。また、挑戦を突き付けられた中国自身、自らの覇権を守って、ブロック化に応じるかと言うことだ。逆に、ブロックを突き崩す方向に進む可能性の方が大きいのではないか。新しい政治、新しい闘いに問われているのは、まさにこうした時代的趨勢を味方に付け、米覇権戦略を破綻させていくことだと思う。

その上で問われているのは、自分の国がこの米覇権戦略に応じた時どうするかだ。それは、この問題を持って、自国の進路をめぐる闘いの重要な環にしていくことではないかと思う。実際、この問題にどう対するかで自国の進路、あり方のすべてが決まってくる。

闘いを起こしていく上で決定的に求められているのは、この闘いをいかに国民大衆自身の闘いとして推し進めていくかということだ。

今日、「新型コロナ」禍にあって、人々の政治意識はかつてなく高まっている。それは、国のあり方、国の役割がどうあるべきか、それを国民一人一人の生活と直結する問題としてとらえるところから生まれた意識なのではないだろうか。

「新型コロナ」禍がグローバリズム、新自由主義の爆発だと考えた時、それと「米中新冷戦」の問題は一体だ。今こそ、提起された様々な問題を、一つに結びつけ、古い覇権時代の遺物として、それとの闘いを全国民的な事業、国民主体の事業として推し進める時が来ているのではないだろうか。

今度こそ、決着を付ける時。半世紀ぶりの転換の時を迎えながら、夢想は果てしなく広がっていく。これを夢想に終わらせず、実践に転化していくこと、ここ朝鮮にあってもそれを実現していくこと、それが私たちに問われている最も切実な問題だと思う。

PROFILE

ひらの・ゆう／ロフトプロジェクト代表
一九四四年、東京生まれ。高校時代は民青だったが、中央大学で全共闘に。ブント系の指示で郵便局（全逓）に入り、新左翼の労組作りをしていたが、バリケードストの指令に反発して離脱。七一年にジャズ喫茶「烏山ロフト」を開店。当時の客に坂本龍一、朝霞自衛官殺害事件の菊井良治らがいた。その後、ジャズ・フォークのライブハウスを西荻窪、荻窪、下北沢、新宿に次々とオープンするが八二年、多くの店をたたみ世界放浪の旅に。九二年に帰国して再びライブハウスを経営。最近は作家として『セルロイドの海』『定本　ロフト青春記』などを刊行。新左翼の体験を引きずりながら、ライブハウスを次々と立ち上げてきた平野。五十年前とそれからを語る。

「七〇年安保を粉砕するまでバリケードは解かない」、これにはシビれたね

平野　悠

政治青年、労働戦線でズッコケる

高校生時代から、ずいぶんと党派を渡り歩きました。六〇年安保は高校生で民青。でも、歌って踊って、マルクスも読まず、じゃあね。戦わない革命党はダメだ、と。一九六七年春、中央大学に入ると

いろんな党派があって、タテカンも元気があった。学内で革マル派と話をして『賃労働と資本』も読んでいないのか」とバカにされて、慌てて「共産党宣言」などを買って勉強しました。

太田竜が好きで第四インターに行ったり、谷川雁の影響で向坂協会派に行ったり。学内闘争ではなく、革命がやりたいと思っていた。そのうち一九六八年に中大で学費値上げ闘争が始まり、全党派がバリケードを作って、白紙撤回を勝ち取った。ところが勝利集会でブントが「七〇年安保を粉砕するまでバリケードは解かない」と宣言。これにはシビれたね。

ブント・社学同の親分だった三上治（味岡修）さんに「ブントに入れてくれ」と頼んだんですよ。ところが党派を渡り歩いた僕を信用しなかったんだね。「労働戦線に行け」と言う。実は僕はデモでパクられた時に、機動隊のトンネルでリンチをくらった（今でも左目がよく見えない）。それ以来、機動隊との衝突が恐怖だった。労働戦線ならそんなことはないだろうと、高卒と偽って郵政省を受けたら落ちた。

当時の全逓の委員長に頼んで、当局とかけ合ってもらってコネで入局。中央郵便局の郵貯局に潜り込んだ。ブントからは、そこで新左翼系の労組を作れという指令です。

ところが、職員に信用してもらうには無遅刻、無欠勤。残業は率先してやるし、職場対抗のバスケット大会にも出る。真面目にやらないとオルグもできない。しかも、貯金局の仕事は一日中、ズラーっと並んでソロバンをパチパチ。ソロバンなんてやったことがないから間違う、遅いでイジメにもあった。でも革命的労働運動を目指して耐えたんだな。

そして、六九年一〇・二一国際反戦デーのブントの指令はなんと「郵便局長室の革命的占拠」です。

しかも、その方針が漏れたのか、その前から俺が席を立ってトイレに行くたんびに職制が付いてくる。こんなことで革命的労組ができるか！　と、郵便局もブントもやめました。

その後、親戚のコネで芸文社に入り、漫画の編集者になった。谷岡ヤスジ、滝田ゆう、山松ゆうきちなどを担当してそれはそれで楽しかった。しかし、あまりに劣悪な労働環境に頭にきてストをやったら、仕事を完全に干されて退職しました。

大ブレークしたライブハウス「ロフト」群

今でこそ、僕はライブハウス「ロフト」の創始者なんて名乗り、十二のライブハウスでロックやフォークのスーパースターを育てたと言われています。「定本ライブハウス『ロフト』青春記」を書いていますが、始まりは世田谷・烏山のショボいジャズ喫茶です。女房子どもを抱えた無職。食えないから、自分が持っていたジャズのLPレコード五十枚を家庭用ステレオでかける喫茶店。コーヒー一杯百二十円で明け方まで粘る貧乏学生相手では儲かるはずがない。潰れる前の最後の手段として、京王線沿線の大学に大量の店のビラを貼り、店では客に「持っているレコードをかけるからみんなで聴こう」と呼びかけて、だんだん客の輪ができていった。この辺りは左翼の組織作りの発想だね。

烏山ロフトが小さく軌道に乗り始めると、次への夢が膨らんだ。ロックやフォークが生で聴けるライブハウスだ。借金と綱渡り経営をしながら、次々とライブハウスを立ち上げた。西荻窪ロフトでは桑名正博、高田渡、友部正人、ザ・ディランⅡ、遠藤賢司、河島英五たちが満席にしていた。荻窪ロフトでは第一次ロックブームとシンクロしながら、ティン・パン・アレー（細野晴臣、鈴木茂ら）、荒井由実、山下達郎、大貫妙子、矢野顕子らが席巻、今考えても夢のような連中が出てくれた。

下北沢ロフトも一つのピーク。金子マリ、あがた森魚、長谷川きよし、山下達郎、りりィ、坂本龍一、南佳孝、サザンオールスターズ、中島みゆきなど。この店ではサザンのメンバーがアルバイト店員で働いていた。

そして、いよいよ新宿ロフトへ。第一次新宿ロフト、第二次新宿ロフト。そして音楽ではなくトークを軸にしたライブハウスも立ち上げた。

実は放浪癖オジさん

七〇年代から八五年までライブハウス一本で突っ走ってきたが、八四年夏、毎日忙殺される中で、ふと「何のために、こんなに働くのか？」「もっと自由じゃなかったのか」と思い始めた。六〇年～七〇年代初頭の〝政治の季節〟を体験してきた自分は、もう一度、あのヒリヒリした緊張と興奮に身を置きたくなった。ロフトのスタッフには「ロフトは解散する。ロフトの各店舗はスタッフが暖簾分けして続ければいい」と宣言して、本当にバックパック一つで無期限、世界放浪の旅に出てしまった。「目標は世界百カ国制覇」。横浜港からウラジオストックへ、そこからシベリア鉄道で東ヨーロッパ、さらにアフリカへ。内戦とマラリアに怯えながら放浪し、ドミニカに定住して、また旅に。この辺りの旅と心境はじっくりと語りたいところだけど、日本に戻ってから友人に「あの頃のお前は、ものすごく偉そうで嫌なヤツだった」と言われた。完全に放電しきって外形だけはエラソーだったんだと思う。

時々、顔を出す政治青年

ロフトの経営に戻り、再びライブハウス漬けになっていたが、やっぱり政治が好きなのかなぁ。三・一一の原発事故の後、原発デモの先導車の運転を半年間やりました。警察も違法性があれば逮捕するつもりだったようですが、デモの人数が一万人を超えていたので、手が出せなかったのでしょう。

保坂展人の世田谷区長選もそうでした。世田谷区の住民として区政を何とかしなくてはと、仲間と、当時国会議員落選中の保坂を口説きにいった。「カネがない」というからかき集めて、世田谷区役所のロビーを占拠して「区政を変えろ」とアジったりね。保坂には選挙応援と引き換えに「当選したら世田谷に野外音楽堂を作れ」と約束したけど、彼は無視しているのかなぁ。

まぁ、昔から「好奇心をもつ」「とことん面白がる」そして「コトの成り行きは最後まで見届ける」が信条だったから、これは治らないね。若い人にもこの信条は持って欲しいですね。

PROFILE

おちあい・けいこ／作家
一九四五年、栃木県宇都宮市生まれ。明治大学文学部を卒業後、文化放送入社、「セイ！ヤング」では「レモンちゃん」の愛称で親しまれ人気アナウンサーに。三十歳を前に退社して作家活動に入るとともに、児童書籍専門店の「クレヨンハウス」をオープン。経営にほか、女性や子供の問題についての評論・講演活動も行う。原発や安保法制、特定秘密保護法への反対の取り組みなど積極的に発信している。クレヨンハウスでは原発講座だけでなく、無農薬野菜の販売やレストランなどの事業も行っている。落合さんは『続・全共闘白書』を手に「私は全共闘世代よりちょっとお姉さんだけど、ともに時代を生きてきた共感がある」と話し始めた。

虹色のバトンをそれぞれの人に渡したい

落合恵子

学生時代、はじめは成り行きでデモに参加

——『続　全共闘白書』を読まれた感想は？

落合　一人一人の考え方や生きる姿勢、共通するところも違うところも出ていて興味深かったです。

私はこの世代より一・五歳くらい年上ですが、あの時代には高校卒、あるいは中学校を卒業してそのまま働く人も多く（一九六六年の大学進学率は男性一八・七％、女性は四・五％）、大学に進学する人の数は少なかった。進学しなかった人たちの人生もまた、「全共闘」とカッコで括られる人とはまた別の意味で多種多様だったろうと思います。

「白書」のアンケートの項目に、好きな政党・政治家があります。積極的支持というより、ちょっと譲ってベターか、少しはましかな？で選挙をすることに多くの私たちは慣れてしまっているかもしれません。私にもそんな時がありますが、個人的には、既成の政党に期待することはあまりありません。今回の立憲民主党と国民民主党の合流問題も残念なことに、いつか見た風景と重なります。「違い」を強引にひとつにしてしまうやりかたにも抵抗を覚えますが、反現政権、反安倍だけで今回は対峙できないのでしょうか。こんなとき、既成を越えた文化的政治的パーティを作れないか、とちょっと焦ったりします。

アンケートに答えているのは、圧倒的に男性で女性が少ない。もちろん女子の進学率は男子より低いのですから、当然のことかもしれませんが。

学生時代は、はじめはむしろ成り行きといった感じでデモに参加しました。当時感じた多少の違和感は、それ以前も言われ、以降もまた言われていることですが、「妹的な存在としての女性」という位置づけに対してでした。誰かが空腹ではないか、喉がかわいてないか、怪我はしないかと気にし、心配りを忘れない「ガーディアン・エンジェル」的な。一方、デモ隊列では「前に出るな、後ろに下がって」。それは、女子学生を危険に晒さないという意味であると同時に、たとえば何か重大なことを決定する場での女子の位置づけともどこかで重なっているような気がしました。

——私の大学のバリケードの壁には「親とオンナは反革命!」という落書きがありました。

落合　そうでしょ? 女はそのような立場だった。革命を夢見た当時のヤングラジカルズの中にも、祖父や父の時代の女性観が息づいている場合もありました。そういえば、明治大学にいた赤軍派の重信房子さんは私と同じ世代です。彼女はどんな風景を見てきたのか。ぜひお話を聞きたいです。

——当時の落合さんの問題意識はどうでした。

落合　二〇二〇年の春から夏にかけて、米国でジョージ・フロイドさんが警官に殺され、アフリカ系アメリカ人への差別、白人優先主義に対する抗いが大きなうねりになっています。もちろん私も支持します。私が高校、大学時代も、そうした差別や分断に対する市民の異議申し立てはむろんありました。でも一方で、不思議なこともありました。後に「公民権運動の母」と言われるようになるローザ・パークスさんよりも、少なくとも私は、マルカムXやマーティン・ルーサー・キング・ジュニア牧師の存在のほうを先に知ったのです。燎原の火のように、当時全米に広がった差別撤廃運動の最初の火は、百貨店で働いていた中年の女性、ローザ・パークスによってつけられたのに。それを知ったのは、ずいぶん後のこと。これはなぜなのでしょう。

ビリー・ホリデイが歌った『ストレンジ・フルーツ(奇妙な果実)』をはじめて聴いたのは十七歳から十八歳の頃だったと思います。リンチされ、殺害され、木に吊るされたアフリカ系アメリカ人の遺体を、奇妙な果実のようだと歌ったもので、音楽評論家の油井正一さんと大橋巨泉さんが同名の評伝を刊行され、ラジオでもよく語っておられました。

就職した翌年、一九六八年のメキシコ五輪。陸上二百メートルの表彰式で、一位と三位の二人のアフリカ系アメリカ選手、トミー・スミス選手とジョン・カルロス選手が自国の国旗と国歌に黒い手袋をした手を高々とあげて抗議をしました。差別への異議申し立てです。これに対して二位のオーストラリアの白人選手ピーター・ノーマン選手も抗議の姿勢を示しました。オーストラリアのピーター・ノーマン選手は、七二年のミュンヘン五輪からは外されました。彼は二〇〇六年に死去しますが、その棺に付き添ったのが、先の二人のアフリカ系の選手でした。さらに、ピーター・ノーマン選手の甥ごさんだったかがドキュメンタリ映像作家となり、この出来事を扱った「ブラックパワー・サリュート」という映画を作っています。こうした抑圧と暴力、それに対する公民権運動の抗いは、ずっと続いている。そしてこれは、米国だけの問題なのか。私たちはこの間何をやっていたんだろう、と考えます。人種をはじめ、あらゆる差別は当然、わたしたちが暮らす、出ていくことはできないこの国にもあるのですから。

足並みはバラバラでも目指す方向は同じなら充分

――米国の黒人絞殺事件で、あらためて差別の実態を知らされましたが、今、あらためて非寛容な社会が世界に広がっていると思います。

落合　異質なものに対する想像力の欠如ですね。人としてより成長したいという感受性が希薄なのでしょうか。あるいはその芽を若いときに摘んでしまう社会があるのかもしれません。先ほどのオトコ社会という点では、私はささやかながらずっと異議申し立てをしてきた気がする。ラジオ局のアナウンサーになった時、そして番組を担当したとき、メインの男性アナウンサーの言葉に、「そうですね」と相槌を打ち、同調することがアシスタントである女子アナの役割だと教えてくれたひとがいました。極端ではありますが、ある種の性別分業です。「わたしはそうは思いません」と言えるようになったのは、自分である程度の決定権を持てるようになってからです。何かを表現するかしないかの底には、力学という流れがあるのだと改めて確認したのが二十代の半ば過ぎでした。

国会議員も女性が少ないことも問題です。女性議員の比率は、二十五年前の一一・三％から、昨年二四・三％まで上がってきましたが、それでも、世界の百九十三カ国中百六十五位です。女性議員が増えることが大事だと書いたり、言ってきましたが、女性議員といってもさまざまです。差別に鈍感な議員がたまたま女性だということで、社会構造的に声が小さい側に「寄りそう」と言えるかどうか……。数と質のテーマは難しいですね。

――一九六〇年代からずっと変わっていない、という印象ですね。今回のコロナ禍で、どんな変化がありましたか。

落合　今回のコロナ禍と二〇一一年の福島原発の事故に共通するきわめて似ている構図が見えます。財界もメディアもアカデミズムもひとつとなって、原発推進をした過去がある。原子力規制員会も政府寄りの基準を出してゆく。一方コロナ専門委員会・コロナ対策分科会も、政府の意向を大きく外れるようなことは言わないし、議事録も公開しない。一部メディアをのぞき、多くのメディアも大変だと煽りはしますが、当然の批判はしなくなっている。そしてグローバリズムのもとで、ナオミ・クラインがかつて指摘したところの「ショック・ドクトリン」が大手で振って闊歩する。惨事便乗型資本主義、です。コロナのワクチン開発、薬のシェアなども今後さらに、惨事便乗型に傾く場合が出てくるのではないでしょうか。

考えること。立ち止まること。本当にそうなの？　と疑うこと。それがひとりであっても、おかしいと思ったら、声をあげること。そして、疲れたら休むこと。この繰り返しを大事にしたいな、と思います。「倒れる前のずる休み」は「ずる」ではないのですから。

――生きること＝戦うこと、の落合さん、若い人たちへのつなぐものは。

落合　虹色のバトンをつなぎたい。それぞれの色のバトンをそれぞれの人に渡したい。全共闘は本当はいろいろな色のバトンがあったと思うのですが、こうして過ぎてしまうと全共闘という一色のバトンのような印象が残ってしまう。若い人が多様で寛容な社会を作るうえで、わたしたち前の世代は何ができるのか。いえ、わたしたちというより、ひとりひとりのわたしは、というのが今の気持ちに近いかもしれません。自由のために運動をしているのに、枠があり、そこから出ることができずにどんどん不自由になっていくと感じるときって、ありませんか？　まとまることの難しさ、です。歩幅や速度は違っていい。違って当然。足並みを揃えるのではなく、足並みはバラバラでも目指す方向は同じなら充分。人生は動詞だという言葉があります。名詞に収まるのではなく、動詞を生きていきたいと思います。

PROFILE

しげのぶ・ふさこ／元日本赤軍
一九四五年生まれ。明治大学二部文学部中退。二〇〇〇年に旅券法違反の容疑で逮捕、日本赤軍によるハーグ事件の共謀共同正犯として懲役二十年の判決をうけ、現在服役中。著書に『わが愛わが革命』（講談社、一九七四）『日本赤軍私史』（河出書房新社、二〇〇九）など。自身も回答している『続・全共闘白書』を精読してこう記す。「一人ひとりが、自分の場で、出来ることをし、反省や教訓を語り、繋がり合って失敗も成功も、誇りや反省も継承していけたらいい。私自身も、出所をめざし、社会学習することから始めるつもりです。次の世代の新しい希望を探し、邪魔をしないように応援出来る自分でありたいと思います」

誇りと反省の継承として「続・全共闘白書」を読む

重信房子

私にとっての空白と断絶を埋めるために

三十年近く過ごした海外から密かに帰国し、日本の中を歩きまわっていると、違和感がぬぐえない時がありました。もちろん情報としては今の日本を知りつつも、三十年前の感覚の日本しか実感できなかったからです。かつてと違って、丁寧な言葉に溢れた駅や役所やショッピングモール。子供たちの遊んでいない公園や路地、便利のついでに管理されている社会。考えなくても生きていけるような柔らかな社会の裏の監視や排除。かつて政界の「異端者」だった右派の石原慎太郎氏が常識の中心のように都知事として登場する映像。六〇年代の「私たちの時代」の不遜で狭量で、しかしより良い社会を求めて起ち上がった理想や「正義」を抱えたあの時代、あの世代の人々はどんな思いで今を過ごしているのだろうか……。そんな想いが巡りました。

何万人の学生運動、市民運動の担い手たちが、誇り、あるいは苦い敗北をどんな風に乗り越えてきたのか、知りたいと思いました。密かにブントの先輩と会った時、「自分たちが市民や野党や多くの人々の支えの中で闘えていたのに、いい気になり図に乗りすぎた」と話合いました。あの全共闘運動の行き詰まりに、それぞれが自分の最も知っている、また人々が自分のことを良く知っている古里に帰り、その地域・生活の場を社会変革の闘いの場として貢献していたら、もっと違う日本の現状を迎えていたかもしれないと反省と共に語り合ったものです。

私はかつて学園闘争・全共闘運動の限界を痛感し、党派活動による革命をめざしました。そしてその党派の限界の原因を知りたい、闘い続けたいとパレスチナ解放闘争へと参加しました。私にとっては当初はあの時代のままの誇りや武装闘争を肯定しながら闘える場としてパレスチナ解放闘争がありました。しかし、最も激しい武装闘争の世界の中で、日本の武装闘争の誤りや武装闘争のみに依拠して闘う自分の過ちに気付き、七〇年代以降にはとらえ返しつつ過ごしました。そして戻った日本の違和感……。私にとって、この『続・全共闘白書』（以下「白書」）は、空白と断絶・獄中生活と続くパズルを埋める一つの素材として読みました。この書は時代の誇りと反省の継承として価値があると思います。

一人ひとりの真摯な総括の熱量に触れて

「白書」を読んでもまだまだ読み込みきれないままです。全般的にも個別的にも多種多様で「読み解く」などと概括することが出来ませんが、それこそが全共闘だったという思いで読んでいます。当時運動に関わった者たちは、数万人を超える全国各地の闘いです。当時の大学は、マスプロ化の途上であり、まだまだ限られた層の人々の特権的な場でもありました。その中のたった四百五十一通の「白書」です。それでも各々が自発的に参加し、非妥協に闘い抜いた当時の真実が伝わります。グラビア写真に当時が蘇ります。このアンケートに回答された一人ひとりの真摯な総括の熱量に触れることが出来ます。そしてまた、匿名の多いのに驚かされました。それほど、全共闘運動を公然と語ることが憚られる社会関係のせいなのか、今さら名前を晒したくないという照れなのか、それとも個人情報を詮索するような設問のせいなのか……。

アンケートの統計的データと傾向は巻末に示されていましたが、そこでは各回答者が向き合って記した熱量が掬いきれていません。アンケートでは全共闘の総括点よりも、参加した同時代の人々の現在の社会の一員としての姿を浮かび上がらせる設問が多いと思います。それはそれで価値があると思います。でも、この「白書」の呼びかけにも「私たちならではの『社会的けじめ』をつけ、自覚をもって旅立ちたい。そのためにアンケートを実施、前回同様出版化して社会に発信します。おそらくこれが私たち全共闘世代の遺言となるでしょう」と述べています。

全共闘世代としての何らかの継承を社会化しようとする意図ですから、それならもっと当時の運動自身のことを思想的にも考察可能な設問をしてもよかったのではないかと思いました。全共闘とは何だったのか、その継続に価値があったのか、どうして継続に至らなかったのか、何が欠けていたと思うのか、党派のあり方を運動の中でどうとらえたのか、学園の外に場を持ち得なかったのか、全共闘の活動を誇りにしつつ封印して生きてきたことなど、設問があれば、もっと答えてくれたと思います。それでも自発的に問題をとらえ提起している方が多く、心に響き共感出来るものが多くありました。この四百五十一人の傾向と思いは、市井に在るかつての全共闘を経験した数万人の傾向を示すものかもしれないと考えつつ読みました。

全共闘はなぜ敗北したのか

全共闘運動を語る時、党派と不可分な関係に触れない訳にはいきません。特に私にとってはそうです。私は「全共闘運動が結果的に萎んでいったのは何故か?」と問われて、「白書」の中では三点を挙げて答えています。第一は大学自治を無視した権力による闘争主体への弾圧、特にリーダーたちに対する「犯罪者化」や退学処分などによって全共闘の内容が社会化されぬまま萎んだこと、第二は党派の支援と介入のあり方、第三には、学生の一般的要求や、社会的層などとの共同の回路をつくり得なかった点を挙げました。「白書」では党派に関する設問に触れていませんが、全共闘運動は党派なしに全国的に高揚し得なかったのは事実でしょう。全共闘運動の背景には国際的な反戦運動、特に米欧の先鋭な闘いの広がりがあり、日本での闘い方にも変化が生まれていました。その闘い方の特徴の一つは、党派の牽引したラジカルな非妥協の実力闘争です。これは六七年の明大「二・二協定」という大学当局との妥協の敗北を機に益々断乎とした「非妥協の実力闘争」が基本になって続きます。これはまた党派間の競合で革命政治が運動戦へと先鋭化するベクトルをもって進みました。もう一つの特徴は、「ベ平連」の運動に示されていたと思います。これは小田実さんが唱えた闘い方で、「我々」ではなく「私」から出発し、自分の自発性、創造性、自前のやり方で好きにベトナム反戦と平和を訴えたスタイルです。フォークソングなどの音楽、文化、芸術的な広がりが、政治主義的な党派的な運動を超えて、文化、社会運動としての裾野を市民社会に広げ、社会党ら野党勢力とも共同し、全共闘運動とも重なり合っていました。

全共闘運動は、全員加盟の「ポツダム自治会」の形式的民主主義・代行主義的な質を、より自発性に基づく直接民主主義の原初的意志表示、闘いの場として育ちます。それは自治会と相対的別個の「闘争機関」として全国的につくられ波及していきます。これは六六年一二月に党派共闘によって再建された「三派全学連」の組織方針でもありました。

私自身ノンセクトで学費闘争に参加しました。しかし六七年明大「二・二協定」の「妥協的なボス交」に抗議する中核派の「自己批判要求」、リンチを目撃し、消滅寸前のブントの再建に協力を求められて、判官贔屓のようにブント社学同に六七年春加わります。私は教師になるために大学に入ったので、活動も、その目的をゆるがせにしない限りの参加でしかありませんでした。しかし「党派」の一員になると文化的活動は捨象され、「権力奪取」を性急に求める観念的傾向を持ち、政治街頭戦、運動戦の先鋭化の中に身を置くようになっていきます。六九年赤軍派結成への参加の動機も、全共闘の敗北やブントの限界を世界革命、国際主義によって乗り越えたいとする思いからです。ノンセクトの人の中には、私のように闘いを更に維持飛躍させたいと考えた時、党派に期待と幻想を寄せる人も多くいました。

六九年九月五日、日比谷野外音楽堂で開かれた全国全共闘連合結成大会で東大全共闘代表の山本義隆さんは次のような基調報告を行っています。（山本代表は、実際には明大全共闘の隊列に紛れて日比谷野音に入ろうとしたところを逮捕拘束されたため、代理が基調報告をしています。）

「一〇・八以降の実力闘争の質は、東大―日大―教育大を先頭とする学園闘争に継承され、その限界も克服されて行く。ここに於いて、最も特筆すべきは『党派軍団』と『ポツダム自治会』の矛盾を大衆運動としての〝全共闘運動〟と言う形で止揚し、同時に大衆運動の次元で『帝国主義』大学の批判を通じて自己の社会的存在様式を全面的に対象化し得る契機を掴み取ったことである」「全共闘は、学園内において運動の党派的分断を克服し、大衆運動と討論を通じた党派闘争という正しい党派関係を復元し、同時に『自治会内左翼反対派』としての位置を離れ、左派の実体的ヘゲモニーを確立し、学生層の特殊階層的利害に拝跪することなく闘争を運動的にもイデオロギー的にも領導していった」と、全共闘運動を評価しています。

しかし、全国化をめざした結成大会を最後の盛り上がりとしつつ、低迷に向かいます。権力の弾圧、山本さんらリーダーの逮捕、当局による停学や退学処分、モラトリアムのような学生身分からの運動の展開と継承は、多くの学生がまだ地域や制度圏へと回路のないまま党派的に先鋭化するか退却するか、個々が問われていったのだと思います。今からふり返れば、革命の権力問題を性急に求め、敗北と壁にぶち当たっても、私の党派は自己を批判的に対象化しえぬまま、運動戦、武装闘争へと進んだ過ちがありました。暴漫で先鋭化に賭けた突破は、運動の政治性、文化も損い、「決意主義」や「覚悟」で乗り越えようとする分、精神主義的な「連合赤軍事件」や、他者を敵として抹殺する「内ゲバ」の方向へと運動の敗北と解体を準備してしまいました。

私は赤軍派の敗北と限界を超えようと海外で闘い始め、日本をふり返った時、武装闘争をいやでも闘わざるを得ないパレスチナ・アラブの地で、人々と生活を共にしながら過ちをとらえ直していきました。欧州やフィリピンの革命家たちのように、私たちはなぜ、まず合法的な条件を最大活かして地域に帰り、社会革命を準備しようとしなかったのか？日本の「内ゲバ」も世界に類をみません。指導権を争い、自派のみを正しいとするスターリン以来の党の「唯一性」「無謬性」に拘泥する過ちを繰り返したことが、権力の弾圧を容易にし、様々な運動や市民社会とのギャップを拡大していった敗北の重要な原因だったと思います。そして党派と不可分な連関にあった全共闘運動も敗北していきます。党派の一員だった者として、強く自らのあり方をとらえ返さざるを得ません。不遜に聞こえるかもしれませんが、私たちの時代の党派（全共闘）の「敗北のし方」こそが、国家主義自民党政権を延命、温存させてしまった一因であると言えると思います。

教授たちの人間性に触れ闘いの財産にできなかった未熟

この「白書」を読んで共感と反省がいくつも蘇りました。その一つとして当時の教授たちについて考えさせられました。私たちは官学私学に拘らず大学当局を国家権力と一体的にとらえる傾向を強く持ち、大学当局と激しく非妥協に対立しました。事実、どの大学も、当局側は十分な討論を回避し、話合いを放棄して機動隊導入による学内正常化と運動のリーダーの処分を行うのが一般的になってしまいました。「進歩派」といわれた教授たちの多くも、学生のバリケードストライキを「暴挙」として、バリケード封鎖解除を求める日共民青や、体育会系の側に立ち、その分、私たちも進歩派教授らと対立もしました。

私のいた明大の学長小出康二氏は、六〇年安保の時には、自ら学生に日米安保反対を訴え、大学をストライキ・ロックアウトして国会デモに向かった人ですし、理事長は弁護士会会長を務めたといわれる人物でした。でも、彼らは約束した団交を一方的に機動隊導入で打ち切り、そのままバリケード解除・ロックアウトを行いました。その上、その日に学長名で、学費値上げに反対する昼間部の「全学闘争委員会」と、夜間部の「全二部共闘会議」の解散命令を発しました。入試の時期が迫り、試験実施のため強行措置をとったのです。そんな関係しかつくり得ない時代の攻防がありました。他の大学でも同様でしょう。そうした中でも、様々に学生の味方になって助けてくれる教授もいました。それらの教授は、学生の主張に賛成ではなかったかもしれません。しかし学生を信じる姿勢は誠実です。今回、私にそうした教授たちを思い起こさせてくれる文を「白書」に見つけ、胸熱く読みました。

ひとつは群馬大学卒の匿名の医師の淡々とした報告です。安田講堂の戦いで起訴され、一切黙秘していたのが、六九年一二月に保釈されたそうです。裁判で懲役一年十ケ月、執行猶予三年の判決を受けたのですが、「判決言い渡しの後、裁判長が私を裁判長席に呼び寄せて言った。『私が全責任を負うから学生を返してほしいと、群大医学部学部長が裁判所へ来て言ったのは、国立大学ではあなたの大学の学部長だけでしたよ。』」と記されています。一二月釈放後、彼は学部長に会ったが、「君のために私は裁判所にかけあった」などとは一言も語らず、退官され大学を去った後の判決で裁判長から彼はその話を初めて聴いたのです。また、病理学の教授は、彼の勉強の遅れを取り戻させようと、七〇年一月から三ケ月、月曜から土曜まで毎日夜九時から十二時、つきそい教えたとのことです。「すばらしい先生たちの温情によって、私は奇跡的に医者になれた。そして今日を迎えた」と感謝を記しています。教授らは恩着せがましさの微塵もなく、尽力してくださったのです。

そしてまた私の知る三木寿雄明大教授について、「白書」の中で工学部だった塩澤研一さんという方が記しています。六九年のバリケードストライキを最後まで戦ったとのこと。教員免許を得るために、明大附属中学、高校で教育実習をした時、塩澤さんは「過激派の学生」と噂を流され、実習校では冷たい対応をされたそうです。「その時私を守ってくれたのが、教育課程の主任であった三木寿雄教授だった。先生自ら実習校に出向き、校長室で校長と教頭を私の前で一喝し、『私が責任をもつ。君は心置きなく最後まで実習しなさい』と励ましてくれた」と記しています。「鬼の三木」の仇名の三木先生は、教室は一分の遅れも許さず鍵を掛けて、遅れた人は入室させません。その上、授業の最後には全員のノートに「三木」という判を押し、その数の限度以上の学生しか実習を受けさせません。頑固で清廉な三木先生を思い出しました。

私の教職課程の主任教官も、尊敬すべき三木先生で、私も助けられた一人です。私の教育実習は、六九年に中野区立中学校三年生で、社会科社会を担当し、ちょうど「三権分立」の歴史と意義を教えました。実に楽しく有意義な教育実習の日々でした。小学校時代から「私は先生になりたい」と思っていましたが、我家には財政的余裕がなかったので、高校卒業後は就職しました。就職先で夜間大学に通っている人がいて、夜間大学の存在を知り、先生になる夢を実現したくて、通勤にも便利な明治大学に六五年入学しました。小学校か中学校の先生になるため、授業も熱心に受けていました。六六年の明大学費値上げの動きに対しては、文学研究部から研究部連合会執行部役員に加わっていた私は、値上げ反対に立ち上がります。それでも教師への道を進むのが第一でした。でも私が六九年に教育実習を始めた後、明大ではちょうどバリケードストライキに入りました。東大闘争の後の四月の沖縄闘争の頃だったかもしれません。授業ボイコットなので教育実習を終えたレポートを提出する訳にはいきません。そのうち三木先生から赤インクの警告文が届きました。「君は教育実習を終えたという報告を実習校から受け取っている。しかし君は実習のレポートを提出していない。このままでは教育実習の単位は『不可』落第です。至急レポートを提出しなさい」といった内容です。

私は三木先生に次のような趣旨の返事の手紙を送りました。「私は自ら賛成して授業ボイコット、バリケードストライキを実施している者です。そのため、自分で決定したストライキに忠実でありたいため、レポートを提出することは出来ません。落第は承知しています。しかし中野の中学で出会った生徒たちによって教えるより学んだことの方が多い（と例をあげ）、常々先生が『文部省の方を見て教えるな。組合の方を見て教えるな。ただ生徒の方を見て教えよ』というのも実感として分かります。教えることによって学ぶことが出来ました。この経験は私の人生にとって必ず財産になっていくはずです。この機会を与えて下さったことに感謝し、お礼申し上げます」といった内容です。その時にはすでに政経学部への学士入学を決めており、今回は諦めて、再び、実習単位を取得するつもりでいました。

　ところが三木先生の返事が来たのです。「お手紙拝見。君の手紙はレポートにも優る。君の単位は『優』です。君のような人こそ教師になるべきだ」と。びっくり、また先生の常々の人柄が滲み出ていてうれしく単位を受け取ったものです。そしてまた、明大学費闘争中、学生部長として学生と対峙した、法学部教授宮崎繁樹先生（のちの明大総長）の温情もまた忘れられません。六六年学費値上げ反対の大衆団交では、学生と共に共同議長として司会を担っていました。理事長や学長に向かって「学生が聞いているのはそんなことではありません」と采配をふるい、結局団交は決裂して、その日深夜から明大正門にバリケードが築かれ始めました。机や椅子のバリケード構築中のところを通りがかった宮崎先生は、ひょいひょいとバリケードによじ登り、「国破れて山河あり～」と詩吟朗々と吟じた後に、「学生諸君、風邪を引かないように！」と言ってバリケードから飛び降りました。みな唖然とした後、「ナンセーンス」と拍手の渦。この学生部長が、二〇〇〇年に私が逮捕された後、公判が始まると裁判所に傍聴に訪れて下さいました。

　そして〇六年の第一審判決のハーグ事件「共謀認定」を批判し、判決後の集会にも法律的な見地から無罪を主張して下さいました。上告趣意書を書く際には、憲法論で貴重な助言をいただきました。また、先生は弁護士資格でたびたび東京拘置所に面会に来て下さって、話の中で知ったのですが、明大当局が六七年、学生を警察に告発することに抗議して、学生部長を辞されたのです。その他、橋川文三先生や田口富久治先生など、自主講座に参加しては熱心に議論に加わって下さった先生も少なくありません。当時の私たちは「値上げ白紙撤回」を求め、非妥協な闘いに一直線でした。思い返せば、教授らの個々の人間性に触れ、それを闘いの財産とする思想も知恵もなかった自身の未熟さが恥ずかしく残念でなりません。もっと闘いの違った広がりをつくり得たかもしれないことを、この「白書」の記述を通してとらえ返した次第です。

正直に生き闘った誇りと、敗北の反省

日本は自らが描く自画像と、世界から見られている姿には、大きなギャップがあることを海外で暮らしてよく分かりました。日本の「正論」は世界に通用しないことが多くあります。ナチスと同盟していた日本の植民地支配・侵略の歴史を忌避しても、世界中の認めている歴史的事実を消すことは出来ません。

「北方領土」を一旦、日本政府が放棄した世界の常識の歴史的事実を踏まえれば、ロシアとの領土問題解決も平和条約も、こんなに長引くこともなかったでしょう。「ゴーン事件」で示された明治監獄法を踏襲する日本の異常な人権侵害、人質司法や弁護人立ち合い無しの調べなど、世界に通用しません。刑務所医療は厚生省所管の先進国と違い、法務省管轄のため、国民皆保険から受刑者は排除されている日本。警察による法制なしのDNA型登録の拡大など、日本政府の人権感覚や慣例が、国際水準とかけ離れていることを国内の多くの市民は知りません。そんなもんかと渋々と受け入れてしまっています。日本はまだまだ、明治以来の封建的家父長制を根っことする思想・文化を色濃く残したままです。

それは政界にも、刑事施設にもよく表れています。世界の常識と日本の常識を比較し、よりよい社会規範を持ち得るよう世界と交流し、人々同士が触れ合う機会が拡大すれば、日本の変革の積極的力になると思います。そして若い人を中心とする環境問題へのアプローチは、反原発やパンデミックコロナ禍経験を通して、欧州のみどりの党のように現場が繋がり、世界を結ぶ社会運動として今後育つでしょう。選挙のためのネーミングの「みどりの党」ではなく、地球と人間、生物、環境の未来のために、切実にもっともっと世界は動き出すでしょう。

全共闘運動の時代を顧みる時、正直に生き闘った誇りと共に、敗北の反省が今も蘇ります。私たちの世代に何が出来るだろうかと考える時、これまでのように自分の持ち場で闘い続けることや、伊藤美津子さん（中大卒）の「白書」の呼びかけにあるように、必ず投票する人を増やそうとする活動も不可欠です。そしてまた、かつて私たちが、実際には、多くの周囲の人々、教授や市民、先輩、家族たちに支えられていたことに気付きます。かつて支えられたように、私たちも若い人々の運動の芽に邪魔にならないように積極的に支援することも問われています。当時、私たちが不足に苦しんだように、寄附・カンパは運動に不可欠です。また溜まり場だった自治会室などの解放空間が失われている現在、様々な意味での〝場〟の提供も大切です。自分たちの若年の情熱、信念、正義を求めた闘いの未熟さを思い返すと、寛容に支えることも出来るでしょう。

全共闘運動の「社会的けじめ」とは（と言うよりも）一人ひとりが、自分の場で、出来ることをし、反省や教訓を語り、繋がり合って失敗も成功も、誇りや反省も継承していけたらいいと思っています。私自身も、出所をめざし、社会学習することから始めるつもりです。次の世代の新しい希望を探し、邪魔をしないように応援出来る自分でありたいと思います。

〝蚕のごと貪り喰らいし経験の　糸を紡ぎぬ山動くまで〟

二〇二〇年八月二三日　重信房子

PROFILE

かん・なおと／元首相・衆議院議員
一九四六年、山口県宇部市生まれ。一九六五年、東京工業大学理工学部に入学、在学中は新左翼セクトに対して「イデオロギーでは何もかわらない。現実的な対応が必要」と批判し、「全学改革推進会議」を立ち上げた。卒業後、弁理士資格を取り、特許事務所を開設。その後、市川房枝らの市民運動に参加し、社会民主連合から八〇年に衆議院議員に初当選。九四年、新党さきがけに移り、自社さ政権で厚生大臣として薬害エイズに取り組む。民主党政権では鳩山由紀夫の後を継いで二〇一〇年に内閣総理大臣。しかし、翌年の東日本大震災の対応に対する批判が高まり退陣した。二〇年一月の「続・全共闘白書」の出版パーティーでの発言を採録する。

あれだけの運動がありながら、政界に出てきた方が少ないのが残念です

菅 直人

私は本来なら一九六九年に卒業予定だったんですが、東工大はあまりストライキのないところなんですが、その直前にストライキになりまして、ちょっと首を突っ込んだら首が抜けなくなって一年間留年をして、その時に『全学改革推進会議』というセクトとは関係のないグループを作って、今でもその仲間と会っています。ストライキの翌年に機動隊が入っていわゆる正常化が行われた翌日から、

学生が全部出てきて授業が始まった。私は四年生で卒業していたので授業に出ていませんでしたけれども、あまりにもあっけなかったので、その時「全共闘運動に対する共感と批判」という論文を書きました。持ってきましたので、関心のある方はご覧ください。

もう一つ言いますと、せっかくあれだけの運動がありながら、その後の日本の政治、一般的な意味での政界に、ヨーロッパでは多くの方が出て来られたと聞いていますけれども、日本では例えば東大全共闘だった今井（澄）さんだとか、亡くなった仙谷（由人）さんとか、そういう何人かの方は政界に出てこられましたが、あまり政界にストレートに出てきた方が少ないのが、私としては残念です。

その原因は、さきほど二木さんが言われていましたが、内ゲバの延長上にいろいろな問題があって、がんばった方ほどやはり挫折感があったのではないか。挫折感があったので、立候補しようという話にはならなくて、私みたいに能天気な人間の方が、市民運動を通してそういうところに入っていったら、何かそういうことになっちゃったということなんですが、そういうことで今日はメールが来たものですから、ちょっと顔を出してみようかなと思ってやってまいりました。

『全共闘運動に対する共感と批判』という論文を持ってきましたが、今読んでどうということはないんです。あえて一言いえば。私は全共闘運動というのはマルクス主義の運動とは全然見ていません。つまり疎外だとか文明批判だった。『共感』と書いたのは文明批判の部分が『共感』なんです。『批判』と書いたのは、私はマルクス主義を勉強していませんが、それでも剰余価値論とか、今、聞いても、共産党の人たちもそういう言葉を使いませんから。共産主義の共産党というのは今や無いんです。当時も共産主義用語で喋っているだけで、私が共感したのは疎外とか文明批判とか、そういう部分が当時の私も含めて共感があったんじゃないか。『共感』と『批判』という意味は、『共感』は疎外とか文明批判、『批判』は古典的マルクス主義は当時から論理としても成り立っていないと思っていましたので、そんなことを書きました。

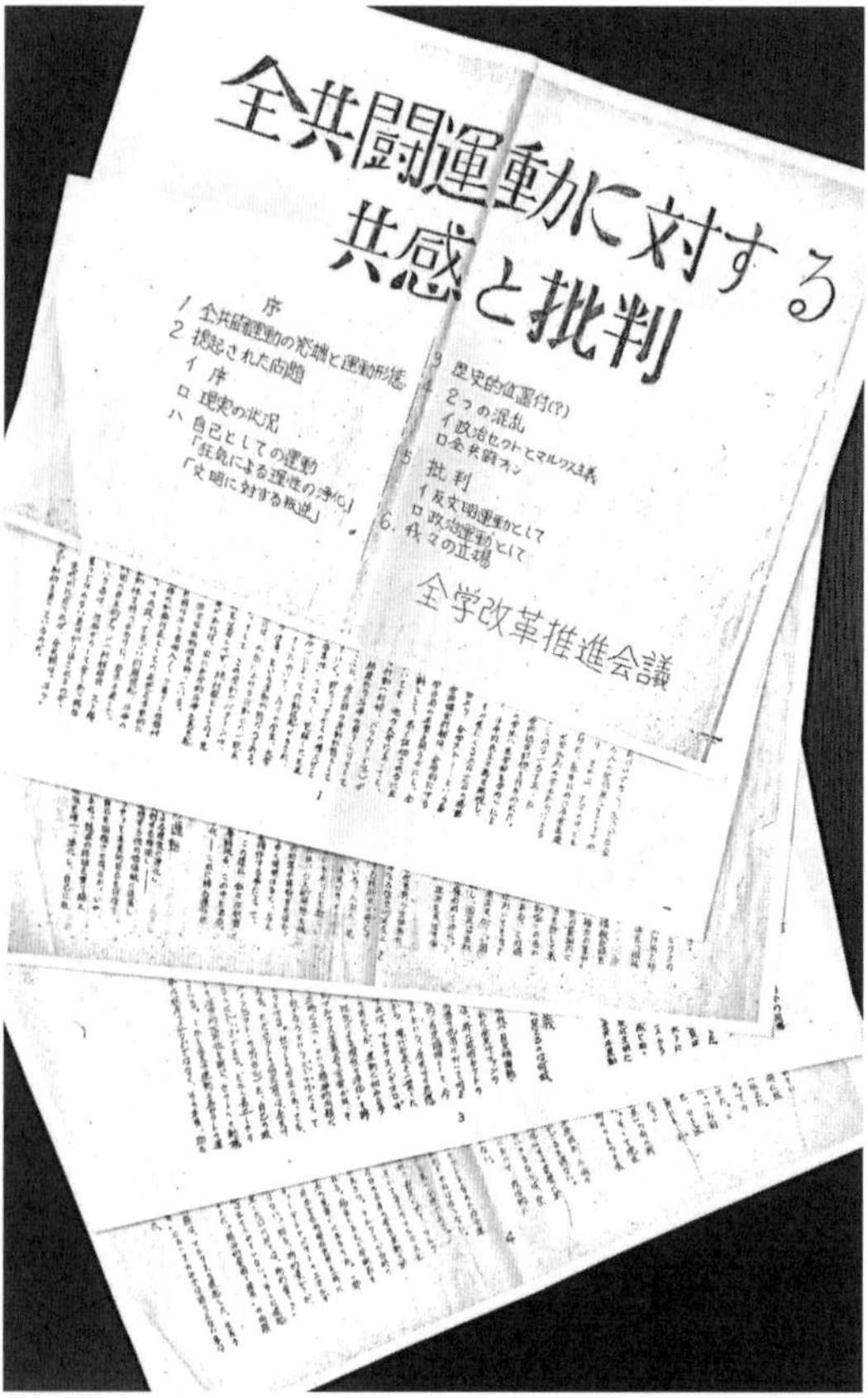

菅氏が執筆した「全学改革推進会議」のガリ版ビラ「全共闘運動に対する共感と批判」。全学改革推進会議は全共闘とは別のグループで、詳しくは「野次馬雑記　全国学園闘争の記録東京工業大学編」http://meidai1970.livedoor.blog/archives/1365502.html を参照）

● PROFILE ●

あきた・あけひろ／元日大全共闘議長

一九四七年、広島県安芸郡音戸町（現・呉市倉橋島）生まれ。日大経済学部四年生の一九六八年、不正経理問題が発覚し、全学共闘会議議長として闘争を指揮、六九年三月、公務執行妨害で逮捕。同年九月に結成された全国全共闘では副議長を務めた。運動終息後は土木作業員、自作詩集の販売のほか東京キッドブラザースの東由多加監督の映画に出演、歌手としてレコードを出すなどした。その後、郷里で自動車修理工場を経営。一時は地元の有名人でマスコミの取材にも応じていたが、今は過疎の町で高校生の息子と穏やかな日々を過ごす。著書に『大学占拠の思想』（三一書房）、『獄中記　異常の日常の中で』（ウニタ書房）。

AI社会で人間はいなくなり戦後民主主義は終わった

秋田明大

戦後民主主義が終わった理由は二つある

――「続・全共闘白書」を読んだ感想は。

秋田　分厚い本だから全部は読んでない。でも、面白かったのは、みんな立憲民主党の支持者が多いんだね。枝野幸男代表ってのはちゃんとした人格を持っている人だと思うから、好きな人が多いんじゃね。

あと山本太郎が人気がある。意外だなとビックリした。私も支持しなきゃいけないのかなあ。山本太郎は芸能人の時は面白かった。アフリカ人の格好をしたりしてひょうきんでね。でも私からすれば政治家としてはクセがあるようだ。これは広島の田舎の遠くから見ているので実際はわからないけど。

――地方から見る風景はかつて東京で暮らしていた時とは違いますか？

秋田　うん、戦後民主主義は終わったね。理由は二つある。ひとつはＡＩによって全ての情報がまとめられて、左翼も右翼も渦の中に巻き込まれた。情報化社会は凄まじく、民主主義はＡＩに取って代わった。右傾化、というより保守化だね。ワシは右翼は嫌いじゃないけど、この保守化はヒシヒシと感じとる。昔は物事を論理的に積み上げてきたけど、今は違うようじゃ。理屈で考えればひどいシッペ返しを食らうんじゃないか。

左翼的な評論家もいなくなった。昔は小田実とか学者とかがいっぱいいて、ベトナム戦争についても百種類ぐらいの評論があった。でも最近、テレビに出てくるのは上手で頭のいい言い方しかしない。ノーマルな評論というのかな。

「正直者はバカを見る」とか言っていたけど、今はもっとひどい。証拠さえ残さなければ何でもできるのがＡＩ社会じゃないのか。

中学生の時に読んだマンガで、こんなのがあった。「二十一世紀の人類は頭が大きくなり、内臓が小さくなり、足が長くなる」と。頭がどんどん良くなって頭脳は大きくなり、消化のいい食べ物ができて消化機能がコンパクトになり、その分、足が長くなる、という話じゃった。
でも今はＡＩによって、パソコンでなんでもわかるので考えることがないから頭が小さくなってい
る。これは恐ろしいことで、世の中にとってよろしくないじゃろう。

――民主主義が終わったもう一つの理由は？

秋田　ワシの住むところもそうだが、地方がどんどん潰れている。イノシシ村って知ってるか。人が住まなくなってイノシシが自由に走り回っているところだ。この村もそうじゃ。昔は酸いも甘いも知っとるジイさん、バアさんがいて、子供達が走り回って、地域のコミュニケーションが成り立っちょった。しかし、今は、若いものは地域外の学校に行き、卒業しても戻ってこん。この地域では小学校が五分の一になり、中学校は四分の一になった。老人の面倒を見る家族がいないから養護施設に入る。ワシの九十九歳の母親は養老院に入っている。畑仕事をする人もいなくなり、イノシシが入り込むんだ。
（窓の外に海を見ながら）この島も昔は賑やかじゃった。島の間を九州の三井三池からの石炭船が行き交って、村には百隻ぐらいあった。それがエネルギー革命で石油に代わりに大きな鉄船が往き交い、それも終わって、今は牡蠣の養殖棚で細々食べている。長崎に軍艦島があるじゃろ、あれと一緒じゃぁ。人がいなくなれば、もう民主主義も何もないじゃろ。テレビで「ポツンと一軒家」というのがあるが、ワシの家もポツンとだ。
東京から戻ってきた頃は、この地域ではワシはちっとした有名人じゃった。東京の学生運動の闘士じゃ言うて。新聞記者もよく来て「尋問」のような取材をして帰っていった。でも、今ではワシのことは誰も知らん。それはそれでいいんじゃが、そういえば、この前、久しぶりに新聞記者がきた。「な

んで来たんか」って聞いたら、「今、全共闘ブームが起きているから」だと。「続・全共闘白書」の影響かなぁ。

——秋田さんは全共闘白書で、「これからやることは、子どもを成人まで育てること」と答えています。

秋田　うん、再婚した女房は中国人でいいヤツだったけど、お金をみんな中国の実家に送っちゃうんだ。どんどん送って、もう自動車工場や家を売るしかないところまできた。これじゃ、やっていけんと離婚した。その時、息子は小学三年生。困ったよ。自動車工場は続けなきゃならんし。小学校に午後六時まで預かってくれる児童会があって助かった。中学校になったら給食があり、弁当を作らなくてよくなりこれも助かった。父子の暮らしは大変じゃ。六十八歳くらいの時から、骨粗鬆症であまり力が入らなくなり、四トントラックくらいの車検整備ができなくなった。骨でも折ったら仕事を辞めなきゃいけんけぇ工場も小さくした。

息子は今、高校二年生。意見するとプイッといなくなる。難しい年頃じゃ。でも、この子が二十歳になるまで頑張るしかないんじゃ。

無名戦士たちの「遺言」集

高成田 享

PROFILE

たかなりた・とおる／ジャーナリスト
一九四八年岡山市生まれ。東京大学経済学部卒。七一年に朝日新聞社に入り、経済部次長、アメリカ総局長、論説委員などを務める。二〇〇八年から一一年までシニア記者として石巻支局長。一一年四月から仙台大学教授、現在は非常勤講師。ネットメディア「情報屋台」に時事コラムを寄稿している。政府の東日本大震災復興構想会議委員として復興計画に参画。NPO法人東日本大震災こども未来基金理事長。NPO法人テイラー・アンダーソン記念基金専務理事。編著書に『ディズニーランドの経済学』、『こちら石巻　さかな記者奮闘記』、『さかな記者が見た大震災・石巻讃歌』など。

全共闘運動にかかわった人たちから集めた四百五十を超えるアンケートの回答を全文収録、取捨選択という編集の手が入っていないという意味で、客観的な資料としても歴史に残るすぐれた記録集になっている。日米安保条約への評価や支持政党など、アンケートの回答をみると、運動にかかわっていたころと現在との政治意識の変化などが読み取れて興味深いが、字数の制限をしていない自由回答の書き込みを読んでいくと、「全共闘」を背負ったそれぞれの人生が浮かび上がってくるようで、読み物としての面白さをたっぷり味わうことができる。なかには、涙を禁じ得ないエピソードもあり、世代を超えて読み継がれる書物となるだろう。

安田講堂の闘争で起訴された東大ではない医学生が判決の言い渡しのあと、裁判長が被告の医学生を呼び寄せた。裁判長は、被告が籍を置く医学部の学部長が裁判所に来て「全責任を負うから、学生を返して欲しい」と言われたこと、そして、そんなことをしたのは、「国立大学ではあなたの大学の学部長だけでした」と明かしたという。激しい闘争の中でも、教員と学生との信頼関係が成り立っていたのだろう。大学に戻ることができたおかげで、今も地域医療にかかわっているというこの医師のエピソードは、感動するとともに、もっと長く読みたいと思わせる物語のひとつだった。

巻末の「集計と解析」によると、運動に参加したことを「誇りに思う」という回答が七〇%、何らかの政治活動や社会運動への参加意志がいまも「ある」との回答が六〇%あった。全共闘世代は、「団塊の世代」と呼ばれる一九四七年から四九年生まれのベビーブーマーと重なるが、当時の大学進学率は二〇%前後だから、全共闘世代は団塊の一部で、全共闘運動に参加したのは、さらに一部にすぎない。アンケートに回答した人たちは、運動への思い入れのある人たちが多いということもあるだろう。そんな留保をつけてのうえだが、この数字をみると、勝手なことばかり言っていると批判される全共闘世代は、ほんとうに「懲りない世代」なのかもしれない。

私にとっての全共闘運動の成果は

かくいう私も友人から回ってきたアンケートに同じように回答した。全共闘の隊列の最後尾にいて、逃げ足には自信があった。それでも、騒擾罪が適用された一九六八年一〇月二一日の「新宿騒乱」では、駅構内のホームにいて、夜明け近くまで駅の周辺にたむろしていた記憶がある。たまに母校に行く機会があると、建物の上から薬品が降ってきたときの臭いまでが思い出されて、古戦場を歩くような気分になる。学生時代は無視していた選挙の投票にも、できるだけ行くことにしているが、投票だけでは、世の中は変わらない、という思いはいまもある。

この本は題名が示すように、四半世紀前の一九九四年に刊行された『全共闘白書』(新潮社)の続編で、「まえがき」によると、「前回にくらべて、〝思いのたけ〟が濃密に書き込まれている」という。言い残したことを書いておきたいという気持ちもあるだろうし、あらためて自分の人生を振り返る時間もできてきたということだろう。

子どもが不登校になったときに、進学にも支障が出ると狼狽したが、「大学解体」を叫んでいた自分を思い出し、不登校は抑圧的になっている学校教育に対する子どもなりの「異議申し立て」と考えるようになった。現在は、ひきこもりの家族会やフリースクールの運営にかかわっている。そんな全共闘体験を生かしている話を読むと、いい人生ですねと、回答者に敬意を表したくなった。

あたりまえだが、自分の経験に照らせば、人生はうまくいかないことがたくさんある。やけを起こしそうになったときもあるが、そんなときは、「お前は、世の中をひっくり返そうという隊列の中にいたんだろう、いま抱えている悩みなんて、なんて小さなことか」と、思うことにしてきた。それでも悔しさは残るが、いまとなれば、「わずかばかりの運の悪さを恨んだ」こともあったと、笑える心境になってくる。私にとっての全共闘運動の成果は、自分の人生をより相対化してみる「諦観」を養ってくれたことではないかと思う。

本に戻れば、回答者のなかには、赤軍派を率いた重信房子氏のような〝有名人〟もいるが、匿名を含め多くは無名の人たちだ。全共闘で戦ったあとは、企業などの組織でも「戦士」として奮闘した人も多いのではないか。そろそろ後期高齢者になる時期、人生の「総括」という気持ちで回答した人も多いだろう。

「みんな何処へ行った　見送られることもなく」という中島みゆきの「地上の星」を引用して、全共闘の今の所在を問いかけた回答があった。私も中島みゆきの「忘れな草をもう一度」の歌詞を引いて、連帯の気持ちに代えたい。

「忘れな草もう一度ふるえてよ　あの人の夢にとどけ」

PROFILE

すみざわ・ひろき／政治学者

一九四八年生まれ。六八年京都大学法学部入学。構改派の活動家として京大闘争に参加。一九七三～八八年までフランクフルト大学に籍を置きドイツ社民党のブレインでもあるフェッチャー教授の下で博士号取得。九〇年日本女子大学専任講師をへて二〇一七年退職。著書に『自治体議員の新しいアイデンティティ』（イマジン出版、二〇〇二）など。デジタル版『現代の理論』代表編集委員。元全共闘へ「私たちが「異議申し立て」を行うのではなく、行動する若者や少数者を応援。そうしたテーマをもつと社会への関心も継続し健康寿命も長くする。その総体が成熟した市民社会の力となる」と提言。

全共闘と政治的故郷：1968年と1989年の二つの視点から

住沢博紀

1.「政治的故郷」をめぐる日・独六十八年運動の比較

『続・全共闘白書』に触発された私の全共闘体験と、その後のドイツ、日本での研究・活動については、「情況」二〇二〇年春号（「政治的故郷をめぐる日独社会運動の体験的比較：前編　日本の68年からドイツ70年代~80年代」二〇二一~二一七頁）と「情況」二〇二〇年夏号（「後編：帰国後の運動の分水嶺1989年」二四四~二六一頁）に詳しく書いた。『続・全共闘白書』の編集者、前田和男さんによるインタビュー形式である。

今回もう一度、『続・全共闘白書』に目を通すと、少し違和感を持つ。それはおそらく一九七三年から一九八八年まで、私はドイツに滞在していたことと関係する。どうしても一九六八年の日本での闘争体験と、七〇年代~八〇年代のドイツでの体験という複眼的思考で発想せざるを得ないからである。

違和感を持つのは、『続・全共闘白書』に寄稿したかつての活動家や、全共闘運動に参加した「一般学生」が、古希を迎えて自らの五十年を振り返るとき、九〇年代バブル崩壊以後の、「日本の失われた三十年」に対する当事者意識があまり感じられないからである。冷戦終結とバブル崩壊の九〇年代初頭、団塊世代は企業や地域社会の中堅にいた。あるいは全共闘の活動家であれば、地域の労働組合、市民運動、環境問題、地方議員、生協運動など、それぞれが活動の場を持っていた。そうであれば、五十年の自分史を全共闘運動との関係も含めて振り返るとき、一九六八年の「原体験」と、一九八九年前後の「社会の中での体験+二〇世紀の転換点」という、二つの視点が必要ではないかと私には思える。

したがって私の『続・全共闘白書』への関心は、「問13　運動はその後の日本に何らかの役割を果たしたのか」と、「問70　団塊世代の（現在の）最重要課題は」に絞られる。「情況」での前田さんとのインタビュー形式での、日独社会運動の体験的比較において、私の結論は以下のとおりであった。

(1)ドイツの六八年運動は、ナチを支援・黙認した父親世代への告発という世代間闘争を通して、戦後も残っていた権威主義的な社会を、西欧自由主義社会に発展させた。さらに七〇年代後半から八〇年代にかけて、「新しい社会運動」という大きな流れに合流し、政治システムの中に、緑の党という全く新しい勢力を作った。さらに二大政党の一つ、社民党SPDでも、「ブラントの孫」という若い世代の手で、新しい政治文化を作ることに成功した。こうしてドイツの六八年世代は、自分たちの「政治的故郷」を創ることができた。またこのことは、ドイツ統一と相まって、二〇世紀型政党政治から、二一世紀への転換を容易にした。

(2)日本の全共闘世代は、日本社会全体を見据えた基本となる対立軸や変革の目標を持っていなかった。大学闘争では、権力装置としての教授会を告発し、アカデミズムの虚構を暴露した。革新勢力を自称する社共に対して、その革命論はインチキであると批判した。戦争の加害者責任を突き詰めない戦後民主主義の在り方を問うた。ベトナム戦争への加担を実力闘争によって阻止しようと試みた。社会に色濃く残る差別構造や理不尽な権威・権力に対して異議申し立てをした。しかし多くは告発・糾弾や破壊で終わり、「内ゲバ」「粛清」などにより運動は自壊していった。

それでも差別問題、公害問題、三里塚や反原発など地域での活動、生協活動など、いくつかの新しい運動や活動家を生み出した。しかし運動は求心力を持たず、むしろそれぞれに拡散していった。その帰結として、個人あるいは小集団や地域に限定された「自分探し」、「コミュニティづくり」、あるいは「私たちの思いを共有することの確認」作業に留まった。

(3)こうした拡散された運動が、もう一度、社会の中での役割を問われる時代が来る。一九八九年冷戦終結という二〇世紀の分岐点であり、またバブル崩壊や金権政治・官僚の劣化など、「制度疲労」を起こした日本の戦後システムを作りかえることが問われた時期である。全共闘世代を半世紀の時間幅で考えるなら、一九八九年の転換点の視点が決定的に大事となる。

（4）全共闘世代は、日本社会の中にはそれぞれの居場所を見出したが、自らの「政治的故郷」を持つことができず、政府・国家に対しては傍観者的に距離を置くことになった。そのため、一九九〇年代からの政治改革を担った民主党も、非自民を共通項とする多様なカラーの政治家の集団となり（元六〇年安保・全共闘活動家も含む）、改革の基軸を設定できなかった(自己目的となった政権交代と、「コンクリートから人へ」というあまりに大雑把なスローガンとマニフェストに集められた政策集)。二〇〇九年に自民党を破り政権交代は実現したものの、党内不一致の混乱のまま退場した。政権交代を期待した有権者の側も、その求めるところは多様で曖昧であった。その後、復活した安倍自民党政権は、「日本の失われた二十年」をさらに「失われた三十年」とさせ、一〇〇〇兆円をこえる巨大な累積赤字が増大させ、福島原発事故にも拘わらず再生可能エネルギーへの政策転換ができないなど、大きな負の遺産を後の世代に残すことになった。

もちろんドイツもバラ色ではなく、右翼ナショナリズムの台頭、欧州連合EUの困難な舵取り、大手金融機関のグローバル金融の失敗、自動車・機械など工業に特化した産業構造など、日本と重なるところも多い。他方で、相対的に健全な財政、欧州を舞台とする冷戦と軍事的対立構造がユーゴ内乱を最後になくなったこと、二度にわたる大量の移民・難民問題を抱えながらも、多民族国家に転換できたこと、脱原発と再生可能なエネルギーへの転換に向け、国民的な合意を達成できたことなど、二一世紀に向け拓かれた国家、社会を創っている。

この背景の一つに、六八年世代がドイツ社会を権威主義的な伝統社会から、多様な価値観やライフスタイルを承認する西欧的自由社会に変えたことがある。「緑の党」の登場により、政党構造においても政治の刷新が行われた。アメリカ、イギリス、フランスン比べて、ドイツは現段階では、政治も人々の生活も相対的に安定しているが、それはこうした変革があったからである。

2.『続・全共闘白書』のデータの活用

この視点で、日本の六八年世代を論じる場合、私には一つの問題がある。一九七三年から一九八八年までの十五年間の空白期間である。一九七三年石油ショックから、ベルリンの壁崩壊の一年前までは、同時代的にドイツの政治や六八年世代の新しい社会運動をリアルタイムで体験してきた。しかし日本でのこの期間の六八年世代の運動や生活は想像するしかない。

それでドイツと比較するために、『新・全共闘白書』のデータを利用して、私の想像ではなく、そこに記された多様な六八年世代の活動、仕事、家族生活、社会とのかかわり方などを整理してみようと思った。全共闘世代とは団塊世代の一部でしかないし、またその中でもこの本の回答者は四百四十六人にすぎない。それでもこのデータは読み方によっては貴重である。

『新・全共闘白書』では、集計のもとになる個票は、住所を除いて提示されている。ただそのままでは膨大な基礎データにすぎず、それぞれの属性（年齢、男女、大学、職業、卒業か中退かなど）と回答との関連がそのままでは読み取れない。また、巻末の各設問への回答の集計と解析は、それぞれの個人の属性との関連が出てこない。そこでエクセルに個人の主要なプロフィールと、いくつかの重要と思える項目を、一覧表に移してみた。

また厳密な統計的な処理ではなく、ドイツとの比較を可能にし、日本の六八年世代が抱えた問題の概観を得るためのものであるので、対象者や設問も次のものに絞った。まず、対象者の生年は一九四五年から一九五二年までに限定した。また当時の高校生も除外した。さらにそれぞれの大学の全共闘活動家や参加者の状況をある程度、客観的に見るために、二名以上の回答者のいる大学に限定した。その結果、三百二十五人となった。

私が重視した設問は、以下の九問である。

問1　活動家として参加か、一般学生か（多数は活動家として、東大、日大は例外）

問13　運動はその後の日本に何らかの役割を果たしたのか（設問は曖昧だが、多くの回答者は具体的な事例を挙げているので、中身の検討が大事）

問14　当時の女性解放運動の登場で価値観はかわったか（六八年全共闘の限界がわかる）

問19　家族形態（七十歳前後に「未婚の子と同居」という形態、三百二十五名中五十一名）

問21　故郷（帰ることはない、すでに帰郷、一度帰郷してまた都会に戻った、いつか帰りたい、という選択肢には、出身地問題が反映されている）

問56　支持政党、問62　民主党政権、問63　民主党政権はなぜ崩壊したのか（自由記入）（以上の三つの設問は、九〇年代からの政治改革の時代に、回答者の政治・政党へのスタンスが示される）

問70　団塊世代の最重要課題は（社会に対する発信ではなく、自分の健康や家族の幸福などを挙げる人も多かったので、問73　次世代への遺言、問75　最後にこれだけは言いたい、を加味して回答とした）

3．回答の分析

（1）卒業か中退か

最初に注目するのは、個人のプロフィールに関する事項である。大学を卒業したのか、それとも中退あるいは除籍となったのかである。目につくのは、東大、京大など国立大学ではほとんどの活動家は卒業している。岡山大学と北九州市立大学は例外であり、回答者は特定の党派活動家か、何か大学闘争と関係しているかもしれない。これに対して、私立大学では活動家の半数近くが中退している。日大や明治大学などがその例である。これは授業料の問題、大学闘争後の学内の権力関係、国公立の学生ほど卒業にこだわらなかった、大学院進学の道があるかなどにかかわっていると推測できる。

東大や京大では、ほとんどの活動家が卒業していることは私の体験からも理解できる。京大では、六九年の後も学内の自治会活動や学生運動は、テーマを変えて継続していた。留年、大学院への進学、転学部、弁護士や医者などの資格職への転身は、ごく普通だった。授業料は安く寮も自主管理であり、有利なアルバイトを発掘すれば十分に自活できた。六九年の大学管理法の成立にもかかわらず、教員は研究第一主義で学生管理には関心がなかった。規模の小さい国公立大学では、教授会の態度は違ったかも知れない。

その後私立大学では、私学助成金を梃子に長期的にキャンパスから学生運動を排除する文科省の方針が進行した。しかし国公立でも独立行政法人化の九〇年代以後には、財政的な締め付けと教授会の権限剥奪が進行し、今では学生の政治活動がキャンパスから消滅するという、民主主義諸国ではありえない光景が生まれている。

京大では、もと赤軍派やパルチザン・グループの活動家も含め、運動を長期的に行うためには、むしろ様々な資格や手に職を持った方がいいという発想が、とりわけ理系の学生にはあった。この点では、学生生活が四年で終わらず、また社会的な活動とつながっているドイツの七〇年代の学生生活と共通点がある。京大も同志社大も内ゲバによる死者を出しているが、学内での内ゲバは、大学闘争時の民青との対立を除いて、東京の拠点校であった私立大学に比べ比較的少なかった。立命館大は民青との関係で微妙だが、関西では総じて大学が七〇年代も戻る場所であったことに関係しているかもしれない。

日大、明治、中大、慶応大、早稲田大など（青学大、駒沢大も比率は高い）、中退者が多い大学も、その職業を見るとそれぞれが社会や企業、行政のなかで自らの居場所を見出している。もちろん五十年後の回答者に限定されているので留保付きとなるが、おそらく七〇年代や八〇年代の成長期の日本では、活動家が多様な人材として活用される空間があったと思われる。それが問13の「運動がその後の日本になんらかの役割を果たしたのか」という設問に、「果たした」という回答が多いことにも反映されている。しかしその内容こそ検討されなければならない。

（2）全共闘運動がその後の日本に与えた影響

この問いこそ、私の全共闘五十年の総括、「政治的故郷（ハイマート）を創れなかった」という主張に最も関連するものである。回答者総数では「果たした」が三百二十三人（七二・四％）、「果たさなかった」が六十九人（一五・五％）である。私の抽出した三百二十五人の中では、五十人の「果たさなかった」に、負の意味で「果たした」を加えると、七十四人（二二・八％）となる。回答者の多くは具体的な記述をしており、「果たした」では、「個人が、体制や権威に異議申し立てをする文化を作った」、「環境、公害、差別など新しい社会的な問題を提起した」、「大学や社共など戦後革新の欺瞞を衝いた」、「地域の運動を始める人材を供給」したなど。「果たさなかった」は、全共闘運動や世代が全体として日本を変える力とならなかったこと、また大学や既成権威の破壊や否定に終始したこと、さらには内ゲバなどにより権力に介入の口実を与え、学生を左翼的な政治活動からむしろ遠ざけたなどである。

早稲田大学の回答者は弁護士やジャーナリストなど、いわば現実の権力政治を知っている人が多いせいか、否定的な見解が多い。活動家の回答の多数は、「果たした」というものであるが、例えば公害や反差別、平和運動など、市民運動や地域運動の新しい発展に寄与したというものである。しかしそれはどこまで客観的な検証に耐えうるものだろうか。それとも活動家の当時の「思い」こそ大事であり、結果で判断すべきではないということだろうか。

私の場合は、「情況」のインタビューでも述べたが、出発点は一九九四年の「京都ドイツ文化センター」での、「日本とドイツにおける一九六八年の学生運動とその政治的・社会的影響」というシンポジウムである。ドイツ側からは元青年社会主義者JUSO副議長で、著名な論客でもあるJ・シュトラッサー、日本側は旧三派全学連の枠組みで、三島浩司（元都学連委員長、弁護士）と藤本敏夫（元反帝全学連委員長、大地を守る会初代会長）の二氏と、ドイツに詳しい私が司会を頼まれた。日本側は二人とも、「特定のテーマや政治的な獲得目標を掲げないことこそ全共闘の本質で、その時の「思い」を大事にしたい」といった。結局、議論はかみ合わず、シュトラッサーに後に聞いたところ、理解不可能とのことであった。

私は当時、社会党改革にドイツ社民党の研究者として関与していた。一九九四年初頭、「月刊社会党」で「全共闘と社会党・市民運動―ドイツとの比較の中で」という企画があり、元安田講堂の防衛隊長で、今井澄社会党参議院議員（当時）との対談を設定してくれた（「月刊社会党」一九九四年二月号）。今井議員は長野県での地域医療で著名であり、私は京都での話を出し今井議員の見解を聞いた。

今井議員は六〇年安保闘争の世代であり、全共闘運動は階級闘争や組織決定を重視したそれまで左翼運動に対して、個人の立場で議論し、最後には支配層養成大学である東大生の「自己否定論」まで行き着いたことに新鮮さを覚えたという。

そのため後に、医療労働運動などの誘いを断り、一人から始め、地域の結びつきを強め、医療を組み立てる活動を長野県で始めたという。階級史観から解放され、目の前にある課題に思想や立場を越えて、大勢の人が取り組んでいる。こうした全共闘世代が社会の中核になってきているので、面白い時代になってきている、という見解であった。

八〇年代には地域の公害問題や生協運動、地域医療などを実践していた元全共闘活動家の多くは、この今井議員の意見に賛同しただろう。事実、問13には、こうした回答が多かった。しかし九〇年代から二〇二〇年の現在まで、六〇年安保世代と全共闘世代が経済や政治の中軸となったが、現実には面白い時代にはならなかった。その理由の一つに、「月刊社会党」の企画でも若い世代が指摘しているが、社会党の中にこうした活動を、総論では賛成しつつも実際には遠ざける強固な体質があり、今井議員のような新しいタイプの政治家が登場しても、この旧い構造を変えることができなかった。確かに、当時の社会党に限らず、日本のいろいろな組織には、現状を改革しようとすることに対する強固な抵抗があり、多くの課題は先送りされる。これを「失われた日本の三十年」で繰り返してきた。

　それでは全共闘世代の側で、問題はなかったのだろうか。ドイツの六八年でも、やはり伝統的な左派勢力の社民党ＳＰＤと、学生の異議申し立て運動とは軋轢があった。その後ＳＰＤでは青年組織を通して世代交代が進み、他方で六八年闘争世代も、マルクス・レーニン主義党派分裂時代を経て、新しい社会運動として再編しつつ七〇年代末には緑の党に合流してゆく。双方の側から対立と対話を経て、「赤と緑の連合」という新しい政権構想が浮かび上がった。六八年闘争から緑の党まで約十年。「赤と緑連合」のシュレーダー政権まで、さらに二十年。まさにデュチュケがいった「長い長征＝議会制のもとでの改革運動」となった。

　一九八九年、日本でも東西冷戦の終結の二〇世紀の転換点で、土井社会党が登場し、一九九〇年の衆議院選挙の当選者も併せて、「ニューウェーブ」など、六〇年安保＝全共闘世代の政治家が登場した。しかしドイツと異なり、地域医療、生協運動、エコロジー市民運動など、各地での小グループはあっても、「新しい社会運動」はなかった。また内ゲバ以後、大学内から大規模なデモを動員する「デモの文化」も消失していた。社会党改革は遅々として進行せず、解散した総評の政治遺産も先細りであった。安保―全共闘世代の幾人かの政治家は、一九九六年に結成された第一次民主党に結集したが、民主党は、安保=全共闘世代の「政治的故郷」にならなかった。

(3) 家族形態と女性解放運動：日本の新しい社会運動の問題点

このテーマも六八年世代を語る場合、重要である。問14「当時の女性解放運動の登場で価値観は変わったか」に対して、回答者全体では、「変わらなかった」が二百十六人で四八・四%、「変わった」が百七十五人で三九・二%である。ただこれは設問自体が不正確である。「当時の女性解放運動」という七〇年代の用語に限定するのか、それとも現在の「男女差別や男女格差」の問題まで含めるのか、あるいは「価値観」を問うのか、それとも女性の社会の中での現実の改革を含めるのかによって、回答が異なってくる。事実、「変わらなかった」という回答のなかに、「日本社会は現在でも、企業や政治組織などでの女性の地位は低い、変わっていない」という認識もあり、また「変わった」という回答者も、配偶者や身近な体験から、個人としての価値観が変わったと限定されている場合も多い。法政大学、それに立命館や京大の回答者に「変わった」という活動家が多いが、京都の風土を考えると（高橋和子の高橋和巳への批判）にわかに信じがたい。逆に東工大、東京理科大など理系には「変わらなかった」という回答が多い。

しかし欧米の六八年闘争との関連では、ある種の社会革命、あるいは文化革命ともいえる女性運動の役割が大きい。そしてそれは個人の価値観はもちろん大事ではあるが、もっと社会構造的な問題、例えば女性の大学進学率の上昇、妊娠中絶に対する伝統的価値観との対立や刑法の改革、結婚や家族形態の変化、セックス革命なども含んでいる。そうした総体としての女性運動が、七〇年代から八〇年代にかけて新しい社会運動に合流し大きな役割を果たすことになる。ドイツ「緑の党」は議員やリーダーの男女同数をめざし実現したが、日本の民主党は、基本的には「男の政党」であった。

例えば、一九六八年では、日本の女性の大学進学率は五・二%であるが（男性は二一・〇%）、ドイツでは六〇年代末には三〇%の線に達し、絶対数でも、一九六九年の十一万五千五百九十一人から、一九八一年には四十二万二千百七十九人になっている。私が一九七三年に留学したフランクフルトでも、カソリックの学生寮では一つのフロアーでは男女ほぼ同数で、それぞれが自立した自由な生活スタイルを謳歌していた。ドイツの例でいえば、マルクーゼなどの影響もあるが、それまでの権威主義的メンタリティーから西欧的な、リベラルなメンタリティーに変化した。

おそらく日本では「家父長的支配」の問題、家制度や組織の中での男性優位システムの問題の方が大きく、全共闘運動でもこうした組織や活動のあり方がしばしば告発された。また結婚も、都市型と伝統型がまだ混在しており、私の高校の友人でも、学生時代は自由な恋愛を体験しながらも、地元に帰ると見合い結婚組が結構いることに驚かされた。

さらに七〇年代から八〇年代にかけて、日本でも女性の大学進学率が大幅に上昇するが、それに見合う企業社会の受け皿がなく、多くは高学歴専業主婦となる。そこで東京や神奈川の生活クラブ生協では、こうした女性が生協活動の中で、社会や政治に参加してゆくことになる。私が一九八八年に帰国した折り、生活クラブ生協や生活者ネットワークの運動に最も親近感を覚え協力したが、性別役割分業は別の形で維持され、社会運動の大きな合流はなかった。雇用機会均等法以後、高学歴女性の就職も少しずつ広がる中で、生活者ネットワーク運動も、八〇年代、九〇年代前半のダイナミズムを失い、特定の階層に固定化されてゆく。全共闘運動を一九六八年の視点と、一九八九年の視点でみるとは、自分史だけではなく、こうした社会構造の変化と日本の特殊性も視野に入れることを含んでいる。

問21の故郷の設問は興味深い。活動家の出身地や地域の衰退の問題と関係しているからである。回答者全体の集計では、「帰ることはない」は百九十六人（四三・九％）、「すでに帰郷」が七十八人（一七・五％）、「一度帰郷してまた戻った」が十一人、「いつか帰りたい」が十三人、合計で二百九十八人、実に六六・八％となる。これが地方から大学に来た学生数である。

当時の首都圏や関西圏の大学に入学した圏外からの学生の割合は分からないが、京都でいえば、京阪神の進学校からの学生数が多かった印象がある。自宅通学の学生でも全共闘の活動家はいたが、上の数字は活動家には地方出身者が多いという通説を証明しているように思える。寮や下宿など、密度の濃い同世代の小集団がつくりやすい環境のもとで、全共闘運動の活動家が生まれたといえる。これはドイツでも同じで、学生街や大学都市など、生活圏と活動圏が合致するところにさまざま社会運動が生まれる。逆に、寮が学生個室アパートになり、都市化が進展し自宅通学生が増えると、学生のコミュニケーションの場はせいぜい飲み会に限定され、生活や運動の中ではなくなる。

六八年には、地方から大学進学や集団就職などで、団塊世代の若者が都市に押し寄せた。回答者の中では全体の五〇％近くが地元には戻らなかった。帰郷した一七・五％は、公務員、医師、家業を継ぐ、農業、社会福祉団体などであり、地元を支えている。この五〇％弱の七十歳になったかつての活動家たちが、地元とのわずかに残るつながりをいかに活性化できるか、ここに私たちが想像力を働かせる余地がある。

4. 結論：政治・政党への対応と全共闘世代の最大の課題

問56「支持政党（複数回答）」では、回答者全員では、二百十二人（四七・五％）が立憲民主党、社民党五十人（一一・二％）、れいわ新選組二十三人（五・二％）。支持政党なし六十四人（一四・三％）、自民党十二人（二・七％）、その他である。興味深いのは、二十五年前の回答では、社会党九十六人（一八・三％）で、その他・不明・未回答が四百十一人（七八・一％）であった。二十五年前に比べて、反自民・野党など既成政党への支持が明確になったことである。その中でも立憲民主党が半数近くを占める。立憲民主党は、護憲・脱原発のリベラル政党であり、欧米でいえば社会民主主義政党やアメリカ民主党に近い。全共闘世代も五十年を経て、議会制民主主義のリベラル派支持になったわけである。

このことは問62「民主党政権」に対して、「大いに期待した」が百七十四人（三九・〇％）、「少しは期待した」が二百十四人（四八・〇％）と、九〇％近くが鳩山政権を肯定したことを示している。ただしその理由は、ともかく自民党に対する政権交代であったことなど消極的なものである。したがって「問63　民主党政権はなぜ崩壊したのか（自由記入）」には、民主党の整合性のない政策や政治家の統治能力に対して低い評価を与えている。ここには自民党にかわる政党を、自分たちの政党として見守ろうという姿勢はほとんど見られない。しかし有力民主党議員の何人かは全共闘世代で、活動体験のある議員もいた。だから民主党の失敗は、一九八九年から運動体として支援してこなかった私たちの失敗でもある。

東日本大震災と福島原発事故、地球温暖化と自然災害の激化、歯止めのかからない少子高齢化や過疎地域の増加、一〇〇〇兆円に達する累積財政赤字と出口の見えないアベノミクスなど、全共闘世代が古希を迎えた時には、楽観的な未来を期待できる要素は少ない。したがって、問70 団塊世代の最重要課題は（自由記入）と、問73、75、の回答は、日本に住む人々が直面するこうした課題が挙げられている。ただそれに対して、高齢者パワーによる何らかの行動を訴える人は少ない。せいぜい自分史を書き、この五十年の経験を次世代に伝えたいという程度である。

私たちが共に確認すべき重要な事がある。一九八九年の分岐点において、失敗したのは政治改革の流れを創れなかった社会党や、グローバル化に追いつけず非正規の増加を許した連合傘下の労働組合や、あるいは「政治的故郷」をつくれなかった全共闘世代だけではない。

八〇年代の中曽根民活から始まるネオリベラル派の民営化の流れも、日経連の日本型雇用の見直しも、金融再編も、旧いものは中途半端に壊されたが、新しいシステムができたわけではない。ＪＲやＮＴＴも、一見、民営化によってサービスや収益が増大したように見えるが、不採算部門の切り捨てや国内市場だけを見たガラパゴス化により、グローバル企業に成長できなかった。電力事業やメディア産業、電通、エンターティメント業界も、国内独占と談合・忖度という「ムラ社会」の中で、イノベーションの力を喪失し、創造的な分野の創出や才能ある個人の活動を妨げている。官僚機構も、少子高齢化や地域間格差を抑えることはできなかったし、教育・研究分野も、改革を唱えれば唱えるほど、制度全体の劣化を生み出している。日本全体が衰退モードに陥っている。

もちろん衰退モードがすべてマイナスであるわけでない。成熟した社会や、それぞれ個人が自分の人生を生きる社会など、ある種の新しい豊かな生活文化を生み出すこともできる。またそうした指摘をする全共闘白書の回答者も多く、イギリス、イタリアなどヨーロッパ諸国でも見られる傾向である。

ただ忘れてはならないことがある。若い世代の中での教育の機会の不均等、創造的な若者を排除する同調圧力と忖度社会。これから日本のために必要とされる、意欲ある外国人労働者や学生への搾取構造。子供の貧困や不登校児童・生徒への必要な支援。全共闘世代の私たちは、自分の子供や孫への援助だけではなく、本当に支援を必要としている人々に、ユニセフがやっているような、何か一つのことに限定した支援は可能である。

忖度社会や情報操作が進行する中で、まっとうな意見をいったり、政府や著名人を批判したりすると、しばしばＳＮＳが炎上する。ただこの四月の「検察官定年延長法案」に対する小泉今日子など芸能人の批判は、当初は炎上したが多くの人が賛同することにより、この法案を撤回に追い込んだ。古希を迎えた全共闘世代も、インターネット環境と時間さえあれば、「異議申し立て」をする若者や芸能人を応援することができる。

大事なことは、私たちが「異議申し立て」を行うのではなく、そうした行動をする若者や少数の人々を応援することである。そうした応援テーマをもつと、社会への関心も継続し、自らの健康寿命も長くすることができる。その総体が成熟した市民社会の力となるのである。

PROFILE

ふでさか・ひでよ／元参議院議員
一九四八年兵庫県川辺郡六瀬村（現・猪名川町）生まれ。農家の五人兄弟の末っ子。高卒後、三和銀行（現・三菱UFJ銀行）勤務。民青から十八歳で共産党入党。二十五歳で議員秘書から一九九五年から参議院議員（二期）。常任幹部会委員、政策委員長、書記局長代行、党内ナンバー4に。二〇〇三年セクハラ疑惑で議員辞職、中央委員罷免。弁明の機会なく党の要職を解任される。〇五年に共産党を離党。著書に『日本共産党の最新レトリック』などがある。現在は「正論」誌やチャンネル桜に登場するなど保守論客として活動し、社会主義を否定する立場に移っているが、かつて「左翼」として対立していた全共闘への見方は変わったか、尋ねてみた。

皆さん、カネにもならない左翼運動に よく足を踏み入れたもんだ

筆坂秀世

国会議員の時から社会主義の現実性はないと思っていた

――筆坂秀世さんは、高校卒業後に三和銀行に入り、組合運動から日本共産党に入党しています。政治的に立場が違う左翼の「続・全共闘白書」を読んでいかがでしたか。

筆坂　まず思ったのは、皆さん、カネにもならない左翼運動に、よく足を踏み入れたもんだと。基本的に真面目だったんだね。これは私が日本共産党に入った意識と同じですが、共産党よりもっと激しく、批判が多かった全共闘です。ある種の社会正義でやっていて、これは左翼的な立場が違う私も否定できない。ある意味、のちの人生を犠牲にするんだから。

――具体的に印象に残ったところは。

筆坂　個々人のアンケート内容も人生が見えて面白かったけど、まぁ、びっくりしたのは、最後のまとめの部分ですね。「全共闘運動に参加したことを誇りに思う」が六九・五％。「革命を信じていた」が四八・七％。そして「今でも社会主義は有効と思う」に五一・三％。つまり、いまだに「社会主義がいい」という人が五割。意外でしたね。

――筆坂さんは組織を離れたとはいえ、長年、社会主義政党で活動していました。

筆坂　僕はもう、社会主義の現実性はないと思っているからね。実は共産党の国会議員の時からそう思っていた。「白書」では、「印象に残った闘争」として、米空母のエンタープライズ号の寄港反対、大学の民主化、三里塚闘争などがあげられていますが、残念ながら、こうした闘争を一生懸命やった人たちの運動は、社会主義とは関係ない、というか結びつかないでしょ。成田空港が建設中止になったら社会主義に近づくのか、ということです。もちろん、政党・党派はスローガンで言いますよ。でも「新しい社会を作るんだ」ということと社会主義革命の関係を具体的な道筋として把握できていたかどうか。

振り返って、私の党活動を見ても、これは共産党も一緒なんですよ。日常活動は、改憲反対であり、消費増税反対であり、社会保障の充実要求など。こうした活動は「暮らしを良くする」ことであって、社会主義とは関係ない。だって、「社会主義革命のために、消費税反対」なんて言わないもの。私が国会議員だった時は、国会で、次の臨時国会で政府をどうやり込めるか、ということばかりでした。私は党の政策委員長でしたが、ホンネではとっくに社会主義はあきらめていました。

――でも、共産党は綱領に社会主義を掲げています。

筆坂　今の共産党の綱領の原点は、一九六一年に宮本顕治さんが作った綱領ですが、ここには議会を通じた社会主義革命という方針が書いてある。これに「議会主義で革命ができるか！」と反発したのが新左翼であり、のちの全共闘につながる。私は一九六七年に十八歳で民青から共産党に入党しましたが、入党申請には、自分の細かな経歴と入党への決意を書きました。相当に勉強して、党内での議論もした。マルクスやエンゲルス、レーニンの「何をなすべきか」などの古典といわれる文献を繰り返し読んだ。

私の女房も同じ職場で党員でしたが、何年か前、銀行時代の同僚だった女性が家に遊びに来てこんなことを言って三人で大笑いになった。「当時、私も党員申請をしたんだけど、奥さんから『もう少し勉強させて鍛えないと、党員のレベルに達していない』と入党を断られた」ってね。

若い人には常に「社会正義」を持っていてほしい

筆坂　でも今は違う。東京選出の共産党参議院議員の吉良佳子さんが当選した時、意地悪な記者が質問したんだろうね。「『共産党宣言』はこれから読みます」って答えていたそうです。社会主義など考えたこともないのですよ。こんな話もあります。区営住宅の入居などで世話をした高齢の女性に、共産党への入党と「赤旗」の購読を勧めたら、「共産党には入るけど、『赤旗』は目が悪いから読めないので勘弁してください」って言われた。かつて共産党員は「前衛」と言っていたのですが、ほど遠くなっています。社会主義どころではないんです。

――それでも、共産党は議会を通して社会主義は実現ができると。

筆坂　不破哲三さん（中央委員会常任幹部会委員）が、マルクスの文献解釈など次々と出版していて、これが理論的な支柱になっている。口の悪い連中は「マルクスなどの古典いじりは不破の趣味だ」とか「また盆栽いじりが始まった」と揶揄しています。でも、議会を通した革命などまったく見えてこない。ところが二〇〇七年、南米のベネズエラが社会主義国宣言を出した時、不破さんは喜んだ。「議会を通じた革命はできる」「マルクス主義政党がなくてもできる」と。これまで「共産党が指導しないと革命はできない」と言っていたのに、コロッと変わった。もっとも、その後のベネズエラ独裁政権になりぐちゃぐちゃになりましたが。

――私も議会を通じた社会主義革命には懐疑的、というより無理だと思っています。

筆坂　はい。そう思います。共産党は議会で多数派を占めて、民主的に、工場などの生産手段を社会的共有していくと言いますが、政府や資本家が「はいそうですか、悪うございました」と労働者に工場を渡すはずがない。最後は暴力的な対決しかない。おそらく、本当の革命を考えたのは戦前しかなかったと思う。治安維持法で党が非合法組織になり、それにインテリを中心に命がけで突破していこうと暴力革命の機運が生まれた。ロシア革命が起きて、世界的に熱気が広がった時期です。しかし、戦後は高度成長期に入り、先進国での暴力革命は不可能になり、だから議会主義へと変わっていったのです。七〇年代に共産党は「プロレタリアート独裁」を「執権」に言い換え、過渡的な「民主連合政府」論を出したりしていましたが、議会による社会主義は無理でしょう。

――共産党は綱領から社会主義を外せば、もっと党勢は拡大するのでは。

筆坂　それはできない。一九二二年に結党して九十八年間の共産党の敗北を認めることになりますから。もう一つの理由があります。社会主義政党としての党組織論＝民主集中制を否定することになる。「民主」については、「赤旗」日刊紙すら読んでいない党員が多数いますから、そもそも民主的討論など成立しません。でも「集中」はやりやすい。いったん決めたことに違反すれば、除名処分などがやりやすいのです。

――筆坂さんは二〇〇三年に、セクハラ疑惑で、弁明の機会もなく、党の要職をすべて解任、議員辞職処分されました。当時の民主集中制の組織から見ていたしかたなかった。

筆坂　女性職員と「カラオケ」に行ったことから、身に覚えのない様々な疑惑が吹き出しました。私が高卒から国会議員、常任幹部や政策委員長になった叩き上げの経歴に対する、これまでくすぶっていた不満や批判が一挙に吹き出した感じでした。そして弁明の機会もなく、党の役職と議員の剥奪処分。民主集中制とはそういうことではないかと思います。私が東大卒だったら違っていたかもしれません。ま、これは冗談ですが。

――「続・全共闘白書」を読み、自分の政治経験から見て、若い人へのアドバイスはありますか。

筆坂　とにかく常に「社会正義」を持っていてほしい。不正や不条理に敏感であること。それと同時に、一つの思想、一つの宗教、文化に染まらないでほしい。右も左もいろんな政党、考えをすべて眺めて、自分で判断することです。十八歳くらいでは人生経験が足りないのだから、一つに思い込まないことです。私は十八歳までは、政党、宗教への加入は禁止する法律を作るべきだと思います。あ、これも冗談です。

PROFILE

みよし・はるき／介護運動家

一九五〇年広島県生まれ。修道高校三年時、「情況」で東大全共闘の山本義隆氏と最首悟氏の論文を読んで影響を受け学生運動を主導して退学処分。特別養護老人ホームで働くなかで理学療法士の資格を取得。以後、介護の現場で格闘するなかから「おむつ外し学会」「チューブ外し学会」を立ち上げ全国各地で「生活リハビリ講座」を展開。福祉介護の世界に新しい潮流を切り開く。本稿は二〇一九年一月、東大安田講堂で開かれた「在宅ケアを支える診療所市民全国ネットワーク」主催のシンポ『2019団塊・君たち・未来』でのアジテーションに加筆したものである。

介護の世界へと越境せよ

三好春樹

高校を退学処分、党派活動家から介護職に

五十年前の安田講堂での攻防戦のあの日、私は高校三年生で「ベトナムに弾薬を送るな」と訴えて、広島県呉市の米軍の弾薬庫にデモをかけていました。

県下の高校生百二十人、というのは〝主催者発表〟ですが、当時、活動家の高校生は大学を受験する気はないどころか、私たち三年生は、このまま無事に卒業していく自分が許せなくて、私が指揮していたデモは荒れて、同級生の一人が公務執行妨害で逮捕されてしまいます。

翌日から「不法逮捕糾弾」のチラシを撒き、学校に「逮捕された生徒を処分するな」と団体交渉を要求します。ところが学校側は、デモ参加を理由にして十数人に無期停学の処分を出します。

もっとも、三年生の一月なので、もう授業はなく、卒業式にさえ出てこないでおとなしくしていたら卒業させてやろうというものでしたが、私たちはそれに抗議して校長室を占拠したものですから、ついに退学処分になってしまいます。

その後の私は、新左翼の党派の活動家を経て職を転々として、十二回目の転職で偶然、特別養護老人ホームの介護職になります。

いや当時は「介護職」なんてコトバはなく、〝寮母〟と呼ばれていました。しかし、二十四歳の男の子(私のことですが)を寮母といわけにはいかないというので、名目だけ生活指導員となりましたが、実際の仕事は、離床介助と特浴介助です。

ここで私は不思議な経験をします。入所者のほぼ全員が病院からやってきました。ほとんどがオムツで、床ずれまみれという人も珍しくありません。表情のない人、さらに、怯えた表情の人もいます。

しかし、立派な国家資格を持った医者や看護師が、〝これ以上良くなりません〟と言って特養にやってきた人たちです。シロウトの寮母たちがそれを良くするなんて考えもしませんでした。

なにしろ当時、介護福祉士なんていう資格は話題にもなっていませんでした。採用条件はただひとつ、「腰が丈夫」。介護福祉士がいない代わりに、力任せで仕事をする「介護力士士」が巾を効かせていたのです。

ところが一人、また一人と元気になるんですね。怯えた表情がスッと消え、笑顔が出たなんて報告が入ってきます。いつのまにかオムツが外れていることもあります。つたえ歩きでトイレに行き、排泄して、またオムツをしなきゃと思ったんでしょう。布オムツとテント生地のオムツカバーと格闘しているところを寮母が見つけ、「トイレに行けるならオムツを外して安心パンツにしようか」なんてケースが続出します。

家庭復帰なんてことはほとんどできなかったけど、オムツが外れてトイレに行くようになったのは立派な「生活復帰」ですし、怯えた表情が消えて笑顔が出るのは「人間復帰」と言っても大げさではないでしょう。

なぜこんな世間の常識に反したことが起こっているのか。認知症なんて呼び方がありませんでしたが認知症だらけです。本もセミナーも一切ありませんでしたが、みんな落ち着いていました。介護はすごい力を持っている。どこにそんな秘密があるのか、私は老人の介助をしながらその秘密を探ることにしました。

介護の専門性があったとはとても思えません。なにしろ介護力士士のおばちゃんだらけです。では、やさしさや真心が老人を生き返らせたのでしょうか。それもありません。やさしい職員もいましたし、やさしくない職員もいました。

評判のいい事業所には〝天使〟ばかりがいて、評判の悪いところには〝悪魔〟がいるかというとそんなことはありません。やさしい人とそうでない人の割合はどこもいっしょです。面接では判りませんから。

ただこの仕事の恐ろしいところは、天使にも近づくことがあるし、悪魔にも近づいてしまうという点です。それは人の資質に因るのではないと思います。例外を除くと、人はみんなチョボチョボです。どうやら、余裕があれば天使の方に近づき、余裕がなくなると、どんな人でも悪魔に近づいてしまうという気がします。

そうすると、介護を良くするためには、その余裕を作り出すことなのですが、現在の日本の政権が介護に金を出すとはとうてい思えないので、給与や人手の余裕は作れそうにありません。となると、私たちの内面に余裕を作り出すよりありません。例えば問題行動が起こっても、なぜこの人はこんなことをするんだろうと考察できる余裕を持つこと、それなら私にも作り出せるかもしれないと考えて、私は三十四年間「生活リハビリ講座」を開催して飯を食ってきました。配布されたチラシをぜひごらんください。

さて、オムツ老人、認知症老人を、生活復帰、人間復帰させたものは、介護の専門性でも、特別なやさしさでもないとしたらいったい何なのでしょうか。

私には、病院ではできないことを、私の施設でできたとは思えません。高い専門性とか特別なやさしさといった、なにかプラスがあったとは思えないのです。

逆です。何かがあったのではなく、なかった。何かをしたのではなくて、しなかったことが老人をイキイキさせたと考えるべきでしょう。

少なくとも当時の私たちは、老人が嫌がることはしなかった、これではないかと思われます。それだけで老人は表情が戻り、自立し、問題行動がなくなっていったと断言できます。

そんな簡単なことかと思うかもしれません。でもこれはそう簡単ではないのです。社会福祉の勉強をしている人は「バイスティックの『自己決定の原則』を大事にすればいいんですね」なんて言います。でもこうした原則は、自立した個人を前提とした西欧的文化を前提としていて、日本の老人には通用なんかしません。

「お風呂に入りませんか、いい湯ですよ。あ、入りたくない？　じゃ自己決定だから」と言ってたら一年中入浴しない婆さんだらけですから、これは介護をサボる絶好の口実になるだけです。

本人は入りたくないと言う、こちらは入ってほしい。主体と主体が交叉して、そこで、本人の言うがままでもない、こちらが一方的に決めたのでもない、ギリギリのところに〝いい介護〟が立ち現れるのです。

ですから私は、「自己決定の原則」なんて言いません。いっしょに決めていく「共同決定の原則」を提案しています。

いのちとは何かと問えば、それは〝判らない〟

さて「老人が嫌がることはしない」というのが簡単ではない理由がもう一つあります。そしてこちらのほうが深刻です。それは、専門性の高い人ほど老人の嫌がることを平気でするということです。

論理はこうです。医師の判断は現代医学を根拠とした高い専門性に裏打ちされている、だから本人が嫌がっていようがそれを考慮する必要はない。それによって多くの老人が抑制され、今も抑制されています。

介護現場では看護職がその〝論理〟を介護職に教育しました。当時は看護師が寮母に抑制の方法を教え、「私が縛ったときは朝まで抜けないわよ」というのが評価されてさえいたのです。

やさしさは、ないより、あったほうがいいでしょう。しかし、老人が嫌がることはしないという介護の原則が前提になくては困ります。だって、やさしく手足を縛って歩かれては困りますから。

介護職も、かつてのシロウトから、介護福祉士という国家資格制度によって、専門職の仲間入りをしようとしています。最近では「科学的介護」なんて怪しげなことも言い出されていますが、専門性が高くなるにつれて、本人がいやがることを平気でするようになるなら、それはナンセンス！　と言わなければならないでしょう。

しかし、この介護の原則に反する発想は根が深いと言わざるをえません。それは、病気という異常なあってはならないものを、治すという使命を持った医療にとっては、ヒポクラテス以来の宿命かもしれません。

疾病には原因があるはずで、それを身体、精神という個体に求めるという、因果律、そして個体還元論によって、近代医療は、〝判った〟という世界を切り拓いてきました。

しかし、病気とは言えないもの、そして、判らないものに対しては無力でした。それが社会問題化したのが、老いと死への関わり方でした。かつて日本中の病院で、老いと死が病気という扱いを受け、抑制と点滴で、ある人に言わせれば〝生きながらのドザエモン〟を大量に作ってきました。

なぜ老いて死ぬのか。答えは生きているからです。ではなぜ生きているのか。いのちとは何かと問えば、最新の分子生物学でもその答えは〝判らない〟です。


いま、認知症もまた、因果律と個体還元論による「脳の病気」という〝判った〟というものではなくて、〝判らない〟世界のものだと考えられています。

大井玄先生は、認知症の原因は老耄であり、それは癌の苦しみや死の恐怖に直面しなくて済む救済ではないかと言われています。

それを裏づけるように、イーライリリー&カンパニーという巨大製薬会社は、膨大に投入してきた開発費を無駄にして認知症薬の開発を中止することにしましたし、ご存じのようにフランスでは、アリセプト等の認知症薬を保険の適用から除外しました。

そして何より、これらの薬が効かないことは、介護現場の介護職の実感とも一致しています。

さらに、一部の医師が主張するような、薬の調合のしかたの問題ではありません。そもそも、周辺症状なんて呼ばれているもの、これは中核症状があるのなら革マル症状はないのかと言いたくなるところですが、それはさておき、周辺症状とか問題行動、あるいはＢＰＳＤなんて言われているものは、脳から生じているわけではありません。では何が原因、あるいは引き金になっているのか。

それはまず生活です。わが施設での夜間の徘徊、不眠などの問題行動の原因の六割近くは、じつは便秘でした。


つまり、認知症老人は、便秘という身体の違和感を、問題行動という形で私たちにコミュニケートしているのです。つまり、失われた言語的表現に代わるものが問題行動なのです。

便秘、そして脱水、発熱、慢性疾患の悪化と続きます。それらをチェックすることもなく、眠剤や向精神薬で、問題行動すらできなくすることは、二重の間違いであると言えましょう。

原因ときっかけを生活の中に見つけるだけではなく、人生の中に見つけることもできます。かつて沖縄の学会で、「沖縄の認知症老人の症状は本土と違っている。これはＢＰＳＤではなくてＰＴＳＤではないか」という発表をされたことがあります。あの沖縄の悲惨な地上戦が原因です。

戦争に行かされた爺さんも、空襲の遺体の後片付けをしたという婆さんも、何かのきっかけでパニックを起こすことは不思議ではありません。

宿直の夜、見回りのとき、眠られないらしくゴソゴソしている入所して間もない利用者がいました。何か用があるかもと顔を見せると、怯えた表情で手を追いはらう仕草をします。なぜでしょう。私の顔が怖かった、そんなことはありません。四十四年前の私はやさしい美青年でした。この人は入所前の病院で手足を抑制されていた人でした。人が信じられない。世界を拒否しているのです。

今後、阪神大震災、東日本大震災、虐待、いじめ、ブラック企業でのパワハラといった体験が、老人のPTSDとして出現することでしょう。そのとき、認知症と考えて化学物質に頼ることのないようにしたいものです。

生活、人生、さらには目に見えない「関係」が周辺症状のきっかけです。施設やグループホームでは、今日の夜勤は誰かによって、問題行動が出たり出なかったりするのですから。

よく判らない、でも存在していていい

じつは私たちは認知症そのものを関係の障害として捉えようとしてきました。社会的関係の障害、家族的関係の障害だけでなく、自分自身との関係がとれなくなっている、これを私たちは「関係障害」と名付けてきました。

年老いて物忘れをし、人に介助してもらわねばならない自分を認めることができず、心の中だけで過去の自分に回帰することで、アイデンティティを確認しようとしている、それを私たちは「見当識障害」なんていう医学用語で呼んでいるのですが、ここで起きていることはもっと人間的なことだと考えられます「老いに伴う人間的変化、人間的反応、人間的ドラマ」が起きていると言うべきでしょう。

従って私たちのすべきことは、老いや物忘れする自分を受け入れられるよう、まず私たちがそれを肯定的に受けとめることでしょう。

ところが「認知症治療専門病棟」なんてところでは、それはあってはならない異常だと見なされます。そんな目で見られている老人が落ち着くはずがありません。だから行ってみると、白衣を着た専門家に囲まれた老人の目が死んでいます。そこから脱出して、シロウト同然のスタッフのいるグループホームにたった二泊するだけですっかり人間的な表情に戻ったなんてエピソードは全国にいくらでもあります。

私たちは彼らをあってはならない「異常」とは見ません。よく判らない、でも存在していていい、いわば「異文化」として関わろうとすると言っていいでしょう。

じつはそうした関わり方をするだけで、判らないままでも、老人たちは落ち着くのです。〝判った〟という世界にいる人たちはどうもごう慢になっていきます。威張っている医者が多いことの理由です。しかし、〝判らない〟という世界にいる人は謙虚になるんです。その謙虚さこそが、認知症に必要なものかもしれません。

今日この会場にいる医療関係者で威張る人はいないだろうと信じています。なにしろ実行委員長の堂垂伸治先生は東大を出て工場労働者になったという人です。まるでシモーヌ・ヴェイユの生き方です。

さらに座長の中嶋久矩さんとは古いつきあいです。なにしろ私が高校生のときに〝高対〟だったのです。高対とは、セクトの高校生対策部長のことです。彼のせいで私は道を外れたのです。

その中嶋さんは、自分だけ医者になる訳にはいかないといって医学部を辞めて活動家になるのです。当時、私たちは「自己否定」と言っていました。二人はまさにこの「自己否定」そのものの生き方です。

私は、この会場にいる医療関係者に自己否定しろとは言いません。しかし〝自己限定〟すべきだとは訴えます。

なぜなら、いい介護のないところでは医療は意味を持ちません。ちゃんとした介護があれば、医療のなすべきことはどんどん少なくなっていき、ホントに必要なときに必要な医療を提供できるようになるでしょう。だから、医療が本来の医療であるために、いい介護を作りあげることを始めてください。そして広く深い介護の中に自らを限定するのです。

介護のことが判らないのなら、私の生活リハビリ講座を受ければいい。いや、それより、検査し診断し処方するという〝判った〟という世界は、近いうちにＡＩでも可能になるでしょう。〝判らない〟に付き合っていくという、ＡＩにはできない人間的な仕事を共に始めようではありませんか。


五十年前、「情況」という雑誌で、東大全共闘の山本義隆さんと最首悟さんの論文を読んで大きな影響を受けました。

さらに介護の世界に入ってからも、ケアすることの根拠を最首さんに求めてきました。

というのも彼は、星子さんという重度心身障がいの娘さんを得、四十年以上介護を続けられているからです。

介護保険制度ができ、介護が金もうけの対象にされたときには、金もうけでも古い倫理観でもなく、

「内発的義務」というコトバを、さらに最近では、「二者性」、つまり単独の自立した個人というのは幻想であり、無数の二者のつながりこそ「人間」＝じんかんではないか、と語られています。

さらに、相模原やまゆり園事件の植松被告宛ての毎月手紙を書かれているのも、私たちの注目するところです。

その最首さんのコトバを最後に紹介させてください。

『不思議なことに、分からないということが私たちの中で徹底するとき、人間の心はなぜか平安を感じるようにもできているのです。

……それは不安や自分の能力不足への失望などではなくて、分からないというそのため息の中に、大丈夫だよという安堵感が入っているものではないでしょうか』

これは、東大全共闘運動を経た日本の知性が、重度心身障がいの星子さんへの介護という体験に出会って達した「新しい知性」の地平ではないでしょうか。

会場の皆さん、今こそ、因果律や個体還元論の「判った」という世界から、人間とは何かを問う人間学と介護の世界へと越境していくことを訴えて、私からの連帯のあいさつとしたいと思います。

シンポジウム「高校闘争から半世紀」はいかにしてかちとられたか

大谷行雄

PROFILE

おおたに・ゆきお／「10・8山﨑博昭プロジェクト」事務局員
一九五一年、東京生まれ。東京教育大学（現・筑波大学）附属駒場高校在学中、「高校生安保闘争員会（高安闘委）」委員長を務め、最終的に赤軍派に参加。卒業後海外逃亡を決意。ＳＤＳやブラックパンサー党に接触する目的で米国に渡るが、分裂し地下に潜行した彼らにはついていけず、また一九七二年日本での連赤事件発覚を契機に革命活動を断念。三十三年在米後日本に帰国。「10・8山﨑博昭プロジェクト」事務局員として、山本義隆元東大全共闘代表らとベトナムを訪問し同地の「戦争証跡博物館」などで反戦運動の展示を行なう。『続・全共闘白書』の編纂にも協力。同書が機縁となって「高校闘争から半世紀〜私たちは何を残したのか」を主催した。

『続・全共闘白書』には、私も深く関わった六〇年代後半からの高校闘争の仲間が数多く回答しています。そして同書の刊行がきっかけの一つになって、「高校闘争から半世紀」を語り若い世代への継承を目的とした集まりが持たれました。以下、その報告をもって、「『続・全共闘白書』を読む」の寄稿依頼に応えたいと思います。

当時の高校闘争は大学闘争に似て非なるもの

二〇二〇年二月一一日（建国記念の日祝日）東京御茶ノ水の連合会館にて、「高校闘争から半世紀〜私たちは何を残したのか、未来への継承〜高校生が世界を変える！」と題したシンポジウム集会が開催され、入場参加者三百人を超える、この手の集会では近年では稀な大集会となりました。

そこで、集会実行委員会の一個人として、この集会が何故これだけの動員ができたのかをひもとくために集会の概要と開催に至るまでの経緯を検証してみましょう。

この集会に先立って、二〇一二年七月二八日に小石川後楽園・涵徳亭に於いて、中公新書から出版された小林哲夫著『高校紛争１９６９―１９７０「闘争」の歴史と証言』の出版を祝う会が、小林さんの取材を受けた当時の高校生活動家有志によって開催されました。

その時の呼びかけ人は、岡村俊明（都立青山高）、川嶋康裕（府立大手前高）、前田年昭（灘高）、安田宏（都立上野高）、千坂恭二（大阪上宮高）、小林哲夫（著者）、そして私、大谷行雄（東京教育大附属駒場高）で、呼びかけ文は以下の通りでした。

「このほど小林哲夫さんがまとめられた『高校紛争１９６９―１９７０「闘争」の歴史と証言』中公新書が出版され、各方面で話題を呼んでいます。新聞雑誌各紙誌、『産経』から『赤旗』まで書評が載りました。私たちは、これまで採り上げられることもなかった高校闘争がこのようにていねいに採り上げられたことに注目し、喜んでいます。ついては、関係者だけでなく、日本のいまの高校の現状に憂え関心をもつすべての人々とともにこの本の刊行を祝う集いをもちたいと考えました。著者の小林さんとお話ししたところ「取材に応じてくださった皆さんへのお礼として」との賛同をいただきました。他方、取材された側からすれば、埋もれた過去の歴史を「よくぞ取材をしてくれた」とお礼を述べたい気持ちでした。ならば、とにかく出版を祝って集まろうということになった次第です。言いたいことを余さず言い若い世代に伝えることは高校闘争をたたかった人たちの責任です。あの全共闘運動を特定の世代によって私物化することには私たちは反対です。その為にも、あの時代――楽しかったという方も苦しかったという方もおられますが、いずれにしても意義ある時代だったのではないでしょうか――をともに語り伝えたいと思います。ふるってご参加ください。」（起草：前田年昭）

また以下は、集会の総合司会を務めた私の開会の挨拶です。会場ではマイクが使えないので、ハンドメガフォンを持ちアジテーション口調で（笑）、

「全国から結集された元高校闘争活動家諸君！本日の司会を拝命した、旧・東京教育大学附属駒場高等学校一九七九年卒業、元・社学同系高校生委員会、高校生安保闘争委員会（高安闘委）議長の大谷行雄です。まず、本日の七・二八小林哲夫氏「高校紛争」の出版を祝う会へ、全国から結集された、全ての元・高校生闘士の同志諸兄諸姉に対して、発起人を代表し、感謝と連帯の意思表明をもって、開会の宣言としたいと考えます。我々は、本日の集いを、単にプチブル的な出版パーティーとして位置付けるのではなく、当時高校生でありながら社会問題と真摯に対峙し、革命的、実践的、かつ

非妥協的に闘った者達の集まりとして、忘却されつつあったあの激動の高校闘争史を客観的に掘り起こしてくれた小林哲夫氏に感謝し、我々はそれら史実を改めてここで確認し、共有したうえで、徹底した討論を通じ、今後それぞれの総括に向けて役立てんものとして、また、小林氏によれば本書の第二弾が計画されているとのことなので、出来ることならばこの会に参加された各校の諸君の総括がその資産となるような機会として、位置づけようではありませんか⁉ 各校によって、人によって、それぞれ高校闘争の意味するものは大きく違うだろうし、どう総括するかは自由様々です。しかし、我々が当時主張したことを余さず次世代に言い伝えることは高校闘争を実際に闘った者としての責任であり、すでに我々にはそんなに多くの時間は残されていません。更に、我々はあの高校闘争を、党派はもとより、一部の似非左翼的な実際に闘ってもいない学者個人の功名心や売名行為によって私物化・横取りすることには断固抗議、糾弾します。実際、それらのおかげで高校闘争を知らない世代のイメージや認識が歪曲され、そういった意味でも、小林氏によくぞ書いてくれたと感謝しながらも、願わくば、例えば歴史修正主義者の四方田犬彦や小熊英二などのような、所謂一九六八モノの前に出して欲しかった、と思うのは私だけではないと思います。

とにかく、八時間以上という長丁場ではありますが、思い出話もよし、論争もよし、そして食って飲んで、将来に向けた有意義な時間を過ごそうではありませんか！」

結果、この集会は全国四十数高校から百人を超える動員を得て、党派では中核派、解放派、ブント（戦旗派、叛旗派、マル戦派、赤軍派）、毛沢東派、アナキスト（バクーニン派）からの参加、ノンセクト高校全共闘として東京からは都立青山高校と新宿高校や日比谷高校、私立の桐朋高校や武蔵高校、関西からは北野高校、大手前高校、天王寺高校、上宮高校、灘高校などからのそうそうたる元活動家メンバーが結集し、集会そのものは成功裏に終わりましたが、残された課題も多くありました。

それらは

①集会が、各高校、各セクトの塊となり、それぞれ同窓会の様相をもち、そのなかでの自分たちの追憶や武勇伝的な話に終始したこと。

②上記の様な状況のなか、食飲酒をともなった為、またマイクが使えないこともあり、他の人の挨拶スピーチをほとんど聞いていないという様相を呈したこと。

③参加者のほとんどが当時の高校生活動家で、団塊世代からは『情況出版』の大下氏や共産同赤軍派の花園氏ほか数人だけで、若い世代のから参加者は皆無だったこと。

上記③に関しては、実行委員会メンバーの多くが、団塊（年長）世代の全共闘に対して、当時の高校闘争は大学闘争に似て非なるものとして、また当時の高校生は党派組織に突撃隊として引き回され利用されたということに対する年長世代へのアンチ意識や、全共闘闘争戦後においての全共闘世代の社民化や構改化への失望感が根強くあったことが影響し、敢えて団塊全共闘世代には呼びかけなかったという背景がありました。

元高校全共闘の同窓会や戦友会ではなく

先の小林哲夫著『高校紛争1969―1970「闘争」の歴史と証言』の出版を祝う会から七年経った二〇一九年は、高校闘争がピークを迎えた一九六九年から五十年後の節目の年であり、東大闘争や七〇年安保闘争五十周年を前にして、様々なイベントが企画、開催されるなか、先の集会を主催した元高校闘争活動家有志が再結集し、忘れ去られがちな高校闘争の歴史を呼び起こす五十周年イベントを催そうということになり再度実行委員会が結成されました。

そこで、前回の反省を踏まえ、この第二回目の集会の趣旨に関しては、多くの時間の討議を通じ、試行錯誤を繰り返して、結果以下の様な今回の呼びかけ文が採択されました。

「今から半世紀前、日本の高校生たちは自由を求めて起ち上がった。『高校紛（闘）争』と呼ばれたこの闘いは、制服の自由化や管理教育の廃止を求め、時には校舎をバリケードで封鎖したり、授業ボイコット、卒業式中止など多種多様、同時多発的な高校生の叛乱だった。ネットも携帯電話もない時代、全国各地の高校生たちは他校の生徒と必死でつながりを求め、連帯して実力闘争に決起した。ベトナム反戦や大学闘争の影響を受けながらも、高校生の闘いは学生運動のコピーではなかった。入学した時から受験の鎖につながれ、テストに追われる日々。良い大学に入り、良い会社に就職、というレールに敷かれた受験体制に、否を突き付ける闘いであり、家族や学校の重圧からの解放を求める個々人の生き方を問う闘いでもあった。半世紀経った今、高校は変わったであろうか。自由にものが言える学校生活を送っているだろうか。世界を見れば、香港の高校生は銃弾に撃たれながらも自由を求め学校内外で闘い、スウェーデンの高校生、グレタ・トゥーンベリさんは一人で「気候のための学校ストライキ」の看板を掲げて座り込み環境破壊を進める世界の大人たちに鋭い刃を向けている。高校生が世界を変える。いびつな大人社会へ否を突き付け、研ぎ澄まされた感性と熱情を持ち、恐れを知らず起ち上がった高校生運動の足跡を語り継ぎ、未来への糧に繋がるよう、「高校闘争50年集会」を企画した。かつての高校生は、半世紀の時間をどう生きてきたのか。様々な人生をくぐりながらも高校生としての決意を原点に生き抜いてきた仲間も少なくない。学生運動とは似て非なる高校生運動、その実相に迫り、現在、未来の高校生に何を伝えられるか探る集いである。これは、2012年に小林哲夫さんの著作「高校紛争」（中公新書）の出版記念会に集まった仲間の有志が50年という節目に再結集しようと呼びかけたものであり、かつての高校生、現役の高校生問わず、多くのみなさんの参集を呼びかけたい。」（起草：池田実）

更に、会合を重ね話し合われ意思統一として確認された内容は、「今回の集会を元高校全共闘の同窓会や戦友会にはしないこと、現在の切実な闘いを最前線で担っている若者たちに参加を呼び掛けること、何よりも現在の闘う現役高校生たちと交流して元高校全共闘の闘いを検証すること、などが方向性として定められ。会合を重ねる過程で最も重要視されたのは、今現在を生きる現役高校生とのコンタクトを取ることであった。半世紀前の高校生が半世紀後の高校生と出会うことで、現在の高校生にどのような化学変化を起こすことができるのか、我々がどのように変化をしていくのか、そのことが最大の関心事であった。それは取りも直さず、私たちが高校生であった半世紀前をどのように生き、その後の半世紀をどのように思想を紡いできたかが問われることでもあったからである。つまり、今現在の社会と向き合い、闘いの渦中にいる若者と出会う場が創れるか、が集会を実行するための最も重要な課題であった」（金廣志）というものでした。

集会のタイトルも最終的に、「高校闘争から半世紀〜私たちは何を残したのか、未来への継承〜高校生が世界を変える！」と決定されました。

集会の趣旨、方向性、呼びかけ文、タイトルは決定されましたが、シンポジウムの内容や登壇者の選択、日時や会場の決定、資金調達、チラシの印刷と配布、情宣のためのソーシャルメディアの活用等々、集会を実現させるために処理しなければならない様々な問題があり、紆余曲折、試行錯誤の末、以下の様に決定されました。

開催の日時は、年内は準備上難しいので、年明け二〇二〇年にしようという事で、私は、紀元節復活反対闘争として初めて東京千代田区の清水谷公園で三派系高校生が中心に都内各校から七百人以上の高校生が結集し、高校生独自に集会デモを敢行した記念すべき日として二月一一日を主張したところ、準備期間の短さが懸念されましたが、最終的には実行委員会の賛同と開催の決意が得られ決定しました。

【高校闘争元活動家の集いを二月一一日にする理由：高校闘争における一九六七年の二・一一建国記念日反対闘争の位置づけ】

「建国記念日反対闘争は、建国記念日の制定が戦前の天皇制の象徴である「紀元節」の復活であり、それを通じて国民に日本帝国主義の海外侵略の精神的基盤となる愛国心を育成しようという意図に反対するものであった。この建国記念日反対闘争は、建国記念日が創設された一九六七年二月一一日には、大学生の全学連でも全国的規模で闘われたが、その後六八年六九年と経るに従って、全学連の闘争目標が多様化、過激化したために、かえって建国記念日反対闘争は凋落していった。そんななかで、高校闘争においては、建国記念日が創設された六七年二月一一日の反対闘争以後、毎年継続して大規模に闘われてきており、特に六九年二月一一日の反対闘争では、大学全学連や労働者は小規模の集会やデモがあっただけなのに反して、例えば東京における高校生の闘いは、初めて独自に反日共系諸党派の高校生組織が共闘して「二・一一紀元節復活反対高校生集会」を組織し、都内各校から約七百人の高校生を集めて千代田区清水谷公園で戦闘的な集会デモを貫徹した、また都立青山、竹早、私立麻布、武蔵などの高校では同盟登校運動も行われた、それこそ記念すべき日なのである。このように建国記念日の反対闘争は、かつての高校闘争の主要な闘争の一つであり、現在に至って、新天皇即位で浮かれている世間に対して天皇制に反対しこのような闘いをした高校生がいたということを知らしめることは非常に有意義なことと考える。」（起草：大谷行雄）

開催場所に関しては、いろいろな可能性を検討した中で、私としては、高校闘争を一九六〇年代から現在に至る日本の学生運動総体の歴史の中に位置づけ総括をするためにも、この会は元高校生活動家だけでなく団塊世代の党派全学連・全共闘関連者も巻き込み、若い世代にもアプローチして少なくとも三百人くらいの動員を目標とすることを主張していたため、実行委員の一部からは私が所属していたブント得意の大風呂敷と揶揄されたり、準備期間不足による大きな集会の実現可能性に懐疑的な意見もありましたが、なかば強引に押し切ったかたちで収容人数が多く場所も便利な連合会館の大会議室に決定しました。

数十人もの若者が参集した画期的集会に

シンポジウムの内容は、最終的に以下の三部から構成されることになりました。

第Ⅰ部：一九六八年は我々に何をもたらしたか —自己否定を巡って—山本義隆（東大全共闘）＋高校全共闘　司会：高橋順一（武蔵高校・早稲田大学教育学部教授）

第Ⅱ部：運動の現場から —香港の学生・日本の高校生の闘い—香港の闘う学生＋日本の闘う学生
司会：初沢亜利（ドキュメンタリー写真家、東北・沖縄・北朝鮮・香港などの現場撮影取材）

第Ⅲ部：いま高校生は社会とどう向き合っているか　現役・卒業高校生＋保坂展人（東京世田谷区長）
司会：小林哲夫（『高校紛争　１９６９—１９７０「闘争」の歴史と証言』著者）

実際の集会内容は、既に、変革のための総合誌「情況」や句・詩・評論自立の言論誌「奔」などで報告されていますし、当日のビデオがＹｏｕＴｕｂｅにアップされ、それを文字起こししたものが明大土曜会の山中健史氏のブログ「野次馬雑記」にアップされているので割愛しますが、これから主題である、何故三百人以上という昨今この手の集会では珍しい大量動員ができたのかその理由を考えてみたいと思います。

集会参加者の世代的内訳は、およそですが高校闘争の当事者百二十人、団塊世代全共闘関係者百五十人、若い世代の活動家や運動家その他が数十人以上といったところだと推察します。

そこで、第一の理由は言うまでもなく、シンポジウム第Ⅰ部での元東大全共闘代表で現在「10・8山﨑博昭プロジェクト」で代表的に活動されている山本義隆氏の登壇です。二〇一二年の第一回目の高校闘争集会では参加者はほとんど元高校生活動家でしたが、今回は反対意見をもつ実行委員も一部いたにもかかわらず、敢えて東大全共闘、日大全共闘、明大土曜会などいわゆる団塊世代の全共闘諸氏にも参加を呼びかけそれに応じて山本さんの話を聴きたいと多くの方が参集してくれたし、元高校生活動家の多くもメインテーマが『自己否定』ということもあり自己の問題意識として興味を持ってくれて、更には若い世代の現役活動家や運動家の中にも多くはないとしても過去の学生運動に興味を持ちその歴史を学んだ人たちは山本義隆さんのことは知っていて、結果として世代を超えた多くの人々の参加を即す結果ともなったと考えられます。

第二の理由は、シンポジウム第Ⅱ部で現在旬なテーマである「香港の闘う学生」との連帯ということで、香港の闘いを取材されているドキュメンタリー写真家の初沢亜利氏の参加協力を得て、取材過程で知り合った在日香港人活動家の登壇、実行委員の石橋浩治（都立井草高）の紹介で中国天安門事件世代の現代中国文学者の劉燕子さんの登壇、更には、東洋大学構内に「竹中平蔵による授業反対！」のタテカン（立て看板）を設置し、竹中平蔵および同大学に疑義を唱えるビラを配って退学処分を示唆された同大学文学部哲学科四年（当時）に登壇頂いたということで、これもまた過去に例のないユニークな企画が幅広い層の人々にアッピールできたのではないかと考えます。

第三の理由は、シンポジウム第Ⅲ部では、当初小林哲夫さんが取材した元高校全共闘や元全中共闘（中学生全共闘）の活動家の発言の場にする方向であったが、それだと第Ⅰ部とかぶってしまうだけでなく、第一回目の「高校紛争」出版を祝う会と同じ轍を踏むことになってしまうのではと危惧され、司会をお願いした小林哲夫さんの尽力で「二〇一五年安保闘争」（厳密には、集団的自衛権の行使容認を含む安全保障関連法案反対行動）を闘った当時の高校生や中学生で組織された元ティーンズソウル（元シールズ傘下の高校生組織）のメンバーや高校校則問題に取り組んだ高校生や大学生、気候変動に対する抗議活動をしているフライデーズ・フォー・フューチャー・ジャパンの高校生メンバーなどが多く参加してくれたことです。更に特別参加として、元全中共闘で元参議院議員、現世田谷区区長の保坂展人氏（麹町中学出身）にも登壇して頂きました。これらによって、元高校闘争当事者や団塊世代全共闘関係者に比べると数は多くはありませんが、数十人もの若者が参集してくれたことも画期的なことであり、動員数の増大に貢献したものと思われます。

第四の理由は、単純に集会入場料を徴収しなかったことでしょう。この主な理由は、元高校生活動家の中には、大学教員や議員から市長や大手新聞記者、高校の校長になった者、また会社経営者などがいる反面、高校中退による中卒者や革命活動によって身体的あるいは経済的に市民社会に復帰が困難で困窮している者や無職の徒食者も多くいて、特に地方からの集会参加費が負担になることを考慮して、余裕があって払える人からのカンパによって賄おうとしたものです。お蔭様で、本人からは伏せておくように言われたのに暴露してしまい咎められてしまいましたが山本義隆氏の好意による「68・69を記録する会」からのカンパ、「10・8山﨑博昭プロジェクト」メンバーからのカンパ、「続・全共闘白書」出版記念集会などと当日の集会現場で集めたカンパで無事に集会の全費用を賄うことができました。

いまだ抵抗はあるがＳＮＳの活用は不可欠

そして最後に、しかし最も重要な事は、多くの参加者を集めることに成功した理由として特筆しなければならないのが、ＦａｃｅｂｏｏｋやＴｗｉｔｔｅｒおよびＬＩＮＥといったＳＮＳ（ソーシャルネットワークサービス）などのソーシャルメディアの最大限の活用です。上記の様などんなに素晴らしい企画を立ててもそれを周知させることができなければ何の意味もありません。ところがこれが最も苦労したことでした。第一回目の集会では、小林哲夫さんの取材対象者リストをもとに参加を呼びかけました。当時はインターネットやｅメールは今ほど普及していなく郵送や電話連絡に頼りましたが、今回の集会の呼びかけではリストに記載されているメールアドレスも少なく、それらに呼びかけのメールを送り、住所が分かるのは郵送したのですが、転居されたのかあるいは鬼籍に入られてしまったのか、全くと言ってよいほど回答がありませんでした。唯一、数名からの回答と、電話で何人かと連絡が取れた程度でした。

そこで、ＳＮＳなどのソーシャルメディアを極力利用しようということになったのですが、というかまだ日本ではＳＮＳがそれほど普及していなかった二〇一一年「アラブの春」の時私は中東に住んでいてＳＮＳの有効性を肌で感じていましたし、また住んでいた首長国で自身が巻き込まれた王位継承騒動でも盛んに使用されたＦａｃｅｂｏｏｋやＴｗｉｔｔｅｒを熟知し使いこなしていた私にとっては、この集会のことを周知させるにはこれしかないと思っていました。

ソーシャルメディアの発達は、一昔前であれば多額の投資や大きな組織を必要としたようなことを個人や小集団でもできるようにしたのです。たとえば情報を社会に配信することは，以前なら大手新聞社やテレビ局にしかできなかったのですが、いまや個人がスマートフォンからＳＮＳのアプリを使っていつでもどこでも始めることができるようになりました。

海外では周知の様に、世界を揺さぶった二〇一〇年以降のジャスミン革命から始まる「アラブの春」や二〇一一年米国の「ウォール街オキュパイ運動」、香港の雨傘運動、最近では二〇一八年フランスの黄色いベスト運動などでもＦａｃｅｂｏｏｋなどのソーシャルメディアを使いこなす個人や小集団の行動が運動の成否に影響を与えたのです。思想や主義など何らかの共通意識を持つ人々がＳＮＳなどのソーシャルメディアを通じて結びつき社会運動やプロジェクトを立ち上げるようなことも可能になりました。

日本でも二〇一一年三月に発生した東日本大震災からの復旧・復興過程では、ＳＮＳを通して自発的に協力し合う人々が政府の手が届かない地域や分野で大きな力を発揮しました。ところが、高齢者がほとんどの元新左翼や全共闘世代（大学、高校を問わず）ではソーシャルメディアはそれほど認知されていないのが現状でした。いまだにガラケーの人が多く、スマホを持っていてもＦａｃｅｂｏｏｋ、ＴｗｉｔｔｅｒやＬＩＮＥを使いこなせない、実名を出すのに抵抗がある、あるいはなかにはＩＴによる革命（変革）は資本主義的、商業主義的だとかいう主義からＦａｃｅｂｏｏｋを拒む人も意外に多いのです。実際に、集会実行委員のなかにもそのような人が少なくありませんでした。そこで、彼らにＳＮＳの必要性、有効性を説きつつ、傍らＬＩＮＥのオープンチャット上に情報交換網を設置し、Ｆａｃｅｂｏｏｋ上には「高校闘争から半世紀～私たちは何を残したのか、未来への継承～高校生が世界を変える！」のオフィシャルページを創設して広く集会の情宣、情報交換・拡散を図り、世代を超えた人々にアッピールしてきました。尚、このサイトや連絡網は今でも継続して運営されており、集会に参加したかつての仲間たちと、そしてここで知り合った若い世代との交流と情報交換・拡散の場として使われています。

勿論、これと並行して、「続・全共闘白書」出版記念会などの集会に参加しビラを配布したり、「10・8山﨑博昭プロジェクト」や「1969糟谷孝幸50周年プロジェクト」の協力を得てビラの配送をするといった通常の方法を用いたのは言うまでもありませんが、こういった集会実行委員全員のたゆみない努力の賜物としてこの集会の成功があったものと確信しています。

そして最後に、この二・一一シンポジウム「高校闘争から半世紀」集会の実績が、今後私たちの社会運動のありかたと発展に寄与できることを願い、若者たちとの世代を超えた交流が今後さらに継続され、私たちの学生運動の歴史が現代、未来によいかたちで継承されることを祈念して、この総括報告を終わりたいと思います。

PROFILE

ありた・よしふ／参議院議員
一九五二年、京都市生まれ。父光雄は共産党の活動家。芳生はヨセフ・スターリンから名付けられた。立命館大学で十八歳のとき共産党に入党、学内では全共闘と暴力的な対峙も経験した。卒業後、共産党系の新日本出版社が発行する「文化評論」編集部に。八六年からフリーのジャーナリストとして、統一教会批判キャンペーンなどを執筆。九〇年に党規律違反で除名される。二〇〇七年、田中康夫の「新党日本」から出馬したが落選。民主党に移り、一〇年の参院選比例区で当選した。拉致問題と反ヘイトがテーマ。現在は立憲民主党幹事長代行（沖縄担当兼務）、参院経済産業委員会委員長。かつては対立した全共闘に、今は一定の共感を示している。

目の前にヘルメットがあればかぶっていたかもしれません

有田芳生

自由でルーズな組織が魅力的だった

――「白書」を読んでの感想は

有田　とても面白い本。興味深く読みました。もっと読まれてもいいと思います。もっとも、どのくらい売れているかは知りませんが。

この本は最初から順を追って読むのではなく、パラパラとページをめくったところから読んでも面白い。それぞれの回答者の顔写真も、詳しい経歴も出ていませんが、七十五項目の質問への回答の内容で、その人の生きてきた大枠がわかる。全共闘運動を終えた後、何を思い、どう生活をして、今は何を生活の糧にしながら、次の世代につなげようとしているのか。ちょうど、その人の「人生の本棚」を覗き見る感じでしょうか。私は一九五二（昭和二七）年生まれだから、「白書」世代より二〜三歳下です。政治経験も時代の風景も違うので、その落差も読み取れました。

興味深かったのは、運動を離れた理由に、多くの人が「党派の内ゲバ」と「連合赤軍事件」をあげていることです。六〇年代のベトナム戦争や高度成長の歪みに「異議あり」を唱えて始めた運動が、リンチに行き着いたことへの挫折でしょう。

――そのあたりのことは、有田さんは感じなかった？

有田　「連合赤軍事件」にそれほどショックは受けませんでした。

少し年上の全共闘世代の考えを〝覗き見〟しておきながら、私自身の〝白書〟を言わないのはフェアじゃないですね。私の政治経験は、「高校・大学生時代は民青→共産党員、社会人時代は共産党系出版社→党除名」なので、全共闘世代の人とは政治の風景は違うものでした。

私は生まれも育ちも京都。蜷川虎三知事による共産党府政の全盛期。両親ともバリバリの共産党員でした。高校時代はソ連のチェコ侵入がクラスで話題になったり、学内食堂を作れと全校の八割の署名を集めて実現させたり。十七歳で民青の同盟員になりましたが、両親の強い勧めがあったわけではない。むしろ友だちが我が家に遊びにきた時、本棚に「前衛」が並べてあるのを見られるのがイヤだったくらいですから。私が民青に入ったら、当時のガールフレンドも「じゃ、私も入る」と言ったくらい大らかでした。

だから、目の前にヘルメットがあればかぶっていたかもしれません。でも一番シンパシーを感じていたのはべ平連でした。自由でいい意味でルーズな組織で社会運動を広げてゆく、というのは魅力的でした。

一九六八年九月に、上田耕一郎と不破哲三の「統一戦線論争」というのがありました。「なんて理論的な人がいるものだ」と感心していたら、父親が「兄弟だよ」というのでビックリ。特に上田さんに惹かれていました。一九七〇年五月の共産党に入党。大学は立命館で、ご存知の共産党の牙城でした。

だから日本共産党は一貫して全共闘運動に批判的でした。また中国共産党や毛沢東の文化大革命にも批判的だった。だから中国派の連合赤軍事件は、むしろ路線的・組織的な帰結と受け止めていました。

――では、当時から日本共産党の路線が正しいと。

有田　そこは少し違います。立命館大では共産党員でありながら、先輩たちが学生大会の決議の人数をごまかすのを見てきたし、党の権威をタテにした官僚主義もながめてきました。当時、共産党がとっていた「人民的議会主義路線」も、今にして思えば党員拡大型の運動でしかなかった。

――それでも有田さんは卒業すると上京して共産党系の新日本出版社に就職しました。

有田　「文化評論」という月刊誌の編集部に入りました。私は学生時代から上田さんに憧れていました。当時、副委員長の上田さんの部屋に行っては、紅茶を飲みながら、ランボーや大江健三郎、加藤周一などのエッセンスを聞いていました。実は上田さんは宮本顕治さんや不破哲三さんの路線にも批判的だったのです。「文化評論」の編集方針は比較的自由で、淡谷のり子さんや大山のぶ代さんに書いてもらったり、匿名で岩見隆夫さん、のちに朝日新聞の社長になった記者や二木啓孝さんにも原稿をお願いしていました。

そんな自由さが党本部には気に入らなかったのでしょう。上田耕一郎・小田実対談などがきっかけで党から二回査問を受け、いつのまにか除名されていました。

――その時にマルクス主義は捨てた？

有田 当時は捨てたという意識はありませんでした。マルクス・レーニン主義が正しければ、とっくに革命は起きていると思っていましたし、哲学者の古在由重さんは「思想は日常生活に表れる」と言っていたことに共感していましたから。

――その後は、ジャーナリストとしてオウム事件をきっかけにテレビコメンテーター、さらに参院議員を〝転進〟して行きます。

有田 コメンテーターはジャーナリストとしての一つの表現だと思っていました。特に拉致問題は力を入れ、その延長上に議員になってもヘイトスピーチに取り組んでいて、これは私のライフワークの一つです。

国会議員になった直接のきっかけは、新党日本の田中康夫さんから「そろそろ社会貢献をしませんか」と声をかけられたこと。でも、ホンネは国会の中から日本を見てみたい、という野次馬精神でした。でも、ヘイトスピーチ問題でもイザとなれば逃げる議員ばかり、出会った政治家で「これは」という人は小沢一郎、谷垣禎一、江田五月の各氏くらいです。

――若い世代に向けたアドバイスはありますか。

有田　先日、議員会館に二〇〇二年生まれの二人の女子高生が訪ねてきました。一人は弁護士志望、もう一人はマイノリティのために働きたいとしっかりした考えを持っていました。しかし、今は全共闘時代とは発想も運動形態もまったく違います。若い人は情報を新聞ではなくネットで取るので、深く考える機会が少ない。

だから訪ねてきた女子高生には、小説を読み演劇を観て、まずは自分の知識と感性を豊かにして欲しいと言いました。

そんな若い世代が増えれば、今よりマシな社会や政治が生まれると思います。

PROFILE

きむら・みつひろ／民族派政治団体代表

一九五六年生まれ。政治団体「一水会」代表。「月刊レコンキスタ」発行人。一九七八年に尖閣諸島に上陸し灯台を建設する。「反米愛国・抗ソ救国・民族自決・反権力」、日本のアメリカからの独立を求める「ヤルタ・ポツダム体制打破」を一貫して掲げる。フランス、ドイツ、ロシア、セルビア、リビア、シリア、マレーシアなど、各国の民族主義党・団体との国際連帯を構築している。「一水会」前代表鈴木邦男氏の路線を引き継ぎ、左派の主張にも一定の理解を示し積極的に対話する姿勢を取り続けるなど、民族派としては独自の存在感を持つ。米軍基地返還、米軍基地建設反対などの運動においては、左派と共闘する場面も少なくない。

熱さに釣り込まれ、流し読みできない「思い」の塊

木村三浩

七百十二ページの大著。まずは、このような膨大な情報を整理し、書籍にまとめた続・全共闘白書編纂実行委員会の方々の尽力に敬意を表したいと思います。寄せられた回答は四百六十七通、掲載可能なのは四百五十一通ですか。九十七校の大学、そして高校他の皆さんから広範に回答を集める作業は並大抵の苦労ではなかったでしょう。全共闘運動という歴史的な闘いをされた方々の軌跡です。こ

れが歴史的に貴重な資料となることは間違いありませんし、それだけではなく、当事者たちの「思い」がぎっしり詰め込まれている。七十五項目あって、これに全部答えるのも大変なことです。中には一言「愚問」と手厳しい回答もありましたが、それもまた回答者の真摯さと見受けました。「最後にこれだけは言いたい」の設問に、大変な長文を寄せてこられる方々も多かった。つらつらと目を通し始めると、その熱さについつい釣り込まれる。流し読みできない「思い」の塊もまた、この書籍のひとつの本質だと思います。

全共闘、あるいはその前の全学連は、最初は大学の学費値上げに反対して立ち上がった。学生の実情を置いてきぼりにして、どうしてこういう決定になるのかと。そこを問い詰めると、大学の不透明な意思決定や専横に行き当たった。そこがおかしいとして、例えば日大では古田会頭を団体交渉にまで引っ張り出し、マスプロ教育の改善や政治活動の自由などを約束させ、理事長を辞任させました。ところが当時の佐藤栄作首相が、それをひっくり返してしまいます。権力を盾に、一回交わしたはずの約束を簡単に反故にしてしまうとは今考えても実に卑怯だと思うのですが、このようなところから、大学と国家権力の間にあった少なからずの癒着があぶりだされ、国家権力のあり方自体をこそ問い直す必要があるんじゃないかというところまで思いが至ったわけですね。

また当時の国際情勢として、朝鮮戦争の終結の後に、米軍の介入によってベトナム戦争が行われていました。軍用機が飛び立っていく米軍の基地はどこにあるんだとか、物質的に支援しているのはどこの国なのかを考えた場合に、日本は無関係ではない。自国にとどまらず世界のあり方までを考え直す必要があるというところにまで学生たちの考えが及んでいく。経済復興、発展だけを追求する西側諸国の優等生という立場で、アメリカ帝国主義に追従して良いはずがない。どうしても国の進路を変えねばならないという気持ちに突き動かされ、そして、それをやらなければいけないのは他ならぬ自分たちだという自覚が、運動への参加の決心を固めていったのでしょう。そのまま無難に大学を卒業して、どこかの会社に入ってつつがない人生を送るという選択肢もあったはずなのに、困難の多かろう道を多くの学生が自発的に選んでいった。義侠心というか、素朴な正義感が根底にあったのでしょう。陽明学の「知行合一」と言いますか、当時だとサルトルの実存主義、現実への自己投機というような思想の影響が強かったのかもしれませんが、戦後の日本は「義を見てせざるは勇無きなり」といった気風にあふれていたのだろうと思います。

全共闘運動で残念だったと思えるのは、権力を引っ張り出すところまでは行かなかったということですね。大学の権力を引きずり出すことには成功した。当時の全共闘の問題意識は、大学のありようを出発点にして、日本が経済のみを重視して、西側諸国の一員としてアメリカの属国のような振る舞いをしていいのか、不可視的にベトナム戦争に加担するような国でいいのかという射程を持っていたのですが、結果として同じテーブルに権力を座らせてその問題意識を突きつけるということにはならなかった。日本の未来を考えた時に、冷戦構造下の日本で、東側、マルクス主義の方に依拠した国の作り方の方があるいはいいのではないかという論理に依ったのが、全共闘運動を党派として支えたブントや革共同、社青同などの人たちの考え方だったのでしょう。しかしこれは西側諸国の経済発展によって乗り越えられてしまった。というよりは、生活者の気持ち、国民の支持というものが移り変わってしまったというべきかもしれません。

国際情勢、国内情勢、そして目の前の闘争状況と、いろいろなものが目まぐるしく激動する中で、自分の気持ちを保ち続けて運動に身を投じ続けるのは、並大抵のことではなかったと思います。自らを鼓舞するために、当時学生の間でいろいろな歌が歌われていたと思うのですが、「インターナショナル」は有名ですね。その他、「国際学連の歌」「ワルシャワ労働歌」など、私も好きな名曲が少なくありません。「ひるまず進め　我等の友よ　敵の鉄鎖をうちくだけ」なんて歌詞には、心を揺さぶられますね。気持ちが折れそうになったときに、仲間、同志と声を合わせて歌を歌えば、どこかから再び力が湧いてきますから、人間とは実に不思議なものだと感じます。一方、左翼の皆さんの闘争歌に照応する民族派の側の歌はと言えば、「昭和維新の歌」になろうかと思います。これは戦前の五・一五事件と戦後の三無事件の両方に連座した三上卓元海軍中尉の作になるとされる歌ですが、「権門上に傲れども　国を憂うる誠なし　財閥富を誇れども　社稷を念う心なし」という歌詞があります。この歌は一九三〇年代に作られたとされていますが、歴代最長であった安倍政権下で、戦後類を見ないほどの軍事的な対米従属が進められ、また、経済においては新自由主義、グローバリズムに傾倒し、地方や国民の疲弊が顧みられないという現在を、まるで予見したような先見性や普遍性を含んだ歌詞だと感じます。

当時の民族派学生の側では、各大学や街頭での全共闘の実力行使が大変に激しかったので、これでいいのかということで対立、対決する立場を取ったといいます。初発の動機としては、日本の学園を無残に壊していいのかという正義感で立ち上がっていくわけです。一水会前代表の鈴木邦男も、早稲田大学入学後に早大学連の民族派学生として、全共闘の皆さんと殴り合っていましたが、なにしろ当時の大学では学生はほとんど左翼とそのシンパで、教授たちも左翼に理解を示す人たちが多く、自分たち民族派は学内では〝反体制〟の圧倒的少数派だったと当時を述懐しています。もしかすると当時の権力側からしてみれば都合がいいと思われていたかもしれませんが、民族派学生としては、左翼の諸氏とは別の視点、価値観からの正義感で動いていた。弊会の鈴木も、当時の思想、主張や立場こそ異なっていたけれども、左翼の皆さんの「思い」は純粋で本物だったと感じています。特に、実際に身体を懸けて対峙したからこそだと思いますが、なにか戦友のような気分を全共闘の皆さんには感じており、そこは世代共有しているようです。

左右問わず、当時の学生は自分が正しいと思ったら、まず行動をするような時代だったのですね。自分の損得をまず勘定しようとか、考えてはみたが実行は難しそうだから止めておこうとかいう保身や計算は二の次にした。それが必ずしも全ていいとは言いませんし、現代の若い人たちは当時の若者よりある意味では賢く、いろいろなことに慎重になっているとも思いますが、しかし、結果として人生何もやりませんでした、というのではつまらない。現代の若者諸君が、何をしたらいいんだ、どうしたらいいんだと人生で立ちすくんでしまうことがあるならば、「考え抜いて行動に移す」という生き方を取り戻すために、昔、学生運動に参加した人たちの思いを参照することも、悪くないのではないかなと思います。

ところが、このような運動が進行していくと一定のグループができていく。一緒にものを考えた、行動を共にした、という経験の蓄積ができる中では自然なことですが、どこかで「自分たちこそが正しいんだ」という思い込みがグループを支配していくようになります。それがすなわち党派性ということですが、これは取り扱いがかなり難しい厄介なものです。当初の純粋な正義感が、「自分たちの行動を妨害する奴らは悪だ」という論理に浸食されていくわけですね。そうなると、内ゲバがはじまります。運動している内部の同士討ちがはじまるということですね。これは右派左派問わず、あらゆる政治運動、あるいは宗教でも、あるいは現代の企業の中にすら見出すことができます。人間は、仲間がやられたとなると、許せないという感情が否応なく高まる社会的な生き物ですから、「やった、やられた、やり返せ」という連鎖が生まれ、そしてそれが党派のエトスの主軸になってしまう。当初の正義感はどこへやらで、行動の理由付け、動機の優先順位が変質するわけですね。そうなると周囲が運動に寄せていた期待もまたたく間に離れてしまいます。シンパサイザーが離れていくということは、ヒトモノカネなど全ての領域で運動への支援が縮小するということですから、その縮小した領域の中でさらなる縄張り争いが起こり、内ゲバが激化するという悪循環に陥ります。また、運動をつぶすために権力がスパイを入れて内ゲバをそそのかしたりするようなことも出てきます。全共闘運動も、最後は連合赤軍によるあさま山荘事件にまで行きついてしまい、人間が陥りやすい罠から逃れることができなかった。純粋な、しかし政治的には拙さの残る学生たちが主体を担った運動ゆえに仕方がないと言うと後講釈になってしまいますが、ともかくも全共闘運動は正負両方の教訓をふんだんに残しています。現代に生きる私たちにとって、良い意味でも悪い意味でも、大いに参考になる、参考にすべき歴史的体験の束だと感じます。そういった悪循環を乗り越えるためには、内ゲバの論理には巻き込まれないという強い意志と、運動を狭い中での陣地戦に貶めないための広い視野と行動力が必要だと思います。

そのような考えを基本としていますから、一水会では、対話を呼びかけ、活動の場を創出するにあたっては左右や国境などの垣根を乗り越えていくに全く躊躇するものではないのですが、当時の運動で国境を越えたといえば、よど号グループや、アラブ赤軍が想起されます。本書にも、よど号グループの現在のリーダーである小西隆裕さん、アラブ赤軍からは、獄中の重信房子さんが本書に回答を寄せられています。重信さんは回答中の「定期購読誌」の中に、朝日新聞やニューズウィーク、週刊文春などと並び、弊会機関誌の「レコンキスタ」を挙げておられ驚いたのですが、弊会に注目いただいているということは大変嬉しく思いました。全共闘運動が縮退した理由として、権力の弾圧激化、内ゲバを伴う独善的な党派性、全共闘が大衆消費社会に問題を広く突き出せなかったこと、の三つを挙げられていましたが、それらは本稿で述べている私の見解と非常に近いものです。仄聞するに、近年の出所が見込まれているそうですから、その際にはお話しする機会を是非いただければと思います。

また、和光晴生氏は、常に筋を通す人として敬意を表しています。獄中通信も、オヤジギャグですがユーモアに富んでいて、現在氏を取り巻く困難な状況があるものの、それを自然に受け入れる度量を感じています。

さらに、よど号の小西さんの回答での、最も好きな国は日本、学生時代最も好きな国もやはり日本でした。強い望郷の念をお持ちであることが伺えるような気がします。最も嫌いな国は米国で、日本の脱覇権自主化を強く願っておられます。これも私たちの問題意識と大変近い考えではないかと感じます。ハイジャックという手法について真摯な反省をされつつも、アメリカの勢力下では、冷戦構造、従米構造に組み込まれた日本を革命するための拠点はつくれないと考えて国境を越えた時の基本的な問題意識は、今もなお強く保たれているのだとお見受けします。

よど号ハイジャックは一九七〇年の事件で、二〇二〇年には五十周年を迎えますが、同年には私たち民族派にとっても大きな契機となる大きな事件が起こりました。いわゆる楯の会事件です。三島由紀夫と森田必勝の両烈士を筆頭とする楯の会メンバー、計五名が、自衛隊市谷駐屯地、現在の防衛庁に日本刀を持って立てこもり、三島烈士は自衛隊員たちに憲法改正のための決起の演説をした後に、森田烈士とともに割腹による自裁を遂げたというものです。三島烈士は、自衛隊の治安出動が必要なまでに全共闘のデモが拡大し、それを契機に憲法改正が行われ、自衛隊が国軍としての自主性が回復されることを期待していました。三島烈士の自衛隊演説を要約します。

「去年（一九六九年）の一〇月二一日に、新宿で反戦デーのデモが行われて、これが完全に警察力で制圧された。俺はあれを見た日に、これは憲法が改正されないと感じた。なぜか。自民党が警察権力でいかなるデモも鎮圧できるという自信を持ったからだ。治安出動はいらなくなったので、憲法改正が不可能になったのだ」「今日本人がここで立ち上がらなければ、自衛隊が立ち上がらなければ、憲法改正はない。諸君は永久に、ただアメリカの軍隊になってしまうんだぞ」

クーデターを訴えましたが、それに同調する自衛隊員がいないのを見届け、彼らは自裁を遂げたわけです。よど号のハイジャック同様、三島烈士たちの手法について、現代からいろいろな批判を加えることはできるかに思います。しかし、「自衛隊がアメリカの軍隊になってしまう」という警告は、時を超えて成就しかかっているかにも見えなくはありません。こうなる危険性を半世紀も前に見通したうえで、そういう日本にしてはいけないのだ、と命を懸けてそれを阻止しようとした両名の思いを、我々民族派は重く受け止め続けています。それは当時の全共闘においても「米帝傀儡政権打倒」として今日の予見が示されていたかにも思えます。このままの戦後を進めば、いつか日本は軍事的にアメリカのお先棒をより積極的に担がされるに違いないという危機感は、表われ方こそ違いましたが、右も左も共有していたと言えるのではないでしょうか。

しかしその後、ベルリンの壁崩壊、ソ連崩壊が九〇年前後に起こり、いわゆる冷戦構造というものも終焉を迎えます。その時には最終的に資本主義が勝ったと言われましたが、日本から米軍基地もなくならなかったし、湾岸戦争やイラク侵略戦争に見られるように、第三世界にアメリカが無理難題を突き付ける構造も変わらなかったし、資本主義社会のもとで一国の中の生活者の格差も拡大してきました。それどころか、米中対立を意図的に激化させ、「新しい冷戦」とでも言うような世界の分断構造がこのままいけばつくられかねない状況です。当時の問題意識を持った学生さんたちが「これはおかしいのではないか」と思ったことは、経済成長をする中で先送り、なあなあにできていただけで、本当は何も解決されてなかったのではないかというような現実が、今まさに私たちに突き付けられています。

私たち一水会は、冷戦構造の終焉を目の当たりにしたときに、これからの日本の問題、世界の問題は何なのかということを考えるにあたって、左派の諸氏との対話を今まで以上に始めなければならないと考えて、「現代老壮会」的情況の創出ということで、それをやり続けて今に至っています。全共闘の時代の右派、左派の対立というものは、かなりのところが世界の冷戦構造、日本で言う五十五年体制でつくられた枠組みであった以上、そのフレームが終わったときにこそ、これから考えていかなければいけない問題をあらためて発見し、正していかなければならないに違いないという基本的な考え方を持っています。これは前代表の鈴木がかつて全共闘の皆さんと対峙、対決した時に、お互いに純粋な正義感を以てこの場所で向き合っていると感じたがゆえに、そこを出発点にすれば話し合えるのではないかと考えたことが大きいと思っています。その経験は大事な遺産であり、私たちはそこからより大きな枝葉を茂らせていきたい。右と左ですから、天皇についての考え方など、因って立つものが違うところはどうしてもあるかには思います。しかし、このまま従米路線を続けていっていいのか、アメリカ主導での米中新冷戦構造への移行を許していいのか、その仕掛けとして東アジアの対立をあおり続け、ヘイトスピーチがあふれるような社会のままにしておいていいのかなど、かつて全共闘を闘った皆さんと問題意識を共にできるような領域は非常にたくさんあると感じています。そしてそれらは、議論を深め行動を続けていくことによって、これからの日本や世界を作っていく若い世代に引き継げるようなものにしていく責務が、先行世代である私たちにはあるのではないでしょうか。そういった思いに改めて立ち返らせてもらえる良書として、元全共闘の方々のたくさんの「想い」の詰まった『続・全共闘白書』を読ませていただきました。

● PROFILE ●

かやま・りか／精神科医
一九六〇年、北海道生まれ。東京医科大学卒業。立教大学現代心理学部映像身体学科教授。豊富な臨床経験を活かし、現代人の心の問題を中心に、政治・社会評論、サブカルチャー批評など幅広いジャンルで活躍、さまざまなメディアで発言を続けている。『ぷちナショナリズム症候群』『リベラルじゃダメですか？』『しがみつかない生き方』『50オトコはなぜ劣化したのか』など著書多数。政治的発言・行動をためらう現代の若者たちのビヘイビアに危惧を抱き、全共闘体験者には、「内省するのはこのへんにして、「もう一度、若者が自分たちのように考えるようになるためには、どうすればよいのか」を全力で考え、声に出してほしい」と訴える。

内省するのはこのへんにして、もう一度

香山リカ

「大学紛争は医学部から始まりその拠点は東大医学部だった」と聞いていたので、医師として少なからぬ関心を持って本書を開いたが、東京大学出身の五十六人の回答者のうち、医学部は六人だけで物足りなさを覚えた。とくに私は精神科医なので、いわゆる「赤レンガ闘争」にかかわった人からの回答がなかったのが残念であった。

医学部から始まった全共闘

私が精神科医になったのは一九八六年であったが、研修医として入局した北海道大学精神医学教室でちょっと奇妙な経験をしたことがある。

当時、研修医は一年間の大学病院での研修のあと、二年間、北海道内の病院でさらに研修を積むことになっていた。その後は、医局に戻って研究を始めるか、そのまま病院に就職して臨床医となっていくか、という選択肢があった。私は東京の私立医大出身で、同級生の中には研修が始まると同時に、あるいは研修がひと通り終わってから、母校の大学院に籍を置いて研究と臨床を両立させている人も少なくなかった。そこで私も、北大精神科の幹部に「研修が終わったら、どこかの病院に籍を置きながら大学院に入りたいのですが」と言ってみたところ、その人の顔色が変わった。

「君のやりたいことは研究なのか？　臨床なのか？　もし研究をやりたいなら、病院に籍を置いて経済的基盤は保ちながら研究も、などと都合のいいことを考えるのはやめなさい！　赤貧になってでもやりたい者だけがやるのが研究だ。片手間でやるものではない！」

私は驚いて、「大学院も研究もけっこうです」と要望を取り下げた。そしてあとから、その医局の幹部は「赤レンガ闘争」の余波で不備な研究の告発が続いていたことで、相当、警戒的になっていたということがわかった。

そのため、私は医学博士号を取得していない。周知のように医学博士号はほかの学位に比べて非常に取得がたやすく、医師であった私の父親の時代など「医者といえば医学博士」が常識だったようだ。

母親はとても理解ある人だったが、「娘は医者なのに学位がない」ということだけはどうしても納得できなかったらしく、何かにつけてそれを口にしていた。実は私は二年前から母校の大学院に社会人院生として籍を置き、学位取得を目指して研究らしきことをしている。もし、「赤レンガ闘争」がなければ三十年前、北大医局でしていたかもしれない研究をこの年になってしているのか、と思うこともある。

医学部から始まった大学紛争については、日本医科大学出身の下司孝之氏が自由記述欄で詳細に述べてくれており、とても参考になった。

これもよく知られているように、抗議の声は大学医学部を卒業したのに、医師国家試験の受験要件として一年以上、課せられていた完全無給の「インターン制度」に対してまず上がった。東京大学で医学部自治会と卒業生により構成される青年医師連合が、一九六八年一月下旬より「インターン闘争」を始めたのだ。その前年、一九六七年には東大医学部のインターン生が中心となり、「医師国家試験ボイコット運動」が起こっていた。六八年の卒業式は中止になり、新年度になっても闘争は継続され、六月一五日には医学連（全日本医学生連合）が安田講堂を占拠。医学連は全学連とは別組織であったが、下司氏の記述によると「占拠闘争は、医学連の産別問題を全学友のものにした意義がありました」とのことだ。実際に七月二日、安田講堂はバリケード封鎖され、全共闘（東大闘争全学共闘会議）が結成されたのはその三日後であった。

闘争の結果、一九六八年一〇月、インターン制度の廃止を政府が発表する。しかし、その後も闘争は続く。下司氏の記述から引用させてもらおう。

「事態はそれによって収まるものではなく、69年1月の東大医学部今井澄氏が防衛隊長を務める安田講堂へと焦点が移りますが、陥落直後も尚、約500人の無給医や医学生が抗議集会を持ちます。東大病院は2000人の無給医によって支えられていましたから、事態は収束することなく推移します。」

七〇年安保に目を向けた全共闘とはやや異なり、医学連は産別学連として闘争課題に取り組んだのだ。

その後、学生運動の終焉とともに医学連もその形を変えるが、下司氏によると、一九九六年頃までは存続したという。「東大赤レンガ・精神科病棟の自主管理が終焉する頃のことでした」というのだから、息の長い話である。またオリジナルの医学連の流れを一部くむ形で一九八四年には全日本医学生自治会連合が発足し、現在はこちらが「医学連」と呼ばれている。全国二十六の国公立大学医学部、医大の自治会が加盟している新しい「医学連」が主催し毎年夏に開催される全国医学生ゼミナール（医ゼミ）には加盟校以外の医大生や看護学生なども多数、参加し、医療系の学生の間ではよく知られる「医療を考えて交流する一大イベント」だ。

このように「インターン制度の廃止」という結果を出した医学部闘争だが、下司氏はこれを「思想の如何を問わずに同一の基盤に立つこと」で実現した、「層としての運動」の成果だとしている。もちろん、層は層でしかなく連続性や広がりに欠く部分は否めないが、自分たちが置かれている状況に疑問を呈し、変革を広く社会や政治に訴え、そして実現にこぎつけた、というのは私の世代から見ると率直に「すごい」と思うのである。

私の問題、社会の問題

対して、現在はどうだろうか。昨今、大学病院にはインターン制度さながらの「無給医」が少なからずおり、それが一部のマスコミなどで取り上げられている。それこそ学位を取得するためや研究を続けるために大学に所属する必要があり、研究のためあるいは教授からの指示で臨床にも携わっているが、大学の有給のポストは限られている。そのため、彼らは大学病院では〝タダ働き〟に甘んじ、週に一日程度と週末を「外勤」と称して民間病院での診療にあて、それで生活しているのである。育児中などの事情で外勤はできないという女性医師の中には、完全に無給のまま外来診療、病棟管理、手術などに臨んでいる人もいる。最近の新型コロナウイルス感染症の問題でも、大学病院のＩＣＵなどで感染リスクにさらされながらこの感染症の診療にあたる若手医師の多くが、この「無給医」であると報じられた。

しかし、彼らは大学の中で、あるいは他大学と連帯しながら、待遇改善を求めて声をあげるということはない。せいぜいＳＮＳに「無給医の実態を聞いてください」と投稿するか、マスコミからの取材に匿名でこたえる程度だ。もちろん、中にはより積極的なアクションを起こしている医師たちもいるのかもしれないが、それは「層としての運動」と呼べるレベルにまでは発展していないだろう。

なぜなのか。

調べてみると、二〇〇〇年代に成人あるいは社会人になる人たちは広く「ミレニアル世代」と呼ばれ、その特徴は「無気力やあきらめ」とも言われるが、それが関係しているのか。たしかに、大学教員である私が見ても、いまの二十代は男女とも、とにかくやさしくおだやかで、少々の不満や疑問があっても、少なくても直接、それを口に出すことはない。一方、匿名でアカウントを持っているSNSでは、「毒吐き」と称して親、教員、上司などへのグチやときには誹謗中傷までを書いていることもあるが、それもネットで完結している。

しかし、私はもうひとつ、大きな問題があると考えている。彼らは自分の身に何か理不尽なことが起きても、そもそもそれが制度や構造、もっといえば政治のせいだと考える発想そのものがないのである。

一九七五年生まれ、まさにプレカリアート世代の作家である雨宮処凛さんと親しくしているのだが、彼女からこんな話を聞いたことがある。学生時代、いじめにあい、仕事もうまくいかず、バンドのおっかけや右翼活動にのめり込みながら文章を書いたりメディアに顔を出したりしていた雨宮さんにとって、二〇〇八年に哲学者の萱野稔人氏との対談で知った単語が転換点になったという（『「生きづらさ」について』、光文社新書）。それは、「不安定な」を意味する「precarious」と「プロレタリアート」をあわせた「プレカリアート」であった。雨宮さんはそれまで、自分のアイデンティティや収入が安定しないのはまさに「自己責任」だと思っていたが、ヨーロッパでは、このプレカリアートはグローバリズムや新自由主義社会で急速に広まった不安定雇用が生み出した社会問題、政治問題と考えられ、多くの社会活動家たちがこれに取り組んでいると知った、というのだ。

私は逆に、雨宮さんほどの行動力や表現力がある人が「生きづらさ」を抱えなければならないとしたら、それは社会の側に問題があることにほかならないと思っていたので、「私の問題じゃなくて、社会の問題だったんだ！」とそのときはじめて彼女が気づいたということじたいに驚いた。そしてこれは雨宮さんの側に原因があるのではなく、そもそも「いまの私の困難は、私のせいではなくて、制度や構造、社会や政治に問題があるのではないか」と考えることじたいを封じるような仕組みが、あるときからすっかりできあがっていたということだ。

この六〇年代生まれの私と七〇年代生まれの雨宮さんとのあいだにある乖離は、ある意味で全共闘世代と私の世代との乖離より、さらに深刻かつ決定的なのではないだろうか。

そして、その「社会のせいなんかじゃない、すべて私のせい」という発想は、その後の世代でますます進み、いまはその「社会のせいなんかじゃない」という部分さえ消え失せて、若者はひたすら「私のせいだ、私がなんとかすればいいことなんだ」と唱え続けている。大学病院でつらい無給医の職位にひたすら耐えて、「なかなか研究が進まず学位が取れない私が悪いんだ。研究が終わったら高い給料がもらえる病院に移ればいいだけなんだ」と思っている若手医師を見てもそれは明らかだ。

こうやってひたすら自分を見つめ、自分を責める若者たちに、視点を変えて「問題は私の側にではなく社会や政治の側にあるのでは？」と少しでも考えてみるように促すためには、どうしたらよいのだろう。私自身は授業で学生たちに、「何か問題にぶち当たったら、〝しまった、私が悪かったんだ〟と考えるクセをやめて、まず〝待てよ、私の問題じゃなくて社会の問題じゃないかな〟と考えてみよう」と伝えているが、学生の多くはきょとんとしている。また、「そうやってひとのせいにするのはよくない」「なんでもかみつくのは危険だ」とその発想を忌避する声も聴かれる。

全共闘世代の人たちは、「これは私だけの問題ではない。あなたの問題でもあり、その原因は大学側、社会の側、政治の側にある」とひたすら叫び、行動した。それには敬意を表したい。そしてぜひ、「なぜその視点が封じ込められることになったか」と内省するのはこのへんにして、「もう一度、若者が自分たちのように考えるようになるためには、どうすればよいのか」を全力で考え、声に出してほしいと思う。あのときの直感や行動は決して間違ってなかったのだ。私はそう考えている。

若者よ、左翼の歴史を学んで戦争に歯止めを

佐藤 優

PROFILE

さとう・まさる／作家

一九六〇年、東京都渋谷区生まれ。浦和高校から同志社大学神学部に進み、組織神学、マルクス、フォイエルバッハを学び、一回生のとき受洗。高校二年生から大学二回生まで社青同の同盟員。チェコ語研修を目的に八五年、ノンキャリア専門職員として外務省入省。八八年から九五年まで在ロシア日本大使館勤務。帰国後はキャリア扱いの主任分析官。二〇〇二年、鈴木宗男の疑惑に連座させられ背任、偽計業務妨害で逮捕・起訴。東京拘置所に五百十二日間拘留される。執行猶予付き有罪判決が確定し外務省を失職。その後は作家・評論活動で博覧強記ぶりを発揮している。「続・全共闘白書」についても自身の経験を交えながら語り尽くす。

異議申し立てのエネルギーを吸収する大きな器

――『続・全共闘白書』を読んだ感想はいかがでした。

佐藤　あえて編集を加えずにアンケートの回答を中心にまとめたこと。全共闘世代を俯瞰する素材を

提供するという点で、いい本だと思います。

思いつくままに感想を言えば、ほとんどの皆さんは、現在の生活がうまくいっていて、満足しているようでした。これが少し意外でした。もっとも職業革命家（党派の専従）になって地下に潜っている人はアンケートには答えないでしょうけど。

それと全共闘運動は実に幅が広かったんだなと思いました。団塊世代は人数が多く、競争が厳しかった世代です。それに連れて大学が増えて大学が大衆化していった。これに対して全共闘運動の十年前の六〇年安保世代は大学数も少なく、卒業後のエリートが保障されていた。しかし、七〇年前後は全共闘が主張していたように、大学は賃金労働者の再生産工場であり、そのことが皮膚感覚で分かっていたから公害やベトナム戦争などの社会の矛盾に異議をとなえるようになっていった。

さらに戦後民主主義が額面通りではなくなっていた。たとえば東大闘争のきっかけになった医学部では対外的にはリベラルであっても、医学部内では封建的な締め付けが行われていた。マルクス経済学の教授や、丸山眞男などの学内でのふるまいも民主主義的ではなかった。それへの即時的な反発など些細なことが、堰を切ったように暴力的な爆発になっていったのでしょう。

——世間では「全共闘＝団塊の世代」と見られがちですが、私たちも全共闘がこの世代の代表とは思っていません。

佐藤　ええ、アンケートでは見えない部分、見たいなあと思った部分がそれです。当時の改革運動は全共闘だけではなかった。例えば日本共産党の民青同盟、社会党系の社会主義青年同盟（特に協会派）、革共同革マル派。さらには創価学会の学生組織・新学同。池田大作・創価学会第三代会長はヘルメット姿の新学同の学生を謁見して励ましています。この人たちも大きな意味で社会改革運動を担っていた無視できない勢力です。団塊世代を中心した全共闘運動の周辺やこの運動と対峙した人たちのアンケート調査も欲しかったですね。

――アンケートでは運動から離れた理由としてセクトの内ゲバと、連合赤軍事件が挙げられています。全共闘運動とセクトの関係をどう見ますか。

佐藤　多くの人は、セクトの活動家（革命家）になるほどハラは固めていないけど、全共闘は異議申し立てのエネルギーを吸収する大きな器でした。六〇年代末から七〇年代初頭にはすでに党派の内ゲバの萌芽はありましたが、市民社会に片足をかけながらラジカルな運動ができた。特に関西では関西ブントなどはノンセクトと親和性が高かった。まあ党派にもよりますが、組織規律も革共同系は厳しかったけど、ブントは緩く、いつのまにか同盟員にされていたり。解放派も当初は緩やかだった。しかし、運動の退潮期になるとどのセクトも組織規律を強くしてシビアな態勢になり、その延長上に党派間の内ゲバが激しくなり、全共闘の人たちも距離を置いていったのでしょう。

――連合赤軍をどう見ますか。

佐藤　連合赤軍は新左翼の中でも、極めて特異な党派です。京浜安保共闘は日本共産党革命左派の系譜に立つ毛沢東主義で「銃口から権力が生まれる」路線。一方の赤軍派はブントの反スターリニズムが武装闘争へと進み、両者が「唯武器主義」で連合した。浅間山荘籠城が連日テレビ中継され、その後に山岳ベースでの同志リンチ殺人事件が次々と報道された。おそらく、全共闘世代も党派の活動家も、他人事ではなく「革命はそこまで行かないとできないのか」と思ったはずです。

私は外務省時代、鈴木宗男事件に連座して二〇〇二年に逮捕・長期勾留（五百十二日間）されましたが、東京拘置所で、連合赤軍被告の坂口弘氏と隣の房でした。その坂口氏の手記（『あさま山荘』）を読むと、印旛沼で同志を殺した若い人が妙な匂いがした。これは死体の匂いだったが、「もう止めよう」と言えなかったとの趣旨のことが書かれています。リーダーすら止められない組織の暴走ですから、全共闘世代には相当のショックだったと思います。

全共闘世代は闘争で人間の裸の姿を見た

――佐藤さんは一九六〇年生まれ。全共闘世代より十歳ほど若い。当時、小学生だった佐藤さんは学生運動をどう見ていましたか。

佐藤　小学生時代の私は、今のさいたま市の公団住宅で育ちました。戦後の中産階級のハシリの団地です。当時は市内にあった自衛隊駐屯地の子ども、警察官の子どもも同級生。遊びは、小学校の校庭にある小さな山（大砂土山）の陣取り合戦。自衛隊・警察官の子どもは機動隊役に、サラリーマンの子どもは全共闘役に別れて、頂上を取りっこするのです。サラリーマンの親たちは戦争体験を背負っていて、国に異議申し立てをする学生に、方法は別にして共感していて、そんな親の影響で子どもは全共闘役になったと思います。

ところが小学校六年生の時に連合赤軍事件です。小山の陣取り合戦では全共闘役がみんな機動隊役になりたがって、陣取りゲームは終わりました。

――それでも、佐藤さんは高校一年生でソ連・東欧をひとり旅し、二年生で社青同に入ります。

佐藤　はい、高校二年から同志社大学二回生まで社青同協会派に属していました。今になって振り返ると協会派＝向坂逸郎派は社民スターリニズムでした。一部に宇野弘蔵派もいて、私は高校生のときに鎌倉孝夫さんから資本論の手ほどきを受けて、現在も鎌倉さんと勉強会をしています。宇野学派は資本主義分析と革命の魂を分ける考えかたで、資本主義分析に外挿的に革命と繋げるため、全共闘時代は「理論と実践が違う」と体をかわすので嫌われていましたけど。

私はキリスト教徒（プロテスタント・カルヴァン派）なので、学生時代からチェコの神学者フロマートカを研究していて、大学を卒業したらチェコに研究に行きたくて外務省に入りました。紆余曲折あって今は作家・評論活動をしていますが、マルクス主義とキリスト教の関係についてはずっと関心を持ち続けています。

――「白書」に戻ります。全共闘世代についてどう思われますか。

佐藤　短期間に貴重な経験をした世代だと思います。闘争で人間の裸の姿を見た、と言うべきでしょう。普通なら大学を出て社会人になってから経験することを体験しています。例えばイザとなったら逃げ出すヤツ、口だけの調子のいいヤツ、恨みだけで行動するヤツ、仕事はできるが女好き、あるいは酒乱で組織の輪を乱すヤツ。つまり、人を見る目が養えたと思います。

それは、その後の人生に役立ったはずで、これを集中的に学べた世代です。

――最後に、若い世代に提言はありますか。

佐藤　はい。左翼の歴史をきちんと学んでほしいことです。コロナ禍をきっかけにハッキリ現れてきたのは四つの格差です。①国家対国家の格差　②正規・非正規の階級間格差　③中央と地方の地域間格差、そして④ジェンダー格差やひとり親家庭などの格差です。

国家間の格差を除く三つの格差は、一国の政治が解決すべきことですが、実はこうした格差や差別に一貫して取り組んできたのが左翼の運動です。中江兆民に始まり、自由民権運動、大逆事件、アナvsボル論争、講座派と労農派、人民戦線、共産党の五〇年分裂、新左翼運動……。これらの運動は本質的には格差問題への解決が根っこにあり、すべてが左翼側からの問題提起でした。

このままだと、格差をなくすためには国家機能の強化しかない、という風潮になってしまう。その延長にファシズムが生まれ、戦争に近づいて行く。だから、戦前、戦後の左翼運動の歴史を知ることで歯止めをかけてゆく。今はそういう時代です。

PROFILE

こばやし・てつお／教育ジャーナリスト
一九六〇年、神奈川県生まれ。一九九五年から『大学ランキング』（朝日新聞出版）の編集に携わり、アエラ、週刊朝日などを中心に教育、社会問題を取材。著書に『高校紛争』『シニア左翼とは何か』『女子学生はどう闘ってきたのか』『学校制服とは何か』などがある。全共闘にも高校全共闘にも間に合わなかった七〇年代後半の高校時代、何年も上の先輩から聞かされた高校のバリケード封鎖体験談に魅了され、大学生とは違った高校生の闘争体験についての取材を重ねている。高校闘争の固有性にこだわり続ける立場から、『続・全共闘白書を読む』はどう映ったか。団塊世代のどまんなかで大学全共闘経験者の前田和男が聞いた。

（聞き手：前田和男）

「全共闘だけど全共闘世代じゃない」元高校全共闘のこだわり

小林哲夫

高校闘争には、大学よりも整理がつかない部分がある

前田　『続・全共闘白書』アンケート回答者四百五十人のうち、当時高校生だった人は二十七人います。この（元）高校生の回答について、『高校紛争』の著者で、高校生運動を追いかけている小林哲夫さ

んに読み解いてもらいたいと思います。

小林　まず全般的な感想なんですが、大学生と高校生の回答にそんなに違いを見いだせなかったのが意外でした。

前田　僕は昭和二二（一九四七）年生まれの団塊世代ですが、その世代と、昭和二六（一九五一）年生まれ以降の高校生運動に関わった世代の人たちの差というのは大きいと思います。それが見いだせなかった？

小林　そうです。差があまり見いだせない。あえてそれを触れるのを抑えたのかな。当時高校生だった彼らは、上の世代、全共闘世代に対する違和感を持っていたはずです。

前田　それはどういうことですか？　僕は党派の人間だから別の意味で違和感はあるけれども、ノンセクト・ラジカルの人たちは胸を張って全共闘と名乗る訳です。小林さんがおっしゃっているのは、当時の高校生たちは全共闘と呼ばれることについて違和感があるということですか。

小林　「全共闘世代」とくくられることへの違和感、抵抗があるんだと思います。でも「全共闘」と呼ばれることについてはそれほどでもない。一九六九年一月の安田講堂のチームに象徴されるような全共闘世代と同じように括られるということに対する違和感は、高校生の活動家には、ものすごくあったようなんです。高校生からするとやはり大学の運動と高校の運動は違う。高校生の活動には非常に制約がありました。大学生と俺たちの立場は全然違うんだというのが、高校生の意見から出てこなかったのが意外でした。

前田　小林さんがこの間取材した中で言えば、高校生と大学生は違うという意見が、むしろ多かったわけですね。

小林　ええ。まず校則の問題。学校から常に監視の対象となり弾圧され、退学処分をチラつかせて脅かされている。大学はよほど暴力行為をしない限りは、なかなか退学処分にはならないと思いますが、高校の場合は処分をチラつかせるケースが多くて、校内での運動、ビラ撒きなどもやりにくかった。それから家庭内闘争。これは当時の高校生活動家が好んで使ったのが「家族帝国主義」という言葉ですね。押井守さん（一九五一年生まれ。都立小山台高校の元活動家）も自らの体験から、この言葉を用いています。大学生より高校生の方が、より厳しい状況にあった。

前田　下宿できないような通学者にとってみれば、大学生も同じようなことがあったんだろうとは思いますけど。

小林　自宅通学の大学生は、家を出られるじゃないですか。あるいは大学で寝泊まりできる。アルバイトしてお金も貯められる。高校生は、家を出たら行くところといったら、それこそ党派のアジトくらいしかない。アルバイトすることも出来ないし、高校の授業にも行かなければならない。当時の高校生からすると、俺たちの方がもっとしんどいんだというわけです。まして高校を退学になったら、大学生なら退学でもつぶしがきくけど、高校中退、中卒でどうなるんだと。俺らの置かれている立場の方が実はものすごくしんどいんだぞ、という大学生に対するアンチ的な考えがあったわけです。だから大学の学生運動、全共闘運動というものと高校生運動というものを一括りにされてしまうのは嫌だなというのが彼らにはあった。このアンケートを見る限り、そのことに対する「怨恨」があまり示されてなかったようですね。

前田　全共闘と一括りにされたくないというのは、活動家がそう思っていたのですか。

小林　今回の高校闘争シンポジウムに参加した方は、ほぼ皆さんそうおっしゃったんですよ。彼らの共通の思いというのは、「全共闘だけど全共闘世代じゃない」というこだわりみたいなものがあるのかな。

前田　そのほかには何かありますか？　二十五年前（の『全共闘白書』の時）は、「女性に声をかけただけで退学になるような校則に反対して運動したなんて恥ずかしくて書けなかったけど、今だから書ける」という人もいましたが。

小林　たぶん高校時代の話って、結構恥ずかしいんじゃないでしょうかね。いまの人の話は、やっぱり恥ずかしさがあって、なかなか出にくかったのかな。

前田　回答しても背伸びして書いていると。

小林　そう思いますね。たとえば、Aさん、前回は高校生の方に分類されていますが、今回は大学生のなかで語っています。Aさんの場合、すごく高校のこだわりを持っているんです。けれども、大学の経験が強すぎるから、高校、大学両方やっていて、大学の方は語れるけれども、高校となるとなかなかうまく語れない。そういう方がいらっしゃるんじゃないかなと思います。

前田　Aさん以外にも高校でもやっていましたという人もいるでしょう。大学の方に分類されているので見えにくくなっているかもしれないですね。高校全共闘というものがなかなか炙り出されない。アンケートは相当数送っているんですけれども、回答してこない方もいます。高校の方が答えづらいというか、今さらという思いがあるのか……。

小林　高校時代の闘争は、大学に比べると整理がつかない部分がある。例えば制服自由化になった、校則が緩くなったというのが勝ち負けで語れるものなのかどうか。具体的に高校闘争の話をきちんと伝えるというのがなかなか難しいということがあるんじゃないでしょうか。

初めて参加した年齢が若いほど、運動経験の染みつきは強い

小林　『続・全共闘白書』のアンケートでは答えにくかったと思うんですが、今回の高校闘争シンポジウムでは、全共闘世代に対する恨みというのが出てきました。彼らが六九年の高校一、二年で闘争して、大学入学が七一年とか七二年です。大学に入ったら内ゲバで殺し合いでしょ。ものすごいギャップ、ガッカリ感がある。高校闘争を経験した人が七一年とか七二年に大学に入った時に、高校時代に背伸びしてきて大学に入って、大学からいきなり活動を始めた人に対して、何だこのレベルの低さはと思った、という人がずいぶんいました。それは、高校で闘ったという誇りの裏返しで、高校時代に何もしなかった人をバカにした感じでは。

前田　その場合どうなります？

小林　高校生活動家は、高校時代にやったというプライド、蓄積、キャリア、それは事実としてすごく強いと思うんです。大学入った時に、高校時代にある程度できた活動家は、党派がたくさんいる中でなかなかやり切れなかった。そこでの失望感……。

前田　それを抱えながら持続して運動をやったのか、それとも高校でやることやったから、大学に入った時にはもはやキャンパスでやることないからやーめたとなるか。

小林　「やーめた」の方が多かったでしょうね。大学入試を粉砕するかどうか、大学に行くかどうか、職業革命家になるか活動家になるか学生運動をやるか、高校生はそういう選択を迫られた時、後から思うとかなり人生が決まってしまった。

前田　ちょうど僕の年代（一九六五年大学入学）に「大学拒否宣言」というのをやった連中がいました。都立西高で東大に行くような連中が中心で、三一書房で本になって、大学を受けなかった。当時、よくぞ決断したと話題になったんです。僕はそれはできずに大学を受けましたけれど。

小林　そういう将来に対する選択の難しさというのが、なかなか記録として残せなかったのか、残しにくかったのか。例えばすごい奴がいて大学を拒否した、でも俺はできなかった。そういう人にとっては大学に行ったことは後ろめたい思いがあるかもしれない。大学解体ということを考えると、大学入ってどうするんだ、大学を拒否をしようという方は結構何人かいらっしゃった。でもそういうものは、四十年、五十年経って思い出すときついのかな。読んでいてそう思いました。

前田　高校生が大学生の回答と極端に違うのは「革命が起こると信じていたか」という問いに対して、全般は四八・七％で五割以下なのに対し、高校生は七七・八％で、「革命が起こると信じていた」割合が高いんです。この辺は今まで取材されていてどう思いますか？

小林　たぶんいくつか理由があって、一つは十五、六歳、早ければ十三、四歳でマルクス主義が頭の中に入ってしまった。頭が柔らかいのか硬いのか分からないですけれども、そうすると「革命しかないだろう」という年齢的に感化されやすいので、もうこれしかない、他のことを考えられない。つまり生まれて初めて物をじっくり考える、社会のあり方を考えた時に、共産主義理論、革命理論が一番先に入ってきた。「三つ子の魂」みたいなものでしょうか。
大学生はたぶんそうじゃないと思うんです。他の考え方、理論を選べる。でも高校生の場合に、他のものを選択するより、たぶんそれが最初に入ってきた。そうすると、悪い意味で言うと洗脳されちゃった。なので、当時革命を信じるしかなかったという、年齢的な問題でも頭に入りやすかったというのがあったのかな。それから、より若いときから一生懸命学生運動やってきたことに対する誇り、自分のやっているものに対する確信犯的な誇りがあるでしょう。

前田 それはあると思うんです。これは二十五年前に同じ質問をした時よりも、数字が上がっているものが多い。ある意味記憶は改ざんされるというか、これは嘘を言っているわけではなくて、二十五年前には信じていなかったのが、二十五年経つと信じていたという率が全般的にも上がるわけです。「もう一回参加する」というのも前よりも上がっているというのは、過去を美化するというよりも、何と言うのかな……。

小林 過去を冷静に見られるようになった。

前田 例えば当時の高校生にバリケード閉じた時に「革命信じていたか」と聞きに行ったら、「いや〜、あんなの信じていなかったよ」とその時点では答えるかもしれない。でも五十年後の今聞くと「あの時は信じていた」となるのかもしれない。

小林 本当に純粋に思ったということと、逆にそういう風に思わないとやっていかれないよなというこことかもしれない。

前田 みんなそんなに充足的な生き方をしていない訳でしょう。今の自分はこうなんだというのを説明するためには、どこかで俺があの時に全てを捧げてやったんだというのが働くのかな。

小林　大学全共闘の場合に、例えば就職で打算的な動きをする。高校はそういう訳にはなかなかいかないので、大学生の場合には、本当にどれだけ信じていたのか後から振り返った時に、「あの時、学生運動は流行みたいなもんだったね」なとらえ方をする人もいるでしょう。でも高校の時は「あれだけ一生懸命にやってあれだけ辛い目に遭って、それはやっぱり信じて闘っていたんだろう」というようなことになる。

前田　革命と社会主義というのは割とセットなんですよ。ところが社会主義の有効性になると四八・一％で全体の五一・三％よりも少し下がってしまう。ここは取材の中でどうですか?

小林　あまり聞いていません。高校卒業して大学に入って学生運動もなくなって、そういう時代ではなくなってしまい、幻想は去ってしまった。七〇年代に内ゲバをやっている中で大学に入って、何もない……。

前田　その風景を見たら、社会主義の失敗と思わなくもないでしょうね。

小林　あまり連合赤軍を契機とは考えたくないんですが、ただ全共闘世代が捉える連赤と、高校生闘争世代が捉える連赤とは全然違うと思うんですね。七二年の連赤の時は、全共闘世代は二十三、四歳で学生運動から離れている。

前田　僕ら自身の自戒も含めれば、どこかで運動から離れる言い訳にはできた訳ですよね。

小林　ところが高校生は、七〇年、七一年、場合によっては七二年に入学する世代だと思うんです。そこであれを見せつけられた時の、連赤に対するとらえ方というのは、大学生が衝撃を受けるよりは高校生の方が強かったんじゃないか。

前田　「一緒にしてくれるな」というのはまさに、自分たちが作ったものではなくて彼らの上の世代が作ったものを突き付けられた。そこで自分たちは生きなければいけないというのは何なのか。これは不条理そのものですね。

小林　高校生活動家は、「あんたらが連赤や内ゲバを作っておいて、俺らが大学に行ってどうするんだよ」ということはいまだに言っています。あれで、七〇年代に学生運動ができなかったという被害者意識を強く持っています。

前田　当事者性ということで言えば、少なくとも私の世代は直接関与し、場合によっては止められたかもしれない。当時高校生だった世代には、それはないわけですね。

小林　そこが世代的怨恨につながっているところがある。しかし今回の回答からは、それがあまり見えなかったのは、みんな大人なのかな。

前田　場合によってはもう一回聞き直すということも考えてはいるんです。これに答えなかった高校生に対しても改めて聞いてみたいと思っています。そういうルサンチマンがありながら、「何らかの政治運動、社会運動に参加の意思をお持ちですか」という問いに対しては六六・七%が肯定しており、全般より高いんです。もし「やーめた」だったら趣味で生きればいいやとなるでしょう。高校で中心的に活動して、大学では活動をあきらめたかもしれないが、そういう人たちが、今もう六十歳過ぎて七十歳近くになって政治参加をやりますと言っている。小林さんが取材した中でこれはどうなんですか？

小林　それはすごく分かります。大学入ってから学生運動を始めた方と比べると、高校から、あるいは中学から闘争を始めた人は先ほど話しました「三つ子の魂」的なところが強いと思います。若いうちから運動に接して染みついてしまって、それはたぶんなかなか取れない。いい意味でも悪い意味でも。そうすると高校時代あるいは中学時代に運動を経験して、しばらく空白があっても反原発集会に行ったら、やっぱりうずいちゃうというか、「三つ子の魂」というか。変な言い方ですけれど、初めて参加したときの年齢が若いほど、運動経験の染みつき方は強い。それが、もしかしたらこの数字に現れているのかなと思いました。

失敗を教訓化するためにも運動の記録は必要だ

前田　まとめ的なことですが、この本をどういう形で使えばいいのでしょうか。高校生活動家の回答はわずか三十人足らずのものなので。歴史的レポートと銘打ったけれど大学の方に比べればこれですべてを語ることはできないという限界はある。けれど、これを今後に活用するにはどんな方法があるのか、前向きな話としてどうするのか、

小林　僕は前回、二十五年前の時も読みましたが、社会運動、学生運動はやっぱり記録は残しておかなければならないと思っています。それは当事者のノスタルジーでも自慢話でもない。ちょっとでも記録は残しておく。その記録というのは教科書かもしれないし反面教師かもしれないし、それは今やっている運動、今やっている人たちにとって、ちょっと困った時に、そうだったんだとか、これからこういうことやりたい時に何ができるんだろうかとかいう役に立つ。

シールズは全共闘運動にシンパシーをまったく持っていませんでしたが、ベ平連は高く評価しているところがあります。どうしたら運動を広げることが出来るのかというので、あの頃、彼らは小田実とか小中陽太郎とか鶴見俊輔とかを結構読んでいたんです。だから記録を残すということ、それがどう扱われるのかは大事です。運動って継承されるものではないと思うんです。運動は、その時代時代によって、その時代のやり方でやればいい。ただし、何も資料がないと訳が分からなくなってしまう。これまでの運動史から学びたいという思いはあるでしょう。成功させるために、過去の失敗を教訓化するためにも。シールズの学生から、「国会に突っ込むという考えは全くなかった。また、逮捕されたら、運動そのものが支持されなくなるので、捕まるようなことはしなかった。ときおり、全共闘世代がなぜ、国会に突っ込まないのかと言ってくることがあったが、ならば、あんたら突っ込みなさない、としか言いようがなかった」と言われたことがあります。六八年一〇・二一とか、六九年四・二八とかは反面教師になっているんだなと思いました。

最近、気候変動のデモに参加している高校生の女の子を見ていると、いい意味でずいぶん好き勝手にやっているなあ、と思います。彼女たちは、昔のような運動は絶対にやらないと思う。昔の運動は知らないから。後に引き継ぐとか、それを真似するとかではなくて、自分たちの運動を検証しよう、より良いものにしようとした時に、何か参考にできるものがないといけないだろうと思います。

前田　気候変動のグループには参考にならないかもしれないけど、読ませてみたい気がしないでもないですね。

小林　二月十一日の「高校闘争から半世紀」集会に参加した気候変動のグループの人は、学生運動に非常に興味を持っていましたよ。学生運動を勉強したいと言っていた。彼女らの世代は、僕の世代に比べて左翼にアレルギーがないんですよ。イデオロギー的に拒否反応がない。それはそれでいい。

前田　高校全共闘の人々はマルクスは全部読んでいるとは思えないけれども、少なくともマルクスは何であるか分かる。でも気候変動の女学生たちはそんなもの関係ない。全共闘運動の中にもそういう雰囲気があったわけです。横から党派の人間として全共闘を見ていて、乗り越えられたという意味はたぶんそういうところにあった。もちろんノンセクトの中にも理屈っぽい奴はいたけれど、それとは別にとんでもない奴がいて、これは何なんだろうという不思議な人々がいた。東大の芥正彦（映画「三島由紀夫と全共闘」に登場）なんか最初からそうなんだ。駒場にいた時からこいつは変な奴だと思っていて、こいつらどちらに行くか分からないけど、あの時はこっちに来た。芥と一緒にしちゃったら、グレタさんに共感する女学生に申し訳ないけど、そんな気もします。

僕が気になるのは、当時の高校生たちが大学全共闘とはたった四、五年の差だけれども、同じ空気を吸っていないと言いたいという気分です。僕はそれがよくわからない。われわれには、「お前の主義主張は認めないけれども、一緒の時代に生きたからお前が困った時は面倒みてやる」みたいなところがあった。「連帯を求めて孤立を恐れず」というのは、まず連帯というのが当然ある訳ですよ。僕ら団塊の世代は、思想信条は違っても一緒に生きていたから、何かあった時は面倒みるんだというところが妙にある。それは下の世代から見れば嫌でしょうね。違いは違いでしょ、そんな仲良くしてどうするんだと思われていた気もします。しかし違いだけを際立たせる方法もあるけど、一緒だというところもあるでしょう。四、五年の差というのは、どうなんだろう。全共闘というより「団塊の世代」

に対する恨みつらみもあるでしょう。

小林さんが高校生全共闘体験者にとことん寄り添って何かを聞き出していくことの先にあるものは、言いにくいけれど、圧倒的にマイノリティだから、やったところでマイノリティの研究にすぎないかもしれない。しかし尖がったものというのは、ぼんやりとした九五％より尖がった五％の方が意味を持つかもしれない。

小林　「同じ空気を吸っていない」というのは、違う時代を生きたということを言いたかったのでしょう。六七〜六九年と、七一〜七三年はあまりにも違いすぎる。六八年のような闘い方を七三年にしたら、立ち直れないほどつぶされてしまう。弾圧に厳しさをその比ではないということをが同じ空気」でないという言い方になったと思います。それから、高校全共闘には、大学から「オルグ」「指導」がけっこうくるので、それもうざかったと思います。大学生とは連帯したくないという思いは、内ゲバの被害者意識をもったことで、より強くなったと思います。また、「連帯を求めて孤立を恐れず」の連帯を求めようがなかった、つまり、仲間が減っていったという現実もあるんでしょうね。二〇一二年「高校紛争１９６９〜１９７０」を出した後、出版の会を開いて、取材に協力してもらった元高校生活動家が集まったことがあったんです。そのとき、「少年院を出て以来四十数年ぶりだな」という声がいくつか聞こえました。分断されていたことに驚いたものです。ああ、やはり、高校闘争は語り継がれなかったのか。なので。拙著が出る前、いまから二十五年前の『全共闘白書』に、高校生が入っていたのは、高校闘争にこだわりを持っていた私も、うれしかったですよ。

前田　でも、ほとんどの高校生は、その後どこかの大学に入って、でも入った大学で何もしなかった訳です。いっぽう労働者になって反戦青年委員会でやるというのも簡単じゃない。今回の回答から、大学全共闘との違いが見出せなかったとすれば、本当はそこを見出すようにしないといけませんね。

小林　高校闘争は、高校生という経済的にも社会的にも制約され、厳しい環境にあった活動として、大学生との違いが示されると思います。

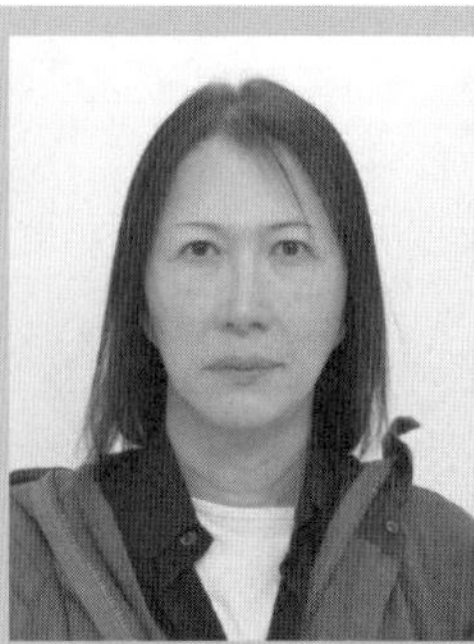

PROFILE

たはら・まき／東京新聞記者
一九六二年北海道生まれ。東京新聞論説委員兼編集委員。麻布高校で高校生運動に携わる。浪人共闘会議を経て、明治大学在学中にセクトと対立し学外に追われる。八七年、内戦中のレバノンを訪問中にシリアの秘密警察に逮捕され、シリアの監獄を体験する。同年に中日新聞社入社。九五年にエジプトのカイロ・アメリカン大学に留学後、カイロ特派員。著書に『ほっとけよ』『イスラーム最前線』など。『ジャスミンの残り香』で第十二回開高健ノンフィクション賞受賞。二〇〇〇年以降、性同一性障害（GID）との診断を受け、トランスジェンダーとしてカミングアウトしている。左翼・右翼を問わず広い人脈がある。自称「遅れてきた全共闘」として、「白書」をどう読んだのか？

敗北から教訓を汲み出し、「内ゲバ」を乗り越える規範を練りあげよ

田原　牧

会場の保養所に近いバス停で、Tさんに声をかけられた。数年ぶりに見た顔は少し脂っ気が抜けていた。酷暑の盛りの治安法勉強会。そういえば、しばらく前に彼が心臓の手術を受けたと聞いていた。

勉強会の参加者は現場や所属が違えども、おおむね活動家たちである。団塊の世代が目立つ。新型コロナ禍で軒並み会合がオンライン化されているにもかかわらず、この世代は物理的に接近しないと

気が済まないらしい。

休憩に入るや、Tさんが寄ってきた。彼はいま七十三歳。中核派のゴリの活動家だったというイメージが強い。「だった」というのは何年か前に組織を離れていたからだ。詳しい事情は知らないが、「職業革命家生活四十年」の末に袂を分かったという。

小声で古巣にまつわるうわさを教えてくれた。複数のエライさんが女性差別で失脚し、伝説の議長が本社に戻ってきたとかいう話だった。適当に相槌を打つが、最近ではその組織の内紛も複雑になりすぎてついていけない。というか、やはり他人事なのである。

ただ、話を聞いていて腑に落ちないことがあった。かつてその組織にあった「軍」（表向きはいまもあるかもしれない）と呼ばれる一群の人びとの動向だった。自民党本部に放火したりもしたが、主にいわゆる「内ゲバ」を担った人びとである。

体を張って「殺し殺され」してきたよう人たちが、ダラ幹連中の腐敗によく黙っているものだと思ったのだ。Tさんによれば、「彼らもいまだに過去の活動を総括できていない。だから、批判も方針も出しにくい」のだという。

この「軍」の人びとを一度だけ目撃したことがある。福島原発事故があって反原発運動が盛り上がっていたころだった。この党派が組織していた「市民団体」のデモ隊の一角に、どこか異様さを隠しきれない初老の一群がいた。そろって、どこかうつろなまな差しをしていた。その集会場でばったり会った共産趣味者の知人が「あれが軍だ」と耳打ちしてくれた。

Tさんは「職業革命家」を四十年もしていて、一度も軍に入らなかったという。理由を聞くと「オレは命懸けで党を防衛することにはまったく異議はなかった。けれども、敢えて相手を『殺しに行く』という感覚には最後まで抵抗があった」。

そのあっさりした答えに驚いた。おいおい。いまの「前進チャンネル」では聞いたことがないけれど、その昔「先制的内戦戦略」なんて掲げていなかったっけ。元文部科学次官の前川喜平さんではないが、面従腹背というやつか。

なんだか生真面目な活動家っていうのはどこでも損な役回りを担わされるなという思いがよぎる。ただ、そんな「抵抗のある」人間が中堅幹部を長年にわたって務めていたのだから、組織全体を見回せば、そう感じていたメンバーはそこそこいたに違いない。それでも、その党派は二十年以上にわたって、あの「戦争」を遂行したのである。

暑さのせいなのか、それともその立ち話のせいか、なんだか妙に疲れてしまった。

いまなお総括できていない「内ゲバ」

今回『続・全共闘白書』を一読して、最も印象に残ったのは個々人が運動から離れた理由だった。「内ゲバ（党派闘争）」や「党派内粛清事件」という答えが突出していた。この傾向は前回の「白書」とおよそ同じだ。

勢い余った集団同士の偶発的な衝突は一九六〇年代にもしばしばあったが、意識的に対立党派の構成員殺害を目的とした党派暴力の台頭は七〇年代に入ってからのことである。それは連合赤軍事件のしごきの末の体育会的な殺害（それゆえの「敗北死」という位置づけだった）とは一線を画した意識的な殺人であった。

それは二〇〇〇年代初頭の社青同解放派の「内々ゲバ」（あるいは内々々ゲバ？）まで含めて、百人以上の死者と、それを桁のうえではるかに上回る負傷者を生み出した。一九六〇年代後半の世界的な叛乱を体験した国々の中でも、「左翼（当事者たちは相手側をそう見なさないが）内部の殺し合い」で、これだけの死人を生んだのは日本だけである。

そもそも百人以上の若者たちが命を落としたのだから、本来なら現代史にもっと深く刻まれてしかるべき現象だろう。ちなみに史上最大規模の暴力団抗争だった八〇年代の「山一抗争」（四代目山口組と一和会の抗争）ですら、死者は双方併せて三十人にも満たない。それをはるかに凌駕する殺し合い（ちなみに第三者を誤って殺害した「誤爆」は数に含んでいない）が演じられたのだ。

全共闘運動が種を蒔き、あるいは既存の運動と結び付いて、育った社会変革の営みは決して小さくない。ざっとみても被差別部落や障がい者、「在日」、アイヌ、沖縄、女性などの反差別闘争、水俣をはじめとする反公害・反開発の地域闘争、釜ケ崎などの寄せ場解放の闘い、アジア・第三世界に対する日本の侵略責任の追及などがそれである。これらはその後、実際に社会を変え、国際的にも注目、評価される闘いとして、いまなお深化し、継承されている。

しかし、一方で全共闘運動によって根付きつつあった新たな左派の社会的地盤は「内ゲバ」によって引き剝がされてしまった。革マル派の「共産主義社会の組織的母胎を場所的に創造してゆくことこそが、プロレタリア党の眼目」（黒田寛一『組織論序説』一九六一）というフレーズは逆説的に的を射っていた。目の前の革命運動をみて人びとは革命後の社会を思い描く。その社会像を「内ゲバ」が暗示していたとすれば、人びとが「冗談じゃねえ」と忌避するのは必定だ。

「内ゲバ」は権力の「過激派排除キャンペーン」に力を与え、その後の青年学生運動の大きな足かせになった。その影響は今日まで続く。そして、いまなお「総括できていない」のである。

運動の周囲がみな、指をくわえて見物していたわけではない。七五年には埴谷雄高、井上光晴、中井英夫氏らが「内ゲバ」の停止を訴える文化人声明を出している。全共闘系の学生の間で一時期、カリスマとして信奉された人物もこう訴えていた。


〈ぼくは、革共同両派の同盟員大衆の方々に呼びかけたいのだ。批判的に呼びかけたいのだ。

革共同両派の《指導部》が追求している《殺人路線＝人間化路線》は、権力と人民の攻防戦・敵味方の闘いとは何ら関係がない。それは革命ゴッコですらなく（中略）大衆性と戦闘性が乖離し、戦闘化すればするする程大衆性を失っていく両派の現状を考えれば、その死闘の本質がブルジョア軍事学に則っていることは明らかだ。

革共同両派の同盟員大衆の諸君！

人民大衆の利害と関係のない処で殺し殺されていって、悔いることはないのか。殺し合いの所業と成りゆきで、一人一人の〝革命の初心〟は癒やされるのか〉

（『愛をこめてアピール　n↓∞』　一九七四年二月二十四日　滝田修）


「滝田修」こと、京都大学経済学部の助手だった竹本信弘さんは当時、朝霞自衛官殺害事件の首謀者と目され、指名手配中だった。ちなみに、地下からのこのラブコールは一顧だにされなかった。

それどころか、こんな話をいまは党派活動から離れた当事者に聞いたことがある。「戦争が激しかった七〇年代後半に人（メンバー）が増えたんだ。それで勘違いしてしまった」。もしそれが事実だったとすれば、闇はなおさら深い。

捨象できない「なぜ、あそこまで」という問い

こう記している私は反戦・全共闘運動から何周か遅れで、新左翼運動に参加した。とはいっても、いまでは世間的に決して若くはない。勤め先では間もなく定年である。

初めて集会やデモに参加したのは高校一年生で、東京・日比谷野音で開かれた狭山闘争の集会だったと記憶している。ぎりぎり三里塚の開港阻止決戦の現場には間に合っており、全共闘からは十年ほど遅れてきた世代ということになる。

ただ、全共闘の記憶はあまりなく、印象としては小学校の高学年のときにテレビ中継されていた連合赤軍のあさま山荘事件、中学生のときに大騒ぎになっていた東アジア反日武装戦線の連続爆破闘争の衝撃の方がはるかに強い。

ただ思い返せば、「内ゲバ」は身近にあった。中学二年のころ、世界史担当の教員の一人が修学旅行の帰りに襲撃され、頭蓋骨陥没骨折の重傷を負った。数日後、学校の掲示板に「軍報」が張り出されていた。この教員は一九六二年に東大に入学した革マル派のメンバーで、東大闘争のときは文学部で顔役だったと聞いた。

高校二年生というと七九年だったと思うが、仲間の高校生たちと劇作家の菅孝行さんを講師に招いて、校内で「紀元節復活粉砕」を掲げた集会を開いたことがあった。当時はまだ首都圏だけでも百人ほどの新左翼系の高校生活動家たち（革マル派は表に出てこなかったので不明）がいて、集会には顔見知りの反帝高評（解放派）の活動家らもやって来た。ところが、ここに革マル派の大学生集団が情宣にやってきて、集会は両者の間でいすや机が飛び交う乱闘の場になってしまった。

同盟員の兄に引きずられて反戦高協（中核派）に入った知人もいた。彼はデモの解散地点での「散戦争」（尾行をまくため、四方に一斉に走り去る）の体験談を語り、ついでに「対カクマル戦で警戒心を絶やさない日常を送っていると、だんだん目が寄ってくるんだ」と根拠不明な台詞を吐いていた。なんだか剣呑な時代だった。

「よくあなたたちの世代で活動家をやろうなんて気になったわね。理解できない。私たちのころは活動家をやっているというだけで女の子にもてたりもしたし、実際楽しかった思い出も少なくない。でも、いまはそんなんじゃないでしょ。すっごく不思議。で、何で運動なんかに入ったの？」

キャンパスから遠ざかり、アラブ世界を彷徨していた二十代前半のころ、旅先で今回もアンケートに答えている著名な女性活動家にそう聞かれたことがあった。一瞬、答えに詰まったが「ああ、全共闘ってうらやましい。でも、その後のとんでもない状況を作り出したのもあんたたちでしょ」という台詞は飲み込んだ。

彼女の問いへの答えというか、どうでもいいことだけど、私の経歴は古典的だ。民青の先輩に誘われ、代々木八幡にあった民青の東京都委員会に出入りし、半年ほどで離れ、その後、樺美智子、奥浩平、高野悦子の順で正しく遺稿集を読み、麦のマークの国民文庫のマル・エン・レーニン本に線を引き、反日武装戦線に影響を受けていたのであろう、名もなきグループの指導部（といっても、彼らも二十五歳ほどだった）からことあるごとに「第三世界人民の血をすすっている帝国主義本国内人民として、フツーの高校生をやっていること自体が犯罪的だ」と気合いを入れられ、アレコレやっていたのである。

今回の白書に目を通してみて、一部の回答からは正直、当時の「うらやましさ」というか「いい気なもんだ」という感情がよみがえった。でも、人が生まれてくるタイミングは自分では決められない。それに冷静に考えれば「内ゲバ」という現象は世代の問題ではないし、その芽は五〇年代の日本共産党の内紛にも散見される。だから全てを全共闘世代の責任に帰そうというのは無理がある。とはいえ、百人以上の死者である。やはり「なぜ、あそこまで」という問いは捨象できない。

「内ゲバ」に重なる精神構造は現在進行形である

きっかけなんてものは偶発というか、暴発が大半だったと思う。でも、その際に組織の上に立つ者が狭量だったり、邪な欲があったりすれば、勢いづいてしまう。やがて報復の論理が持ち出され、互いに「反革命」の烙印を押してしまえば、もはや簡単には引き下がれない。

党である以上、その暴力行使には意味というか、大義名分を付与せざるを得ない。例えば、先ほどの「先制的内戦戦略」もそうだが、どう考えても空想的としか思えず、よく同盟員たちが飲み込んだものだと思う。党の同心円的拡大の先に未来社会を夢想することと直結する「教育的措置」にしても、社会のひだに対するその鈍感さや無知に目眩がしそうだ。いずれもあまりにシャバとかけ離れている。でも、かつての大日本帝国を想起するとそう不思議ではない。

大義名分の誤謬については先輩方がさんざん論じてきた。スターリン主義、社会ファシズム論、社民主義主要打撃戦術などに照らした議論をここであらためてほじくる気もない。

むしろ、現場のリアリズムにつながるつぶやきに心惹かれてきた。

「当時、池袋周辺の秘密アジトが一つ一つ叩かれていった。次第に敵の足音が本社に近づいてくるようだった。隠しているはずなのに、まったく隠せていない。このまま反撃しなければ、やられてしまう」

「殺されたくない。組織から離れたいと何回も思った。しかし、離れたところで、相手がそう認識してくれる保証なんてどこにもない。まだ、組織にいた方が安全だと考え、離れられなかった」

そんな言葉をいくつか聞く機会があった。社青同解放派の元幹部で、作家の小嵐九八郎さんも著作『蜂起に至らず』（二〇〇三年）の中で、七五年の文化人声明（『革共同両派への提言』）を読んだ当時の気分について、こう記している。

「（仲間の石井真作さんが革マル派に殺された）悲しみ、怒りが沸沸と涌いていた当方の戸惑いはかなりであった。原因があるだろう、原因がと。」

きっとそうだったのだろう。けんか両成敗なんかで括られてはかなわない。防衛のために相手を叩くしかないという感情も分かる。でも、そうした素朴な感情でチャラにできないのが「内ゲバ」という病理なのだ。そうした感情がやがて内部に退廃を生んでいったからである。ミイラ取りはミイラになる。そうなれば「原因」は結果として、ただの後付けにしかならない。

一例として、小嵐さんの古巣団体が自治会を支配していた七〇年代末期から八〇年代初頭の明大を振り返ってみる。なぜ、明治かというと自分も縁あって在籍したからである。

記憶にある中で最初に解放派にやられたのは新聞学会を核とした黒ヘルノンセクトの「MUP(マップ)共闘」だった。たしかメンバーの一人が背中を千枚通しで刺されて半身不随となり、絶滅された。

その翌年だったか、第二政経学部の自治会を握っていた共産同国際主義派の面々がサークル室で学習会中、濃硫酸入りの電球を投げ込まれ負傷。一掃された。

そのまた翌年(とにかく毎年、陰惨な事件はあった)も第四インターの学生が拉致(当時、解放派は「四トロ狩り」と称していた)され、重傷を負ってどこかの病院前に放置された。

さらに次の年は私たち「教育文化研究会」グループ(すでに看板を下ろしていた共労党赤色戦線とレッテル張りされた)が生協労組のストに対する解放派のスト破り動員に反対したため、リンチに遭って放逐された。

このように、さしたる「原因」もないのに暴力が行使されていた。一般サークルも解放派の集会動員に逆らえば、サークル室の供給を受けられず、くじ引きで負けたノンポリ学生が人身御供として青ヘルを被せられて引き回されるという状況だった。そして、これらの暴挙を現場で指揮していたのは解放派の全共闘世代だった。

私たちが叩かれたころ、三里塚闘争をめぐっても反対同盟が「熱田派」「北原派」に分裂し、八四年には「熱田派」を支持する第四インターのメンバー八人が「北原派」の中核派からテロ襲撃を受けた。その傷がもとで足を切断した人もいたと聞く。解放派はそれに先立って分裂した。やがて、その分裂した学生グループ（狭間派）自体が再分裂し、相互に殺し合う泥沼に沈んでいった。

現在の立て看一つない白色キャンパスはこうしてつくられていったのである。

「東大闘争と主体的に関わることは最低限告発の対象を自らの内部に見出すことを必要とする。変革の『主体』は同時に『客体』でなければならないのだ」

（山本義隆『知性の叛乱〜東大解体まで』一九六九年）

個人的な解釈では、全共闘運動とは日本で初めて個人という実存の確立と、そうした個人が寄り合うことで近代市民社会を誕生させようとした試みだった。そこでは政治行動と己の生き方は一つの問題であり、評論家的な偽善は許されなかった。自分が学んでいる学問とは何か。それが産学協同の一部であるとすれば、その肯定は自らが抑圧する側に立つことを意味しないか。そんな問い返しが一人一人に突きつけられたはずである。

それゆえ、もしも独立した個人の確立という全共闘の指向性がもっと強く運動総体を貫いていれば、心情としては防衛的な個々人を戦略的な暗殺者に転化させる党派の集団主義を抑制できたのではないのかとも思う。いずれにせよ、そうならなかったのは社会の価値観の大転換（つまりは革命的過渡期）をわが身に投映した「自己否定」が、旧い価値観の「滅私奉公」に回収されていく過程だったということだろう。渦中にいた元京大助教授で作家の故高橋和巳さんも「個人原理が貫徹しておれば、かえって内ゲバはおこらない」（『内ゲバの論理はこえられるか』一九七〇年）と洞察している。

もう十数年も前だったか、『情況』誌の名物編集長だった故大下敦史さんから「どんな企画をやったら売れるだろうか」と聞かれ、タブーであった「内ゲバ」の解剖を提案したことがあった。業界事情通の大下さんならではと思ったのだが、彼は腕を組んで沈黙してしまった。

そのころはだいぶ下火になっていたとはいえ、この種の際どいテーマに触れれば、まだどこからか物理的にも火の粉が飛んで来かねない、という緊張があった。

でも、それからまた時が流れた。もう残された時間も乏しいのだ。新聞やテレビで恒例のアジア太平洋戦争を偲ぶ特集「八月ジャーナリズム」では、戦後七十五年で戦争体験者探しがもはや限界に達しつつある。早晩、全共闘と新左翼についても同じ運命をたどるだろう。たしかに近年、当事者党派の離脱メンバーたちが回顧本を何点か出版している。しかし、この問題についてはどこか言い訳めいたというか、責任逃れという印象を受けた。

なにより、昔話でもないのだ。「内ゲバ」に重なる精神構造は現在進行形である。集団敵を想定することで、自己の不安を紛らわす帰属感と客観的な危機を覆い隠す高揚感を得ようとするヘイト（差別扇動）言説は、形を変えながらもいまだ社会に蔓延している。しかも、これが若者に限った話でないことは周知の事実だ。

加えて、新型コロナ禍によって現れた「自粛警察」の類いは、戦後民主主義が何ら変えられなかった隣組的な集団主義という日本社会の地金を露わにした。運命共同体の一員として身を粉にして挺身することを前提とした「内ゲバ」と、今日の「ヘイト」や「自粛警察」の間にはさして距離はないと考えることはうがちすぎだろうか。

全共闘運動は結局、権力の弾圧というよりも党派の論理、つまりは日本的集団主義に敗北した。運動としての全共闘はすでに過去のものだ。とはいえ、その精神までもが潰えているか否かは個人の内心の問題である。ネバーギブアップとつぶやくのなら、遅すぎることはない。敗北から教訓を汲み出し、「内ゲバ」を乗り越える規範を練りあげるべきである。それは今日の世界的な全体主義への傾斜をも抑止すると考える。

その力の源はなにより運動体験者たちにこそ宿っている。「本書は私たち全共闘体験者の『遺言』(『続・全共闘白書』編集後記)などと格好をつけるにはまだ早すぎる。少々脂っ気が抜けても、もう一働きしてもらわねば困るのだ。

PROFILE

りゅう・えんし　リュウ・イェンズ／現代中国文学者・作家・日中翻訳家
一九六五年生まれ。大学で教鞭をとりつつ日中、バイリンガルで著述・翻訳。修士号取得（文学と教育学）。専門は現代中国文学。『中国が世界を動かした「１９６８」』『天安門事件から「〇八憲章」へ』『「私には敵はいない」の思想』（いずれも共編著、藤原書店）、編訳書『劉暁波伝』（集広舎）、共訳書に『没有墓碑的草原』（大塊出版、台北）、『殺劫―チベットの文化大革命』（集広舎）などがある。中国や香港の民主化運動へ共感を寄せる筆者は、二〇二〇年二月のシンポジウム「高校闘争から半世紀」集会にもパネラーとして参加している。全共闘運動は同時代の東アジアの反体制運動、民主化運動の中でどのような位置を占めることになるか、比較する視点から何が見えるかを聞いてみた。

文革と全共闘と香港の民主化運動

劉 燕子

文革と私の自分史

――『続・全共闘白書』を手がかりとして、五十年前の日本の全共闘運動とほぼ同時期の中国文化大革命との関係を、どう読み解くことができるでしょうか。

劉　日本の全共闘運動と中国の文化大革命との関係について、まず、色川大吉氏に倣い「自分史」から述べさせていただきます。

その理由は、個人の歴史（ライフ・ヒストリー）は、国家の歴史、言わば「正史」から排除されてきたからです。しかも中国の場合、厳重な言論統制により個人は伝える術をもてず、そのために歴史のふるいにかけられた存在となり、むしろ不当な代価を払わせられています。ただし、これはあくまでも一個人の事例です。他の方々の「自分史」と比較して、多角的に歴史を考えることで、歴史をより豊かに認識できるでしょう。

また、『続・全共闘白書』との関連でいえば、これが出版された前年の二〇一八年は世界を揺るがせた「一九六八」五十周年で、それに関する書籍も多く刊行されましたが、文化大革命は「一九六八」の震源地の一つで、中国人としての視点の提出も意義があると考えたからです。

一九六六年、文革が発動された当時、私はまだ赤ちゃんでした。私の故郷・湖南省長沙では造反派同士の内ゲバが激化して武闘に至り、「文攻武衛」のスローガンとは裏腹に、機関銃、爆弾、戦車へと武力はエスカレートし、党・政府機関は麻痺状態に陥りました。翌六七年になると文革は奪権闘争の段階になり、主導権争いから武闘は内戦の様相を呈しました。一九六七年一月二三日、毛沢東は事態を収拾し秩序を回復するとして、人民解放軍に「革命左派」の奪権闘争への支持を求めました。しかし、それはむしろ大規模かつ残忍な迫害をもたらし、各地で血なまぐさい虐殺が続発しました。

その頃、私は二歳足らずでした。纏足のひいおばあちゃんが仕立て直した黒いワンピースを着て、頭に赤いリボンを付け、砂遊びをしていたとき、造反派に卵を産んでいる赤いとさかの黒いめんどりとまちがえられて銃で撃たれました。銃弾はヒューっとかすめましたが、私は何も気づかず立ち上がり、ポンポンと砂をはらいました。母はまっ青になり気絶する寸前でした。近所の中学生のお姉さんは、学校が「革命騒ぎ（閙革命）」で授業停止となっていたため、モクセイの木の下で小説を読んでいると、流れ弾に当たり、顔の半分が飛ばされました。

でも、私は何も知らず、その後、小学校に入り、最後の紅小兵になり、紅衛兵のまねごとで『毛沢東語録』を読んだりしました。街では朝から「東方紅」や「毛沢東思想は沈まぬ太陽」などの毛沢東讃歌や「インターナショナル」などの革命歌が銅鑼や太鼓の響きとともに流れていました。小学生の私も『紅宝書（毛沢東語録）』を手にして、赤い房のついた槍も持ち、毛沢東バッジを付け、紅衛兵の後から「反革命」の家捜しについて行きました。

祖父の劉澤霖は北京林業設計院の技術部門の総責任者でしたが、一九六七年に「逃亡地主」、「階級区分から漏れた敵」との理由で故郷の湖南省耒陽から来た造反派に連行されました。途中の列車では他の「牛鬼蛇神」と臨時批判闘争会にかけられ、長沙に着いたときはアザだらけになっていました。

また紅衛兵の指揮で「私は牛鬼蛇神、私は人民の敵、私は罪深い死に損ない、死に損ない、人民に打破（砸烂）されるべき、打破されるべき、私は牛鬼蛇神、人民に頭を下げ、罪を認めなければならない、私は罪がある、改造する、改造する、まじめに白状しなければ、ただ死の道が一本あるだけ」と合唱させられました。さらに耒陽では頭に高い三角帽子、首に罪状の書かれた看板の姿で批判闘争会にかけられ、街中を引きずり回されました。

九月、「牛鬼蛇神」として並ばされているとき、突然、背後から蹴飛ばされ、倒れると二人の民兵に引きずられ稲刈りが終わったばかりの田んぼで跪かされました。ふだんから意気軒昂な祖父は必死に頭を上げようとしましたが、暴行はひどくなるばかりでした。村人が「この人は毛大爹（方言で、毛じいさんを意味し毛沢東を指す）と関係があるから、これ以上やるとバチが当たる」と言って、止めさせました。この関係とは、次のことです。

祖父と毛沢東は同郷人でした。毛沢東は一九一九年の初め、「フランスに行こうとしている学生たちと上海に行」こうとしましたが、「天津までの切符」しか持っておらず、天津にいた祖父から旅費を借りました。その後、毛沢東は祖父に返金する機会は訪れませんでしたが、これを忘れず、延安でエドガー・スノーに語りました（スノー『中国の赤い星』四「共産主義者の来歴」三「革命の前夜」参照）。

先述の暴行は終わりましたが、祖父は牛小屋に拘禁され、そこで息を引き取りました。命日はよく分からず、見つけられた遺体は腐敗が始まっていて、簡単に土まんじゅうの墓に埋葬されました。

長男（私の父）の劉英伯は江西省の鉱山にいてこのことは全く知りませんでした。父自身、毎日、批判闘争会にかけられていました。父は、一九五八年九月、北京大学化学系で反右派闘争の「補課」が行われたとき「厳重右傾思想分子（準右派分子）」とされ、大学から除籍され、党・団から除名され、鉱山に送還されたのでした。

さらに文革で、父は「漏網右派」として「えぐり出され（揪）」、祖父が貸した旅費のことでは「偉大な毛主席を侮辱する現行反革命分子」と糾弾され、髪は「陰陽頭（頭の半分を剃る侮辱）」にされ、毎日批判闘争会で引き回され、吊し上げられました。父は「公民の人心の自由をほしいままに侵害し、国家の法律を踏みにじっている」と訴えましたが、却ってリンチはひどくなりました。

文革後期になると、激しい暴行はなくなり、それから父は江西省や湖南省の鉱山など転々と労働改造（強制労働による自己改造という刑）を続けられました。私は一九七〇年から父とともに鉱山をめぐる生活を送りました。

今日の中国の現状について、父は毛沢東の個人独裁下の「文革の時代に戻ることなど、まっぴらごめんだ」といいます。

毛沢東に使い捨てられた紅衛兵

文革は「文化」や「思想」を標榜しましたが、その外観とは裏腹に、実態は大衆を熱狂させて権力闘争に巻き込んだ暴力革命の「継続」と言えます。これによる大惨劇は人口の九割以上を占める漢民族に止まらず、少数民族にまで及びました。しかし、少数民族における文革は政治的かつ民族的に敏感な問題であり、このため二重のタブーとされ一層厳重に封印されています。

チベット女流作家のツェリン・オーセルは父の遺した記録写真と、それを手がかりに収集した七十人以上の証言に基づき『殺劫』としてチベットの文革の実態を明らかにしました（日本語版は共訳で二〇〇九年に集広舎から同名で出版）。

書名の『殺劫』について説明しますと、オーセルはチベット語の「革命（サルジェ）」は音韻的に「殺劫（シャァジェ）」に近く、この文字と音韻の複合に「万劫不復」の災厄を表象させています。さらに「革命」に続き「文化大革命」がチベット高原に押し寄せてきました。チベット語の「文化」は

「リンネー」で、漢語の「人類（レンレイ）」と近似しており、このため「文化大革命」は、漢語とチベット語を重ね合わせると、チベット人にとって「大」なる「人類」の「殺劫」となります。実際、それは被害や犠牲の実態と合致し、今日でもその痛ましい記憶を喚起しています。

また、内モンゴルの文革については、中国政府の公式見解は自治区全人口千三百万人のうちモンゴル人は百五十万人弱で、そのうちの約三十四万六千人が「反革命」「民族分裂」などの罪を着せられ、うち二万七千九百人が虐殺され、十二万人に拷問やリンチで障害が残ったとされています。これは控えめな公式発表で、実際は連座で家族全員が巻き込まれるなど、まさに全モンゴル民族に対するジェノサイド、人道に反する犯罪となっていました。

その理由として「反革命」に加えて遊牧民への蔑視や、かつて日本に協力した過去を分離主義に結びつけて危険視したことなどが挙げられます。さらに内モンゴル自治区には平らな草原が広がり、ソ連が国境を越えて北京まで一気に短時間で攻め入ってくるという地政学的な危険もあり、これが文革に拍車をかけました。それを文化人類学者の楊海英は膨大な資料やフィールドワークに基づいて詳述しています（『墓標なき草原』岩波書店など）。

このように凄まじい勢いで中国全土に広がった紅衛兵運動は、一九六六年一〇月から六八年八月までの一年十カ月で終わらせられました。文革の展開を手助けした紅衛兵たちは毛沢東に使い捨てられ、六八年夏、紅衛兵組織は解散を命じられました。利用価値がなくなり、もはや邪魔者でしかなくなった若者たちは「貧農下農から再教育を受ける」という毛沢東の指示により、強制的に勉学の権利を剥奪され、都市から辺鄙な農山村に送り出されました。この「下放運動」で数千万人の「知識青年」は都市に戻ることも、学籍を回復することもできず、十年近い歳月を空しく費やすことを余儀なくされました。

七〇年代初めに「労農兵」学生として選抜された知識青年もいましたが、ほんの一握りでした（習近平主席もその一人）。その選抜基準は唯一、志願者の出身階級と政治的評価に基づく推薦状だけでした。その中で「下放」先の農山村の貧困に現れる矛盾に直面することにより、懐疑・批判精神を高める青年もいました。

六九年に東大や東京教育大学（体育学部を除く）で入試が中止されました。文化大革命に魅了され、アカデミズムより労働者の現場に入ることを選び、進学せず、あるいは自主的に退学し、日雇い労働者の街の山谷や釜ヶ崎に入り、肉体労働を通した内省を契機に自己変革に努めた日本の「紅衛兵」について知り、その生き方にはまことに敬服します。しかし、それは中国の紅衛兵と本質的に異なっています。中国の場合は文革に沿った大衆動員で、しかも毛沢東の鶴の一声で決められたのでした。

「一九六八」は熱い政治の季節でした。文革は世界のニューレフトに多大な影響を与え、日本でも若者の間にそのうねりが巻き起こりました。学生運動では学費値上げ、権威主義的処分が発端となりベトナム戦争や日米安保体制への反戦平和へと広がり、国際連帯で世界革命の根拠地建設や武装闘争へとエスカレートしました。大学のキャンパスでは建物を椅子や机などでバリケード封鎖し、投石や火焔瓶で機動隊と激しく衝突することさえありました。

一九六九年一月一八〜一九日の安田講堂「攻防戦」の後、武装闘争を基本路線とする赤軍派が生まれました。そこには文革の継続革命を世界革命と連動させる毛沢東主義や林彪の人民戦争論の影響を見出すことができます。

「世界革命の拠点」になった世界の中国大使館

今月、私はようやく一冊の本の編訳を終えることができました。それはアメリカ在住の中国学者、程映紅の『マオイズムと世界革命』です。そこではマオイズム（毛沢東主義）が世界革命を通して各国に及ぼした影響の過程や帰結が詳しく論じられています（原著では日本への論及はありませんが、まもなく出版される日本語版では『日本人の文革認識』などの研究がある福岡愛子氏の論考や私の拙稿で補います。）。

文革期、中国政府は徹底した鎖国状態を敷いて、「紅衛兵はビートルズを知らなかった」という言葉が鮮明に象徴するとおり、紅衛兵は同時代の西側世界と共通する情報を知らず、まして教養や文化はなおさらでした。その一方で、中共は文革を世界革命に展開させて海外に全力で輸出しました。中共中央はそのプロパガンダを各国の大使館の主要な任務と規定し、『毛沢東語録』の配布を「外宣工作」の重点に位置づけました。一九六〇年一〇月から六七年一一月まで、二十五カ国の翻訳版が毛沢東の著書四百六十万冊とともに世界百四十八カ国・地域で発行され、大使館、領事館は華僑組織、華僑学校、友好協会などの組織にばらまくように指示しました。そこでも毛沢東は超自然的存在として神格化されました。

海外の紅衛兵組織までつくられたところもありました。こうして各国の大使館は世界革命の拠点となり、武装蜂起のための要員派遣、新左翼を中心とした反体制運動や学生運動への支援など、状況に応じて影響を広げようとしました。この点は前掲『マオイズムと世界革命』の他に馬継森の『外交部文革紀実』（香港中文大学、二〇一〇年版、三〇九頁）などに記されています。

また各国の左派を中国「旅行」に招待しましたが、日本の赤軍派が最も多く、メンバーは『紅宝書』を高く掲げ、「毛沢東万歳」、「世界革命万歳」と叫び、延安、韶山、井崗山など革命聖地を巡り、「資本主義の道を歩む実権派」を吊し上げる現場の見学を要望したといいます。このような招待旅行は正に世界革命の支援であり、中国当局は大歓迎で、一切の費用を負担しました。

絓秀実『1968年』（ちくま新書、二〇〇六年、一一六〜一一七頁）では「アナーキスト」山口健二について書かれています。彼は共産党員、社会党員、ソ連派、中国派、レーニン主義、毛沢東主義と変わり、「裏切り」のあり方において革命家であろうとしたアイロニカルな存在のようです。彼は一九六八年に毛沢東思想で結集したML同盟に加わり政治局員となり、中国からの資金調達を担当し、それを中核派、ブント、解放派などに分配したと書かれています。

日本人の中国や中国革命のイメージについても考えねばならないでしょう。全共闘運動の前史として、日本では安保闘争と三井三池闘争の一九六〇年において革命が挫折し、そこから中国革命を理想化し、それを鏡にして自分も革命に奮闘しますが、その自己像に魅せられるというところがあるように思われます。しかし、これまで述べてきたように、革命や文革の現実は理想とかけ離れており、見方を誤ったといわざるを得ません。

一九六〇年五月から六月にかけて、野間宏、大江健三郎たち文学代表団が訪中し、毛沢東と会見するため北京から上海に移動しました（竹内実「中国で感じたこと」『文学』一九六〇年八月号、四六頁）。

会見で毛沢東は安保闘争における樺美智子の死に深い悲しみの表情を示し、それを大江は「一人の娘の死に、悲しみに耐えぬ眼をした老人はあと百人も娘らが殺されれば、悲嘆にたえず発狂するだろう」と書きました（「孤独な青年の中国旅行」『文藝春秋』一九六〇年九月号、一五八〜一六〇頁）。

しかし、毛は文革前の「大躍進」が引き起こした人災というべき大飢饉による自国の餓死者のために涙を流したという記録は見当たりません。その犠牲者を、楊継縄は三千六百万人と算出しています（伊藤正ほか訳『毛沢東大躍進秘録』。また、被害者は一億とさえ言われる文革でも同様です（死者は推計さえ極めて困難）。

「熱かった一九六八」へのセンチメンタル・ジャーニーなのか

さらに比較を試みますと、文革は一九六六年から七六年と期間が長く、また紅衛兵は毛沢東を現人神と絶対視し、その独裁体制下で全国的に動員されましたが、全共闘運動への参加者は団塊の世代の五％といわれます。もちろん「運動」であり確立した組織ではないため集会の周辺に参加した者も含めれば、もっと多くなるでしょうが、それでも一党体制の全国動員とは比較になりません。

先述したように、基本的に紅衛兵は毛沢東が奪権のために利用した道具であり、目的達成の後は「臼を挽き終えたロバは殺す」の喩えの如く使い捨てられました。全国組織は絶対に許されず、共産党の指導をうけない独立した運動も抑えつけられました。他方、全共闘運動では全学連（いわゆる三派全学連）が関わり、一九六九年九月五日には全国全共闘が宣言されました。それだけでなく大学や学問を問う自主ゼミがいくつも生まれ、六九年五月一三日には三島由紀夫と東大全共闘の討論会が開かれ、一九七〇年には公害問題の自主講座が始まるなど、自主的なボトムアップの動きがあり、しかも文化的に有意義でした。

その上で類似点を考えると、「造反有理」のスローガンをあげることができます。さらに全共闘のスローガンには「大学解体」もあり、大衆団交で教員を長時間追及しましたが、これは「革命騒ぎ」の授業停止における紅衛兵の教師糾弾に照応していると言えます。

また「自己否定」の精神は「下放運動」における「貧農下農から再教育を受ける」と通じると思います。これは「大学解体」と連動しており、全共闘世代から、次のようなことも聞きました。――「自己否定」は人間のエゴイズムとの永遠の闘いである。学問をするなら教授に頼るべきではなく、懐疑・批判精神を徹底させねばならない。マルクス・レーニン主義や毛沢東主義の本質は革命的な批判精神であり、「一切を疑う」はその精華である――。

中国では特権階級批判の新思潮が現れ、遇羅克は「血統論」批判を提出しました。他にも独裁体制を果敢に批判する知識人はおり、私は「『一九六八』をめぐるもう一つの歴史―文化大革命を軸にしたヒストリーとライフ・ヒストリーの凛烈な交叉―」で、遇羅克に加えて劉文輝、林昭、黄翔について論じました(『中国が世界を動かした「1968」』藤原書店、二〇一九年所収)。この四名は自発的自覚的に思想を探究しようとする青年たちを象徴していると考えます。このような自覚性は、全共闘運動における「自己存在確認欲」(小熊『1968』)という側面と共通するでしょう。三田誠広の小説『僕って何』も挙げられるでしょう。ところが同時代の中国では、自己確認や思想の独立を求め、精神的奴隷化に抵抗した青年は公開銃殺で処刑され、さらに家族には使用した銃弾の請求書が送りつけられたのでした。

さらに現象面では（外見も軽視できません）、戦闘的なスタイルがあります。紅衛兵は人民解放軍への支持を表すために軍服のレプリカを着て、手に『毛沢東語録』を持ち、胸に毛沢東バッジを付け、腕に赤い腕章を巻いていました。全共闘では活動家はヘルメットをかぶり、タオルかけ、ゲバ棒を持っていました。しかし、ヘルメットの色は党派で異なるなど、紅衛兵よりずっと多彩でした。

破壊という点で、紅衛兵は「破四旧」を叫び、貴重な文化財を次々に打ち壊し、多くの無実の人びとに暴行を加えました。また、全共闘運動ではバリケード封鎖で研究は中断され、貴重な資料が失われたところもありました。党派間のゲバルトや機動隊との衝突で身体的だけでなく精神的に打撃を受け、大学に戻れなかった学生もいました。確かにこのマイナス面は重大ですが、それでも中国の方がずっと深刻だと考えます。

その後の推移では、先述したように「下放」先で矛盾と対峙し、批判精神を強める青年たちがおり、それが文革終息後の「民主の壁」や天安門民主運動へと繋がりました。他方、日本では、一九七〇年代に入ると学生運動は沈静化する一方、「しらけ」や「三無主義」が広がりました。これと似ているのは、時期はズレていますが、六四天安門事件で自由や民主への希望が銃弾で打ち砕かれ、共産党のイデオロギー的正当性は失墜し、それに反比例して学生や市民に様々なトラウマ（空虚も含めて）ができたことです。

八〇年代、日本ではバブルのなかで大学の「レジャーランド化」が指摘されるようになりました。キャンパスでは力を合わせる集団的な行動の熱気は失われ、個人主義ともいえない、狭い私生活に安住する気風に変わりました（リースマンの「孤独な群衆」を思わされます）。

その理由を考えると、共産主義を象徴する「万国の労働者、団結せよ」の理想が崩れるのが繰り返されてきたことが挙げられるでしょう。中ソ論争ではまだ思想を発展させるためとも考えられましたが、一九六九年には国境紛争が起きました。ベトナム革命で共産主義が勝利したと思ったら、一九七九年には中越戦争が起きました。そして、一九八九年には六四天安門事件が起きました。人民解放軍が民主化を求める無防備の学生や市民（人民）を武力鎮圧したのです。さらにベルリンの壁が崩壊し、東欧・ソ連の社会主義体制は次々に崩壊しました。これらは「しらけ」から「レジャーランド化」へ進んだ要因に数えられるでしょう。

ところが『続・全共闘白書』を読むと「社会主義は今も有効か」に対して「失っていない」が五一・三％もいます。しかも二十五年前の『全共闘白書』の四六・〇％より増えています。何故か、知りたいところです。現実では社会主義は失敗したが、目指した思想とロマンは違うという評価でしょうか？それとも、あの「熱かった一九六八」へのセンチメンタル・ジャーニーでしょうか？

しかし中国において、チベットでは抗議焼身が続き、百数十名になっています。ウィグルでは大規模な収容所が、また内モンゴルでは母語の剥奪が報道されています。また、二〇一五年七月九日には人権派弁護士たちが一斉に検挙された「七〇九事件」が起きました。これらの現実に、戦後民主主義の申し子で反戦平和の理念を若い頃から教えられた全共闘世代は、どう考え、行動しているのでしょうか？

二〇二〇年二月一一日、「高校闘争から半世紀〜私たちは何を残したのか、未来への継承」のシンポジウムに参加しました。そこで元東大全共闘議長の山本義隆氏は、このように発言しました。「福島の事故の後、東大には意見表明の立て看一つ出なかった。昨年、京大に行ったとき、ちょうど大学祭だったが、香港理工大学に機動隊が突入する直前なのに、香港の学生に連帯する立て看板は一つもなかった。これはあかんと思った。本当に悔しいし、自分が情けない。何で若い人に伝えてこれなかったのか」。私はこれを重く受けとめ、拙編訳『劉暁波伝』をさし上げました。後日、山本氏から『私の1960年代』と中国語版『近代日本150年』が贈られました。全共闘世代の精神史、思想史について、もっと勉強したいと思いました。

映画『三島由紀夫vs東大全共闘　50年目の真実』を観ました。世代を超えた対話から双方の真摯なまなざしに感銘しました。三島は最後に「諸君の熱情は信じます」と言いました。

「熱いから、夏、燃えてこそ、人生」

熱情は真の平等、公正、自由、批判などの理想主義と結ばれているのでしょう。そこに全共闘の財産があると考えます。

また、三島は文革について的確に認識していました。一九六七年、三島は川端康成、石川淳、安部公房とともに文革に反対し、「昨今の中国における文化大革命は、本質的には政治革命である。百家争鳴の時代から今日にいたる変遷の間に、時々刻々に変貌する政治権力の恣意によって学問芸術の自律性が犯されたことは、隣邦にあって文筆に携はる者として、座視するには忍ばざるものがある」と表明しました。

これは現代の中国の言論統制に対しても有効で有意義でしょう。現在、三島はおりませんが、全共闘世代はかつての討論を思い起こし、何をすべきか考えてもいいのではないでしょうか。

全共闘運動と天安門事件

――日本の全共闘運動が、その後、天安門事件をふくめ中国の民主化運動に与えた影響はあるでしょうか？

劉　私の知る限り、それはあまりないようです。私が全共闘運動に関心をもったのは、日本に留学してからです。先述した六四天安門事件以後の心の空洞や鬱屈が広がる状況において、私は海外留学に目を向け、日本にやって来ました。日中友好で留学生の世話をする竹田さんの紹介で、宝塚市にある大塚有章が設立した毛沢東思想学院を見学しました。『未完の旅路』全六巻、『毛沢東語録解説』を手渡され、「中国語に翻訳したら、中国人にもっと大塚先生の偉業を知ってもらえる」とすすめられました。

毛沢東思想学院では「東の空が赤く染め太陽が昇る」という子供時代から脳裡に植えつけられた革命歌を口ずさむ人がいて、壁には毛沢東の肖像が掲げられ、驚きました。何故なら、中国政府は一九八一年六月の「歴史決議」で文革に関して公式見解を発表し、その中で「異常な事態」、「史上未曾有」の「内乱」などと一定の否定的評価を出していたからです。ただし、毛沢東については「功績が第一で、誤りが第二」と規定しました。しかもこれらを結論として、その後の研究を封じました。今では文革そのものがタブーとなっています。

私は何故、日本ではこうなのかと問題意識を抱きながら、図書館で全共闘関連の本を読みあさりました。坂口弘の『あさま山荘１９７２』の頁を何気なくめくっていると、毛沢東の語録や「銃を軸にした建党建軍闘争路線」など書いてあって驚き、獄中でも言論の自由があることにもっと驚きました。
こうして、歴史を遡り、血が沸く時代がどのようなものであったかと興味を持ち始めました。

――天安門事件の世代を事後的に「日本でいう全共闘世代」などと類推して論じる議論があります。「その後の天安門世代」が全共闘運動に関心を持った、というようなことはあったのでしょうか？

劉　「関心を持った」というより、同時代の軌跡を述べることで参考にして下さい。中国では、一九六八年に「下放」により農山村に送り込まれた知識青年のなかから毛沢東思想や党の主流イデオロギーに懐疑、反対する思想を抱く者が現れました。また、「下放」先の貧困を目の当たりにして、社会主義とは名ばかりの不平等、不公平な経済格差や民族差別を認識するようになりました。

それは文革終息後の「民主の壁」運動、一九八〇年の地方における人民大会代表の民主的選挙を求める学生運動、八六年末の全国規模の学生運動、また民族の平等を求める内モンゴル大学（八一年）、新疆大学（八五年）、チベット大学（八八年）の学生運動、そして六四天安門民主運動へと繋がりました。その都度、弾圧されましたが、不屈の理想主義と使命感をもって再起し、民主運動の火付け役や担い手となりました。即ち、知識人として、学生たちに理論的根拠を提供するなど、積極的に支援しました。これを通して各界の知識人は一つのまとまった社会的勢力となり、政府に対して公然と異議を表明しました。それは一九四九年の建国から四十年の歴史で特筆すべきことでした。

その一人に作家の鄭義がいます。彼は紅衛兵運動に参加し、二年ほど北京をはじめ各地で内戦に近い武闘を体験した後、山西省太行山脈の農村に下放しました。そこで毛沢東への超人間的な信仰に不審を抱き始め、紅衛兵の仲間とともに読書会をつくり、ヒューマニズムの視点から社会主義を再検討するようになりました。鄭義は、文革について、権力闘争と人民の主体的な民主化のための闘争という相異なる二つの運動として捉えています。そして後者は弾圧されました。

天安門民主運動において、鄭義は重要な役割を果たしましたが、武力鎮圧後、指名手配され、「中国の地の底」に潜り、三年近く逃亡しました。その中で、大工仕事を覚え、これによって生計を立てることができました。そして香港市民の支援で一九九二年に妻とともに香港に脱出し、翌九三年にアメリカに亡命しました（『中国の地の底で』朝日新聞社）。

亡命先のアメリカでは母語の環境を失い、作品を書いても中国では発表できません。彼は今でも「祖国を裏切った哀れな存在」というレッテルを貼られています。だが、鄭義は日曜大工をしながら、真実を伝える作家として書き続けています。

もう一人、劉暁波について述べます。一九五五年に生まれた劉暁波は十代で文革を体験し、紅小兵として活動しました。六九年、十四歳の時、家族とともに内（南）モンゴルの農村に「下放」され、十八歳になるまで父親と過ごしました。一度、長春に戻りましたが、十九歳で高校を卒業すると、また農村に送られ、文革が終わるまで約二年の歳月を送り、ようやく長春に戻ると建築公司（企業）の漆喰労働者になりました。

劉暁波はこのような体験を振り返り、繰り返し語ったことは文革の残忍な暴虐と、それに関わった自分の深い反省でした。

「ぼくたちはみな弱い者いじめの下手人になってしまった。誰も責任を逃れられない。無実な者は一人もいない」

それはあたかも「狼の乳を飲んで育った」ようなものでした。さらに「青年期は一面が文化の砂漠の中で成長した」と彼は述べています。そのため、八〇年代でも「党文化」の残存から脱却できず、「マオイズム的思考や文革式の言説は、もはや生命になってしまった。自分を真底から洗浄したくとも、口でいうほど簡単ではない。心の中の毒素を一掃することは終生かけて頑張らねばならない」と自覚しました。このような文革の経験と反省は、同時代に影響を受けた日本人にとっても重大でしょう。

さらに、徹底した自己批判、自己否定に立ち、劉暁波は知識人として①独立した社会的地位、②独立した価値の選択、③独立した社会的影響、④懐疑的批判的な自省意識、⑤超越意識が必要であると考えました。懐疑的批判的な自省意識とは、社会の権威と欺瞞、そのような問題を生み出す土壌の矛盾に対するだけでなく、自分自身に対しても批判する厳しい自省的な否定の精神です。これは正に全共闘の「自己否定」と共通するものではないでしょうか。

また実践の面で、劉暁波は、一九八九年四月、コロンビア大学での学究生活を早めに切りあげ、不退転の決意で帰国しました。天安門広場の現場で学生たちと理想や熱情を共有し、最後まで共闘・共苦するためでした。彼は絶対的な自由と独立を至上の価値とし、身を以てそれを実践するところに知識人の存在意義があると考えました。知行合一です。

その後も、彼は巧妙な詭弁を弄さず、自分の利己心を直視し、また挫けさせる軟弱、怯懦、卑屈を痛切に反省し、六四天安門事件の惨烈な記憶に耐えて、高度経済成長で飾る一党独裁の現実に立ち向かいました。自分は孤立した存在ではなく、死者と生者を結びつける存在として活動し、それを「〇八憲章」に結晶化しました。

劉暁波は一貫して非暴力で闘いました。それは一九八九年六月二日の「ハンスト宣言」、二〇〇八年の「〇八憲章」、二〇〇九年の最終陳述の「私には敵はいない」に表明されています（いずれも『劉暁波伝』所収）。だからこそ、六月四日、未明、極めて緊迫した状況で戒厳部隊と交渉し、広場からの無血撤退を実現しました。

二〇〇八年、劉暁波は国家政権転覆煽動罪で投獄されました（四度目で二〇一七年に事実上の獄死）。その理由は「〇八憲章」と六篇の文章という言論だけで、しかも内容は非暴力です。このように不当な判決が下されても、劉暁波は最終陳述で「私には敵はいない」と「仇敵」意識を超越し、非暴力平和主義を訴えました。

「あさま山荘」とは違う香港の勇武派

――現在の香港の民主化運動は、全共闘運動とは対照的に、急進派と穏健派の対立や党派抗争を巧みに回避して内部分裂を避けてきているように見えます。日本の全共闘運動が現在の香港の運動に与えた影響、あるいは歴史的関連はあるでしょうか？

劉　全共闘と同時代の香港では左翼による暴動が頻発していました。その中でも大規模なのが、文革の影響を受けた左翼が主導した一九六七年の暴動でした。背後には香港の共産党組織がおり、広東省の紅衛兵まで越境し香港警察と衝突しました。八月には、北京で大衆集会が開かれ、「香港を回収せよ」とのスローガンが叫ばれ、北京の紅衛兵はイギリス外交公館を焼き打ちしました。香港の左翼は時限爆弾のテロさえ実行し、半年以上の暴動で死者五十一名、負傷者八百四十八名、逮捕者五千名以上となりました（政府公表）。しかし、これにより大衆の支持をすっかり失い、香港の左翼運動は衰微しました。

それらは一九六〇年代後半の世界的な青年・学生の抗議運動における連鎖反応に位置づけられるでしょうが、全共闘運動とは直接関係はないでしょう。

香港の独特な地政学的位置についていえば、イギリスの統治下であり、かつ「中国世界中心論」や「革命の輸出」で中央文革小組を含め党中央が深く関わっていました。香港市革命委員会準備指導小組が設置され、陸海空の三方からの軍事行動で「回収」することまで議論されていました（国分良成編『中国文化大革命再論』慶應義塾大学出版社、二〇〇〜二〇一頁）。

今日、香港国家安全法が施行され、中国当局が香港の治安維持に直接介入することになり、「一国二制度」は事実上終焉しました。しかし、それは「氷凍三尺、非一日之寒（三尺もの厚い氷は一日の寒さでできはしない）」の喩えのとおり、「高度な自治」など最初から尊重しておらず、その約束は欺瞞に満ちたものでした。先述したとおり、文革では既に兵力による香港侵攻を実行する計画が練り上げられていたのです。

昨年、逃亡犯条例改定反対と民主化要求のデモが香港各地で警官隊と衝突し、街頭が催涙ガスで包まれ、大混乱に陥ったという報道で、全共闘運動を思い出すという声を聞きました。確かに似ているところはあるでしょう。まず「水になれ（Be water）」と自由な自発的運動やリーダー不在を挙げることができます。権威に「Ｎｏ」という勇気や理想主義もあります。

ただし、黒いヘルメット、マスク、Ｔシャツの「勇武派」がテレビで放送されたときにあさま山荘の銃撃シーンを思い出した方もいますが、しかし、本質的には異なると思います。「勇武派」は「和理非派（平和的理性的非暴力）」と一心同体で、山岳地帯に拠点をかまえ武装蜂起するのではなく、市民生活の中で活動していました（詳しくは拙論『「歩く人が多くなれば、それが道になる」―天安門事件31年・香港の現場から―」『論座』電子版、二〇二〇年六月七日」を参照）。

二〇二〇年八月一〇日、中共に批判的論調の「りんご日報（アップル・ディリー）」の創業者が逮捕されたとき、香港市民は早朝から新聞を買って応援しようと長い列をつくりました。友人のマンションの近所の八百屋さんは野菜の横に「りんご日報」紙を山積みしていたということです。別の友人はSNSでニュースを読むのですが、すぐに定期購読者になりました。アメリカにいる二人の娘も定期購読者になりました。さらに作家の友人は少額ですが株主になりました。

「りんご日報」は通常の発行部数は十万以下ですが、一気に五十万部も売れたそうです。そして今後、たとえ検閲で何も報道できなくなっても、白い紙面を毎日刷り続け、市民は白紙でも買い求め、抵抗の意志を示すということです。これこそ「水になれ」の主体的な抵抗思想の実践です。

――今後、中国語圏の社会運動の中で、全共闘運動の経験が参照されることはあるでしょうか。

劉　台湾では、小熊英二『社会を変える』や安藤丈将『ニューレフト運動と市民社会―「六〇年代」の思想のゆくえ』が翻訳・出版されました。香港民主運動を支援する台湾の著名な学者で中央研究院副研究員の呉叡人氏は「あの純真たる時代の救済・贖罪（salvation）」というタイトルで推薦を寄せました。彼はそこで、台湾大学の学生であったとき一九九〇年三月の「野百合」学生運動に積極的に参加し、山本義隆元東大全共闘議長を熱狂的に崇拝し、「自我否定」、「台大廃墟」のスローガンを提起したのも、「自己否定」や「東大解体」の影響だったと述べています。また彼は、全共闘やニューレフトの理想主義、批判精神、政治・社会分析、文化創造は肯定できるが、セクト主義や暴力（ゲバルト）は日本社会に深い集団的トラウマをもたらし、台湾の三十〜四十年ほどの学生運動の伝統が次の世代に受け継がれているのは（例えば二〇一四年の「ひまわり」学生運動）、日本のニューレフトほど急進的ではなく、社会にマイナスの影響をもたらさなかったからであると考えています。

呉氏は二〇一七年に香港中文大学学生会が主催するシンポジウムに招かれ、インターネットから入境ビザを申請したところ、「黒名単（ブラックリスト）」に入れられたようです。香港と海外の社会運動を断ち切るだけでなく、ブラックリストが学術界にも拡大していたのです。

二〇一八年四月二八日、私は台湾の龍応台文化基金会主催国際シンポジウムで「1968の思想と行動の探索」というテーマで報告しました。村上春樹の『ノルウェイの森』や川本三郎の『マイ・バック・ページ』を切口に全共闘運動について述べました。

翌一九年五月、上海復旦大学の国際シンポジウムにも参加しましたが、「世界の中の文革」というセッションは学内では開けず、個人の文革資料館を会場にしました。このような状況ですから、中国大陸では全共闘に関する研究、翻訳、出版は難しいでしょう。明示されていませんが、暗黙の不文律が厳然としてあります。言わば文革の「妖怪」が生きかえり、中国を徘徊しているのです。今のところ、私としては『続・全共闘白書』の翻訳というよりは、山本さんや今井澄さんたち全共闘世代の精神史をもっと知り、現代における意義を考えたいです。

最後に、新覇権主義、新植民地主義を前にして、呉氏は次のように述べています。

「日本の左翼や進歩的知識人の反省とは旧植民地の被害者に寄り添い被害者を癒やそうとしたのではなく、自己解放、自己解脱を実現しようとしたにすぎない。私たち旧植民地の被害者や抑圧される民衆が旧宗主国のエリートの自己解脱のために利用されているとすれば、それは形を変えた抑圧、加害行為でしかない。故に、少なくとも中共の暴虐を声高に非難する右翼の方がまだ魅力的である」

この意味をとても噛みしめさせられます。

〝今〟の心境などどーでもいいから〝当時〟の体験を語り残せ

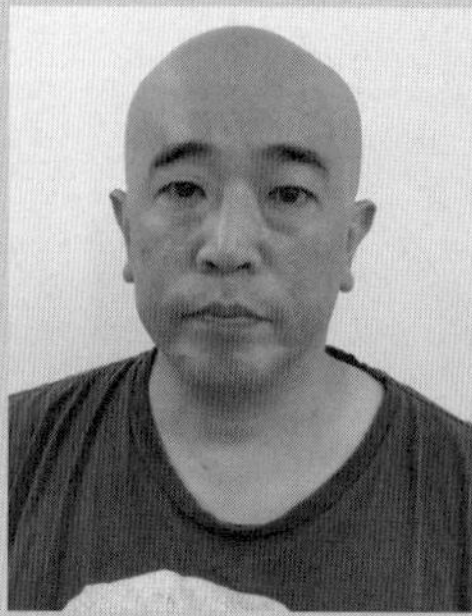

PROFILE

とやま・こういち／作家・活動家・ストリートミュージシャン
一九七〇年生まれ。一九八〇年代後半より反管理教育活動をはじめる。左翼活動家として出発したが、現在はファシストを自称し、政治結社「ファシスト党・我々団」の臨時総統を務める。しかし主張・活動はアナキズム・ダダイズム的な色彩が濃く、当選を度外視した選挙立候補や、街宣車を使った落選運動で知られている。二〇〇七年の都知事選政見放送での「スクラップ&スクラップ。全てをぶち壊すことだ」や、「こんな国滅ぼしましょう原発で」と連呼しながらの原発推進候補の選挙カー追跡などは特に有名。現在は、福岡で年に一回政治塾を開催。若い参加者たちの少なからずが、左右を問わず、その後アクティブな活動家となっている。

外山恒一

〝元〟全共闘の連中が今何を考えているか、なんてことに興味はない。どうせろくなことを考えてやしないのである。そのことは、アンケート集『続・全共闘白書』をパラパラめくり、巻末の集計にもあるように、連中が今「最も嫌いな政治家」が圧倒的に安倍政権の面々で、「好きな言論人」の多くが（切り口がちょっと新しげなだけの）凡庸なリベラル派だったりする、まるで戦後民主主義の優等生のような回答を確認するだけではっきりする。全共闘運動に参加したことを「誇りに思っている」、「あの時代に戻れたらまた参加する」という者が共に七割近かったとのことだが、だったらなぜ「最も嫌いな政治家」は志位和夫ではないのか？　「好きな言論人」が当時で云えば丸山眞男であるような連中は、「あの時代に戻れたら」今度は日共民青の暁部隊にでも志願するつもりなのだろうか？

私は〝元〟ではなく現役の全共闘活動家である。一九七〇年生まれなので全共闘〝世代〟には属していないが、全共闘の理念や問題意識を我がものとして諸々の実践に身を投じることが、特定の世代の特権であってよいはずがないことは云うまでもない。その、全共闘の現役活動家である私から見れば、そもそも連中の圧倒的大多数は転向者なのだ。もちろん、全共闘活動家なので吉本隆明を（多くの先輩方と同様、よく理解できないまま）大雑把には尊敬している私は、転向が必ずしも非難されるべきでないことも、しかし最もタチが悪いのは「非転向的転向者」どもであることも知っている。とくに『続・全共闘白書』に回答を寄せた不肖の先輩どもの大部分が、自分が転向していることの自覚さえない醜悪な「非転向的転向者」であることは容易に想像がつく。

二十歳だった一九九〇年に全共闘派と化して以来ずっと第一線の活動家であり続けてきた私の経験から云えば、諸々の運動の現場にいて、自分ではココロザシを持続しているつもりの先輩ほど、まず確実に無自覚な転向者だった。端的に云って戦後民主主義に転向しているのである。胸に手を当ててよく思い返してほしいが、全共闘だった頃、諸君は〝護憲〟などという眠たいことを口にしていたか？　そもそも〝平和〟なんぞ求めていたか？　〝平和〟とは欺瞞にみちた戦後民主主義的秩序の別名であり、諸君は〝革命戦争〟派ではなかったのか？　〝護憲〟だの〝平和〟だのという言葉は、憎むべき日共民青のものではなかったか？　違うと云う者は、せいぜいデモや集会にたまに参加する程度の付和雷同分子でしかなかったはずだし、自分が元・全共闘活動家だということ自体が錯覚であることを、たしかにその通りだと云う者は、自分が実は転向者であることを、自覚したほうがいい。

巻末の集計によれば、七割が政治的・思想的立場は当時と「同じ」、八割近くが選挙には「いつも行く」と回答しているのだから失笑（わら）ってしまう。全共闘〝だった〟頃は議会制民主主義など心底から軽蔑していたろうに（〝ポツダム民主主義〟！）、ま、だからこそ〝元〟全共闘なのだろう。九四年の『全共闘白書』では選挙に「いつも行く」のが五割ほどだったというのは、この四半世紀のうちにココロザシを捨てた転向者がそれだけ多いのか、あるいは極左冒険主義は体にも悪いし、非転向を貫く者から病に斃れていくものなのか……。何にせよ転向者どもはどんどん選挙に行って、山本太郎にでもリッミンにでも投票してあげればよかろう。ある人がわざわざ都知事選に立候補して政見放送で叫んだように「どうせ選挙じゃ何も変わらない」のだし、無害である。現役の全共闘である私は、そんな連中の〝現在〟に興味・関心はない。

〝元〟全共闘の連中が〝今〟何を考えているかなど一切どーでもいいが、彼らが〝当時〟何をやったかには大いに関心があるし、私は実際、これまでその世代の幾人かに積極的にインタビューし、律儀に文字起こしして記録に残すことに努めてきた。仕事ではなく単に使命感でやっているので、発表媒体はせいぜい数十部しか出回らない私自身のミニコミ誌だったりするし、そういう情報をいっぱい持ってる新左翼系の版元などが人を紹介してくれるわけでもなく、たまたま知り合った人に話を聞くだけなのでまだ〝幾人か〟にとどまるが、貴重な話をそれなりに引き出していると思う。

そもそも記録が少なすぎるのだ。

当時、全国の八割方の大学では全共闘運動が盛り上がっていたと聞く。『続・全共闘白書』の回答者たちの出身校も、単科大や女子大を含め、名門大もマイナー大も関係なく、「そりゃそうだろうとは思いますが、やっぱりやってましたか！」と云いたくなるほど全国各地、多岐にわたっている。

ところが、記録本や回想記が充実しているのは、ほとんど東大と日大だけと云って過言ではあるまい。早大全共闘に関する本も多少あるが、そのほとんどはむしろ〝プレ全共闘〟の一つに数えられる六六年の第一次闘争の話で、より重要な〝本番〟期の六九年の第二次闘争については高橋公『兵どもが夢の先』におおまかな記述があるだけじゃないかと思うし、全共闘運動と現在の（学生運動など完全に壊滅している）状況との関係という観点からは最も重要なはずの七二〜七三年の第三次闘争の記録や回想記は今なお出ていないのではあるまいか。他には中大（神津陽『極私的全共闘史』）、芝浦工大（『もうひとつの全共闘』）、憎むべき日共民青側の視点だが立命館大（鈴木元『もう一つの大学紛争』）ぐらいしか思いつかない。小熊英二『１９６８』の反・全共闘的なスタンスには苛立つが、公刊書籍以外の史料を渉猟するスキルやノウハウが身についていない私は、小熊のおかげで初めて、〝プレ全共闘〟として有名な慶大闘争、横国大闘争の詳細な経緯を知ることができた。しかしその小熊の本にも、例えば同じく〝プレ全共闘〟の主要な例とされ、記録映画まである高崎経済大の闘争についてはほとんど言及さえない（そもそも首都圏の主だった数校の話しか出てこない）。もちろん連赤など新左翼関連の大きな事件の当事者たちの手記にはそれぞれの出身大学の話も出てくるし、滝田修『ならず者暴力宣言』などには京大の、牧田吉明『我が闘争』には成蹊大の全共闘に関する記述が多少はあるから、断片的なことは分かるが、全体像はよく分からない。しかも断片的にでも記録があればまだいいほうで、例えば〝島根大全共闘〟の話は何を読めば分かるのか？

〝元〟全共闘の不肖の先輩どもには、とにかく〝当時〟についての回想記を書き残してくれと切に願う。

この七、八年、人口十万以上とかであればその街の少数異端分子の巣窟化した飲み屋の一つ二つ必ずあるはずだと思って、地元九州の各地どころか全国各地を徹底的に探索して回っている。

しかし佐賀県佐賀市では事前のネット検索でも実際に現地入りして自分の足で歩いてみても、怪しい臭いのする飲み屋は見当たらなかった。まず多少なりとも反骨の匂いのする〝ロック・バー〟を探すのが私の場合のセオリーで、さんざん歩き回ってみたが、それらしいものがないのだ。店頭にビートルズのポスターが貼られた店を一軒見つけ、仕方がない、多少とも話が弾んだら「他にこの辺りにロック色の強い飲み屋はありませんか？」と訊いてみよう、というつもりで入ってみると、当時六十代のマスターはナナナナなんと佐賀大全共闘の草創期からのメンバーだという。のちにインタビューを申し込んだが、記録が残る形での証言は避けたいらしく、実現はしていない。

マスターによれば、佐賀大では三つのサークルが運動の中心にいたらしい。一つは新聞部で、もう一つは社研だか何だか、ここまではごくありきたりの話だ。しかし残るもう一つは、マスター自身その一員だった茶道部だというのである。「茶道なんて伝統でガチガチの、〝学生運動〟なんてものとはおよそ水と油の世界というイメージでしょ？」とマスターは云った。申し訳ないが実際そういうイメージだ。「ところがね、茶道の本質というのは、〝自由〟ってことなんだよ」。これはムチャクチャ面白いと思って、以来このエピソードを周囲に吹聴しまくっている。

山形県山形市でも似たような体験をした。事前の検索で五、六軒の「ロック・バー」が引っかかり、もちろんそんなもんピンキリだし、それに一晩だけの滞在でとうていすべては回れないので、そういう場合は個々の店名で検索をやり直す。するとマスターのブログが出てきたりして、それらを読み比べ、このマスターと一番話が合いそうだという一、二軒に絞るわけだ。最も〝怪しい〟と睨んで訪ねた飲み屋のマスターが実はやはり元・山形大全共闘で……という展開ではない。

そもそもマスターは中卒だった。しかしその事情がふるっていた。要はアノ保坂展人とまったく同じで、山形市内の中学校で〝ナントカ中学全共闘〟を名乗って盛んに活動し、内申書で学校側に報復され、受験した高校をすべて落ちたのだ。一応は〝保坂チルドレン〟の一人(ただし放蕩もしくは家出息子)である私は、〝中学全共闘〟というだけではそんなに驚きはしないが、花の都・大東京の一等地に建つ麹町中ならともかく、山形などという人外魔境にもそんなものが存在したことには大いに驚いた。もちろんマスターは〝内申書裁判の原告〟的なものになることもなく中卒でそのまま東京に出て、ベ平連の活動に参加し、その流れでフォーク・ゲリラの人脈に引き込まれて、政治より音楽に関心が移って現在に至るのだというが、私が元・全共闘活動家への〝徹底インタビュー〟を思い立つ以前のことで、おおまかな話を聞いたにとどまる。

もともと私はかなり以前から、私自身も深く関わった八〇年代の諸運動の当事者たちの証言を集めていたのだが、二〇一五年の秋、成り行きで元・北大全共闘の辰田収に話を聞くことになった。八八年の第一次反原発ムーブメントにおける最過激派の若者グループ「札幌ほっけの会」（詳細は『全共闘以後』参照）の中心メンバーにインタビューを敢行した時に、共闘関係にあったという辰田を紹介され、「彼の証言も聞いておくべきだよ」と勧められたのである。したがって私の主要な関心は、年長の労働運動家たる辰田が若者たちの運動にどう関係したかという点にあったが、話の流れ上、まずはその生い立ちや活動歴を訊くことになる。

革マル派の拠点大学ではたいていそうだったように、北大でもまた、革マル派以外の運動は公然登場できない状況が続いていたようだ。自治会を握っていたのは民青だが、いずれにせよ民青と革マル派以外の運動は無きに等しかったという。辰田は社青同の、しかし解放派でも協会派ですらもなく〝社会党内・構改派〟の系譜に連なるマイナーな党派の活動家で、ごく少数のブント系活動家と共闘する形で弱小ながらも独自の勢力を形成していたらしいが、六七年の例のジュッパチを境に多くの北大生たちの間にもザワザワとした雰囲気が広がり始めた。そこで辰田は、日共除名組のほうだが〝同じ構改派〟と関係の深いべ平連の学生たちと手を組んで、各クラスに反戦グループを立ち上げようと呼びかけた。辰田が三年生になった六八年の新学期のことで、新一年生たちの多くもこれに応じたそうだ。「これでそれまで民青と革マルの配下のような境遇だったのが、一気に二、三百名の大所帯になってしまって、ぼくらがビックリしましたよ」と辰田は云う。〝ただの市民〟を標榜し、人畜無害なイメージのあった、しかも世間で大人気のべ平連が呼びかけの中心となると、革マル派といえども暴力的な敵対はしにくかったのか、あるいは甘く見たのかもしれない。

辰田自身は当時すでに学外の労働者組織・反戦青年委員会の専従を学生の身ながら務めており、次第にますます労働運動への傾斜を深めて、北大全共闘の実際の運動展開とはほとんど関係しない。しかも辰田らより上の代に、万引きが発覚した上に「これは反資本主義の闘いである」と開き直って除籍になっていた北大・マル戦派の幹部三名がおり、「ぼくらがちょうどそういう盛り上がりを学内に作ったところへ彼らが(復学を認められて)戻ってまいりまして、一年生たちをまとめて横取りしていく」展開が起き、「でもまあ、とにかくそれが〝北大全共闘〟の始まりになります」という話なのである。

つまり辰田は、北大全共闘の結成へと至る流れにとりあえず点火する役割を果たしただけなのだが、一連の経緯を聞いて私は「面白い！」と思った。云われてみればたしかに、革マル派による恐怖支配下の大学で〝全共闘〟を立ち上げるのは至難の業であろう。第二次早大闘争でも大変だったと、学習院大全共闘の中心人物として革マル派自治会によって学外に放逐され、近所の早大全共闘に外人部隊として参加したという絓秀実から繰り返し聞かされてもいた。早大の場合は革マル派の妨害を武力で打ち破って全共闘結成に至ったわけだが、北大にはまた違う経緯があったのだ。

一口に〝全共闘〟と云っても各大学の学内事情はバラバラで、闘争の始まりも推移もまたそれぞれかなり違うのだと実感し、東大型と日大型があり特殊なケースとして早大型もあるっぽい、というそれまでの雑な理解を反省して、もっといろんな大学での具体例を詳しく聞きたいと思い始めた。とくに地方大学の記録が少なすぎるではないかという問題意識は、きっかけが北大の話だったからでもあろう。

三十年近くも福岡で活動しながら、戦後民主主義転向した〝元〟全共闘らしき地元の老害活動家どもとはコツコツ敵対関係を築いてきた事情もあって、私は福岡の全共闘についてさえほとんど知らない。ベトナム反戦の意識がそれなりに高まっているところに、こともあろうに学内に米軍機が墜落してきて火に油を注ぐ展開になった、という九州大のエピソードはもちろん有名だから知ってはいるが、逆にそれしか知らない。西南大でもそれなりに盛り上がったはずだが、こちらは具体的な話は何一つ知らない。日大に似た保守的校風のマンモス私大である福岡大はむしろ右翼学生運動の一大拠点だったと聞くが、あの〝六八年〟に全共闘派の学生が皆無だったはずもない。しかし記録は何も残されていない。

インタビューの二年後に辰田が死去したことにも、今のうちに誰かが記録を残しておかなければと危機感を強くした。

すでに述べたような諸事情でとりあえず偶然の出会いに頼るしかなかったが、例外的に熊本商科大(現・熊本学園大)出身の山南純平がいくぶん身近にいた。全国を巡業する野外テント劇団「どくんご」の熱烈な支援者である結果として、私は演劇シーンとも多少つながりがあり、熊本で長らくアングラ劇団を主宰する山南と面識があったのだ。もっとも、実際にインタビューをしてみるまでは、山南が元・全共闘らしきことを知っていただけで、まさかそんなマニアックな、聞いたこともない謎大学の全共闘の人だとは思ってもみなかった。

ちなみに山南は五二年生まれの七一年入学で、狭義の全共闘世代ではなく、山南が主導者の一人ではあり、それなりに盛り上がりもしたらしい熊本商大のノンセクト・ラジカル勢が〝全共闘〟を自称したのかどうかも、うっかり聞きそびれた。しかし高校まで過ごした山口県下関市なんぞの複数の大学にまで押し寄せていたという新左翼学生運動の波を意識し、実際それら地元の大学生たちともやがて交流を持ちつつ、まずは高校に入学するなり上級生たちが起こした丸刈り校則撤廃運動に積極的に参加して勝利体験を味わうことから活動履歴を出発させた山南には、少なくとも高校全共闘の一員という意識はあったと想像される。

肝心の熊本商大がこれまた革マル派の拠点校で、しかもかなり主要な地方拠点の一つでさえあったようだ。単に拠点サークルが存在したというレベルではなく、自治会を掌握し、山南の時代にはその委員長が全学連中執にも入っていたというのである。沖縄闘争では革マル派の部隊はいったん全国から熊本商大に集結した上で現地に向かっていたともいう。云うまでもなく革マル派以外の運動は公然登場しがたい状況で、六八、九年はほとんど無風状態で通過したと思われる。ただ山南は大学時代には〝政治と性〟といった領域に関心を移し、『四畳半襖の下張』裁判の支援運動などを主に担って、革マル派の面々からバカにされはしたが、無害な変人と見なされもしたのだろう、とくに掣肘を受けることもなかったらしい。

熊本商大闘争（?）がいきなり盛り上がるのは、山南によれば七二年のことだが、あやふやな記憶に基づく証言なので、あるいは七三年の話かもしれない。やはり革マル派の拠点大学に特有の面白い経緯で、ちょうど学食の料金値上げ方針の発表に学生たちの不満がくすぶっているところに、自治会ボックスがもぬけの殻と化し、しばらく様子を窺っていたがなかなか帰ってくる気配がないとの情報が広まるに及んで、それまでどこに隠れていたものか突如として大量の〝ノンセクト学生〟が登場、値上げ阻止の運動が始まったのである。会計学専攻の学生たちが、当局側が提示した〝値上げやむなし〟の根拠計算に間違いを発見したことを決定的契機として、値上げは撤回されたが、やがて自治会の面々が大学に戻ってくると、勝利の美酒に酔いつつ我が世の春を謳歌していた〝ノンセクト学生〟たちは、何事もなかったようにサーッと〝フツーの学生〟に戻った。自治会の面々は、留守中に学食問題で闘争が大いに盛り上がり、しかも学生側が勝利していることに当然ながら気づき、驚いたようで、「いったい誰が音頭を取ったんだ？」と学生たちを問い詰めたが、どいつもこいつも「いやあ……よく分かりません」とトボけたそうだ。

山南は自治会が一時不在となった事情をよく把握しておらず、「デモか何か」で全国動員をかけられて東京に出ていたようだと云うが、単なるデモや集会なら拠点校をそう長く留守にはしまい。考えられるのは、七二年一一月の川口大三郎事件を発端とし、〝革マル派自治会の追放〟を目指して半年あまり燃えさかった第三次早大闘争に対処するための動員で、だから七二年の末か、むしろ七三年前半あたりの話ではないかと私は推測しているわけだ。

その自治会の面々も、七三年か七四年に何か大きな刑事事件（山南によれば、列車妨害？）を起こして逮捕され、最終的に熊本商大から姿を消した。もちろんその時も当初は、裁判が終わればまた戻ってくるかもしれないのだし、潜在的〝ノンセクト学生〟たちは慎重に様子見をしていた。ところがくだんの面々が全員退学処分となり、もう戻ってはこないことが確実になると、闘争は再び息を吹き返した。今度の焦点は学費値上げ問題である。百人規模の〝ノンセクト学生〟が再登場して反対運動を組織し始め、最大時には三百人規模にまで膨れ上がったという。当時の熊本商大の学生数は、同じ敷地内にあってそれらの運動にも参加したという短大の学生を含めて四、五千人のようだから、七三、四年の話だし一割とは行かないまでも、それに近い割合の学生たちが起ち上がった計算になる。

いずれにせよ、革マル派（を典型とし、やがて中核派や解放派もそうなったような、拠点校に恐怖支配体制を敷くタイプの党派）さえいなければ、少なくとも七〇年代のうちは多くの学生が運動に参加し、各自の能力を発揮して縦横に活躍するものであり、（学費闘争のほうは負けたらしいが）時には学生側が勝利する場合さえありえたという見本であろう。なにしろあの、何が何でも学生運動など生起させないために〝環境管理型〟秩序維持のありとあらゆる新趣向を凝らして七四年に創設された筑波大でさえ、結局はあっというまに〝フツーに学生運動がある大学〟になってしまったというのである。

これまたポスト団塊の、むしろ〝新人類〟世代に属する五七年生まれの佐藤雅彦に聞いた話で、私のトーク・イベントの来場者だったが、筑波大の闘争に関わっていたというので後日改めてインタビューを敢行した。

佐藤は七七年入学だが、その時点ですでに、のち闘争のリーダーとして除籍処分となり、我孫子市長などを経て菅直人内閣の消費者庁長官となる福嶋浩彦らごく少数の学生たちが深夜の学生寮（〝寮〟という言葉さえ学生運動を想起させるためか忌避され、公式には〝宿舎〟）で、ゲリラ的に〝闇ビラ〟を配って（置いて）回るなどの地下活動を展開していた。のち東洋大の教授（やがて副学長）となり、小泉政権下での一連の〝改革〟に積極的に関与したり、佐賀県武雄市でネオリベ市長と共に図書館のツタヤ化を推進するなどの悪事に手を染めている松原聡も、当時はその一員だったという。とくに当局お仕着せの学園祭で、一部学生が提起する左派論客の講演会などが企画段階で潰されてきた問題が焦点化していたようだ。「七九年の学園祭を準備する過程ではもう、当局側と話し合うんじゃなくて、勝手に〝自主管理・自主運営〟で学園祭をやってしまいたいという機運はかなり高まってた」と佐藤は語る。

闘争が一気に高揚するきっかけは、七八年十二月の茨城県議選である。筑波大に用地も売った大地主の息子が新人候補として立ったのだが、当局側の関与も窺われるような形で、学生たちに数千円ずつをバラまいて投票させるという絵に描いたような完全アウトの選挙違反が発覚するのである。翌七九年一月に筑波大生百三十七名が書類送検される事態となり、佐藤によればこの事件は多くの筑波大生たちに、少しは社会的な問題意識を身につけておかないと悪い大人たちにいいように利用されてしまう、という危機感を抱かせたそうだ。事件発覚直後に呼びかけられた「『学生と選挙を考える』全学集会」は、マスコミも大騒ぎしている中さすがに当局側としても禁止しえず、大教室が満員になるほどの盛況になった。高揚に向かう最初のメルクマールである。〝管理体制打破〟の機運が高まり、七九年五月には正規の手続きを経て〝自治会〟(とは位置づけられていない「全学学生代表者会議」)もノンセクト・ラジカル勢が掌握、〝自主学園祭〟の開催を目指す方針を打ち出していく。

七九年十月末、学園祭問題で申し入れをおこなおうと、二百名ほどの学生が大学本部棟を取り巻いた。当局側は学生たちを入れさせまいと内側から鍵をかけ、膠着状態が続いたが、三里塚闘争にも参加していた「筑波之風」なる団体の学生数名が、例の管制塔占拠の際のエピソードを思い出して、もしやマンホールから入れれば本部棟の中に出られはしまいかとダメ元で潜ってみた。佐藤が現場に到着する少し前のことで、「フロアにはすでに当局の職員が数十人集まってて、腕組みして学生たちの様子を見てたんです。ガラス張りのフロアだったんで、外の様子は見えるわけで、中にはメモをとったり、学生の顔写真を撮ったりしてる職員もいたんだけど、つまりみんな、外の学生から見たら〝こっち側〟を向いて、ガラスを隔てて学生たちと対峙してる格好になるわけですよ。そしたらその後ろから、筑波之風の人たちが三人ぐらい突然、地から湧いて出てきたらしい。だけど登場するなり気づかれて、外から数百人の学生たちが見てる目の前で、職員たちにボコボコにされ始めるんです。これは助けなきゃっていうんで、みんなでガラスを割って突入して、そのまま座り込みが始まっちゃった」。やがて当局側が〝機動隊導入〟を示唆し始めたので本部棟から退去し、「図書館前の広場かどこかまでデモ行進でもって移動しようってことになって」、大半は〝学生運動〟なんてものには縁のないノンポリ学生たちだったが、一握りの活動家学生によるデモ指揮で「それまでやったこともない、〝管理体制粉砕!〟とかってシュプレヒコールを、拳を振り上げて、生まれて初めてやるんです」、「そうやって成り行きで、大勢で『管理体制を許さないぞ!』とか叫びながら行進していくうちに、ぼくと同じ学類の女の子なんかが、涙を流して感動してたり、みんな精神的にみるみる生まれ変わっていく」様子であったという。これが第二のメルクマールである。

結局この年は、ついに当局側が折れて〝自主学園祭〟の開催が容認されるに至る。以後の筑波大は、数百人規模という当時の国立大としてはごく普通か、むしろ普通より少し多いぐらいの規模で〝ちゃんと学生運動が存在する大学〟と化すのである。筑波大といえば暗黒のディストピアで、全国の大学が〝学園正常化〟のモデル・ケースとし、逆に全国の学生たちは〝筑波化阻止〟を合言葉にそれぞれの大学で果敢に抵抗し……というイメージを刷り込まれていた私は、〝話が全然違うじゃないか!〟と驚愕した。

ことほどさように、記録が残っておらず（もっとも筑波大の話は、総会屋雑誌『流動』に当時レポートが掲載されていたのを後日たまたま発見したが）、当事者に聞いて初めて〝へーっ！〟となる話が多すぎるのである。〝今〟何を考えているかなんてどーでもいいから、まず〝当時〟について証言を残しておいてくれよとしつこく繰り返したくもなる。

後続世代としては、闘争が盛り上がる過程より、むしろ〝どう終焉したか〟に強い関心がある。私はマニアでも〝趣味者〟でもなく、あくまで当事者として関心を持っており、例えば内ゲバの重圧の中でノンセクト・ラジカル勢がどのように試行錯誤し、おそらく多くの場合は逼塞させられていったのかなど、七〇年代の〝後退戦〟について具体的に知り、それが私などの世代が実体験した〝全共闘から二十年〟の頃の状況や、あるいは当局側が我が世の春を謳歌する現在の〝何にもない大学〟状況につながっていく脈絡を理解し、またその理解をさらに下の世代に語り継ぎたいのである。

私が熱烈支援してきた同世代（よりちょっと上）の野外テント劇団「どくんご」は、もともと八〇年代半ばの埼玉大ノンセクトの中心グループで、彼らの証言によれば埼大は〝ノンセクトの天下〟だったという。しかし最年長メンバーらも、八〇年前後に入学した時点で〝とにかくそうだった〟と語るのみで、なぜ〝そうなった〟のか、経緯は知らないようだ。彼らの入学の「十年だか七、八年だか前に」「党派の連中を追い出したらしい」という以上のことは彼らには伝わっていない。

ところが絓秀実によれば、埼大は五〇年代末の新左翼草創期から革共同・小野田襄二派の牙城で、小野田が六八年に中核派を離脱すると中核派vs小野田派の内ゲバの舞台と化し、これに小野田派が勝利した結果として埼大は〝小野田系ノンセクト〟＝「反戦連合」の拠点となったのだという。第二次早大闘争を中心的に担うのもこの反戦連合だが、そういえば内ゲバでの死者が（事故的な形でだが）最初に出た六九年九月の芝浦工大の事件も〝中核派vs反戦連合〟の構図だったと新左翼運動史の本にある。なるほどそういう脈絡かと合点がいくのだが、埼大・反戦連合が七〇年代を通じてどう推移し、「どくんご」古参メンバーが見た八〇年代初頭の状況へと至るのかは依然として謎である。「風の旅団」など全共闘世代のテント劇団がツアー公演をやめて久しい現在、唯一の本格的な〝旅するテント劇団〟として全国の若者たちをも熱狂させている「どくんご」の成立事情に関わるのだから、頽廃的な〝趣味者〟にとってのみ重要な問題ではない。

埼玉といえば「ウラワ・ロックンロール・センター」（URC。むろん高石友也のURCとは別）という音楽イベントの企画集団があり、埼大ノンセクトの結集軸だった自主学園祭に協力したり、もちろん「どくんご」とも交流があった他、八〇年代の日本ロック隆盛に際して重要拠点の一つにもなったようだが、このURC、なんと背叛社事件に高校生として連座した蓮実研一が、間近に見た牧田吉明らのような立派な〝革命家〟にはなれそうもない自分は音楽にでも走るしかないという断念を経て、埼大生だった七〇年に立ち上げたものらしい。ネットでたまたま蓮実のインタビューに行き着いて知ったのだが、こんな形でも〝六八年〟と私の知る八〇年代の諸運動とはつながっていたりする。日本ロックの八〇年代の試行錯誤こそ現在の〝Jポップ〟の始まりなのだから、これまた〝今〟とも大いに関係がある。

なにせ七〇年代後半から八〇年代初頭にかけての運動史がブラックボックス化していて、他にも例えば私が編集した雑誌状書籍『デルクイ』の第二号（一三年十一月）に、「early90s　学生運動の終焉」

と題して私の同世代の活動家数名へのインタビューを掲載したが、私と同じく七〇年生まれで、わずか二名で担われた最末期の熊本大ノンセクトの片割れである脇元寛之が、やはり代々ノンセクトの結集軸だったという熊大の自主学園祭について語っていて、まず一年生として関わった八九年のそれが〝第二十一回〟だったから、逆算していくと〝第一回〟は六九年ということになり、きっとその頃に〝何か〟あったんだろうね、と脇元は云う。もちろん全共闘がらみの〝何か〟であることを分かっていてわざとオドけているわけだが、詳しい経緯を知らないのは事実らしい。しかしとにかく熊大ではその自主学園祭が以後ずっと継承され開催され続けたのである（九三年まで続く）。

熊大もまた、少なくとも八〇年代末には、自治会は民青だったという埼大とも違って民青さえ公然登場しえないほどの〝ノンセクトの天下〟だったらしいが、スキあらば党派が侵食してくる七〇年代をどう通過して、そうでありえたのかもまったく分からない。

とまあ、あくまで私は〝今〟がこうであることの理由を探るためにこそ、〝元〟全共闘の諸君には〝当時〟のことを書き残しておいてほしいのだ。なんだったらもう、いっそ私が話を聞いてやってもいい。日大・東大以外の話を聞きたいが、七〇年代以降の話であれば日大・東大のそれでもかまわない。いよいよボケが始まったりしないうちに、warewaredan@mail.goo.ne.jpまで連絡を寄越しなさい。

もっとも本来なら、かの有名な〝全共闘〟の話なんだし、『文藝春秋』とかが私をインタビュアーに起用して毎号数十ページの連載企画をお膳立てしてもよさそうなものだ。ジュッパチだの大菩薩峠だのといった程度ならともかく、「遠方から」派がどうこう、日学戦がどうこう突然云い出されても

「えーと、それはどういう……？」と話の腰を折らずにいられる、はるか後続世代のインタビュアーなんて私以外にはあんまり見当たらないはずである。

老後は全共闘世代を反面教師として、口は出さずに金を出したい

雨宮処凛

PROFILE

あまみや・かりん／作家・活動家
一九七五年生まれ。フリーターなどを経て二〇〇〇年、『生き地獄天国』でデビュー。〇六年から反貧困運動に取り組み、反貧困ネットワーク世話人。『生きさせろ！難民化する若者たち』で日本ジャーナリスト会議賞受賞。ほかに『「女子」という呪い』『相模原事件・裁判傍聴記「役に立ちたい」と「障害者ヘイト」のあいだ』など著書多数。右翼団体に所属し「ミニスカ右翼」として活動していた二十二歳のときに塩見孝也氏と出会って北朝鮮のよど号グループを訪問。以降、全共闘世代との交友も深めた。現在は反貧困運動の活動家としての顔も持つが、全共闘世代への評価は「反面教師として以外、学ぶべきことは何もない」と辛辣だ。

全共闘世代の地に足のついてなさは変わらない

――『続・全共闘白書』を読んで、どんなところが印象に残りましたか。

雨宮　最後のアンケート結果のところに、全体の傾向が出ますよね。ちらほら橋下徹好きの人とかい

て（七人、一・六％）、ビックリです。

私が一番ひっかかったのは、問31の『延命治療』です。「絶対に望まない」というのが二百十四人（四八・〇％）で一番多い。団塊世代は一番ボリュームゾーンの人たちですから気になります。昨日も私は呼吸器をつけた難病の人と座談会をしてきたんですけど、「絶対にいやだ」というのはなんでなのかな、政治的に利用されるに決まってるのに、自分たちがやってる運動と矛盾しないのかな。あ、でも「いのちが大事」という運動でもないのかな？　延命治療は絶対拒否するというところに、団塊世代の危ういヒロイズムが現れているような気がしますね。本人としては子どもに迷惑かけたくないとか、使命感とあとはちょっとしたカッコよさで言ってるんじゃないかと思うんですが、団塊世代に大々的にそう言われてしまうのはちょっと怖い。というのは、ALS患者に対する嘱託殺人が、安楽死・尊厳死の法制化の議論に行ってしまうような国ですよ。そんな短絡的な議論をしている国なんかありませんよ。日本は「人に迷惑かけるな教」の国です。そういう国でこの答えは、とても危うさがあります。でも答えている本人は、活動家っぽい潔さとして答えてる気がして、それが気になりました。

――全共闘世代には「男の美学」的なヒロイズム、ロマンチシズムが多分にありますよね。

雨宮　そうなんですよ。すごいそれを感じます。全共闘世代は常にボリュームゾーン、世代として分厚くて、層として大きすぎる。それが今まさに後期高齢者に突入するということが大問題になっている時期ですからね。こういうのは最近の話ではないと思うんです。全共闘世代、団塊世代に背負わされた十字架というか、層として分厚いからこいつらが老後になったらとんでもないことになる、医療費で財政破綻だ、ってずっと言われてきたわけでしょう。それが延命治療拒否ということを、こんなに素直に受けとめているのは、なんでなのかな。ここが暴れどきじゃないですか。いのちを生産性ではかるな、ってもっと言ってもいいでしょう。妙に物わかりがいい。

——地に足のついた話よりも、革命の夢やロマンを語りたがるというか。

雨宮　その地に足のついてなさが、歳をとっても今もそうなんだな、というのが見えた感じという気がします。

——『続・全共闘白書』のアンケートの回答は男性が九割でした。今回のこの本で登場するのもどうしても男性が多いし、やはり全共闘は「男のロマン」であったというイメージがあります。男性の生活感のなさが現れた回答ということなんでしょうかね。雨宮さんがこれまでつきあいのあった全共闘のおじさんたちはどんなでしたか。

雨宮　最初に生きている全共闘世代に会ったのは私が二十二歳でまだ右翼やっていたときで、それが塩見孝也さんだったわけですよ。イベントで出会ったんですけど、当時塩見さんは若者見つけると誰彼かまわず北朝鮮に行こうと声をかけていて、私もバカだから行きますとか答えちゃってそこから付き合いが始まりました。

塩見さんも団塊男も「すくすく育った日本男児」

雨宮　会議で人を集めるんですが、私はそのころフリーターだったのでバイトがあると会議に出れないんですよ。そしたら「そんなバイトなんか休め」って言う。私からすると、働かずに「革命」ばかり言ってる塩見さんは貴族みたいに見えた。で、こっちはバイトでカツカツの生活、ほんとのプロレタリアートですよ。それを平気でバイト休めというのに、まず腹が立ちましたね。自分が脳になって細胞を動かして革命をやるんだとか言うのを聞いて、私たち貧乏人の暮らしもわからず何を言ってるんだろうと思いました。歴史の遺跡というかシーラカンスみたいなもので、とにかく現実を何も知らないことに驚きました。獄中が長かったから仕方ないかもしれませんが。

その頃、私はキャバクラで働いていたんですが、キャバクラで働くことをどう思うんだみたいに聞いてきたこともあります。男女平等なんて今よりももっと絶望的な状況だったから、私はハナからあきらめていて女性性を売り物にすることでしかカネを稼げなかった。そう言っても話は全然噛み合わないんですね。私が右翼に入ってたこともそうですが、愚かな者を正しい道に導く、という感じですべてのコミュニケーションがそんな感じでしたね。塩見さんの周りのおじさんも突然集会で「人民の皆さん」とか語りかけるから冗談だと思っていたら、本気だった。江戸時代の武士が冷凍保存されてるのを見るというか、珍しいものを見る感覚でした。

――当時、塩見さんが集めていた若者の男女比はどうだったんですか。

雨宮 九対一くらいですかね。女は私とほかにもう一人くらいです。でも女だからといって変わり種扱いするようなこともなかったですね。結局、自分が目立ちたいから女性がいても「お飾り」要員にさえされない(笑)。他の場だと「若い女」ってだけでいろいろ利用されると思うのですが。

――それでも塩見さんとのおつきあいはずっと続いた。

雨宮 もちろん、そうやって呆れながらも塩見さんのことは大好きですよ。なんでそういう人と近づいたかというと、それが全共闘なのか何なのか、当時の私にはわからなかったけど、親世代が若いころに若者が社会に怒りをぶつけて火炎瓶や石を投げていた時代があったということに鳥肌が立つくらいビックリしたんです。片や自分のまわりにも、当時のその人たちと同じくらいの二十代前半の若者がいるのに、自分たちがやっていたのは怒りを社会にぶつけるのではなくリストカットでしかなかった。それをなんとか超えたいと思っていたから、社会に対して怒っても「社会のせいにするな」と説教されない時代って、なんて生きやすいんだろう、風通しがいいんだろう。そう思ったのがきっかけでした。

全共闘の人が演説してる映像とかみると、リストカットとか、しそうもないじゃないですか。使命感とその瞬間の高揚感、脳から汁が出てるみたいにぶっとんでる。それが正しい青春のあり方じゃないか。片やこっちは、「半径五メートル以内で消費だけしてろ」「政治や社会のことなんか考えるな」って言われてるような生活。政治や社会のことを考えたら連合赤軍やオウムのような悲惨なことになるから、考えるのはあらかじめ禁止されている、遠ざけられてるという感覚があったんですね。だから私たちは自分を責めて自傷行為をするしかなかった。社会の閉塞みたいなことをずっとぐるぐる考えていたので、「世界同時革命」なんて言っちゃってる人（笑）に会うしかない、この生きづらさをとんでもないストーリーで凌駕してもらうしか生きていけないと思ったんです。塩見さんは見事に、会った瞬間、いっしょに平壌行こうと言って私を連れ出してくれた。私は初めての海外旅行が北朝鮮でしたから、それはすごい感謝しています。

私が塩見さんと付き合いだしてから、引きこもり系の若者のイベントのゲストに呼ぶようになったんですね。そしたら塩見さんは彼らに大人気になっちゃった。なんでかというと、引きこもりとかニーとか死にたいと言ってるような若者たちが塩見さんに相談すると、ほかの大人は「お前が悪い」とか「もっと努力したほうがいい」とか言うんですが、塩見さんはぜんぶ「それは資本主義が悪い!」と答えるんです。いままで想像もしなかったようなやり方で肯定された。赤軍派議長が「それはお前が悪いんじゃない。資本主義が悪いんだ」と肯定してくれるんだから、こんな力業ないですよ。世界同時革命と半世紀言い続けてたら、ガチで人を救うようになったんです。

——塩見さんの場合は、地に足のついてなさが逆に魅力になったと。

雨宮 そうそう。それがやっとキャラとして成立して、晩年は若者のアイドル的な存在だった。でもそれはやっぱり、塩見さんが駐車場で働き始めてからですよ。そこからすごい素直になった。自分と一緒に働いている労働者や買い物にくるような普通の人たちがいかに社会を支えているのかということを、やっと理解した。社会のしくみがようやくわかった、みたいなことを言い出したんですね。塩見さんが働いていたシルバー人材センターで労災がなかなか適用されないという問題があって、労働組合をつくりたいという相談も受けました。私がフリーター労組に連れて行って組合をつくろうという話になったんですが、結局、それを足がかりに世界同時革命をしたい、と言い出した(笑)。でもそれはほんとに感動しましたよ。まだ言ってるんだ!って。駐車場の管理人になって、世界同時革命とかもう諦めたかと思ってたんです。身近な労働運動で自分たちの身の丈でやっていくのかな、やっと地に足のついた活動家になったな、と思ったんですよ。でもそれは手段にすぎなくて、やっぱり世界同時革命だと照れながら言い出したから、みんな椅子から転げ落ちそうになりましたよ。

——塩見さんは、わりと昔ながらの男らしさとか女らしさにこだわるタイプではなかったですか?

雨宮　いや、私から見たら天然のおじさんみたいな感じでしたからね。居酒屋とかで飲んでも一円単位で割り勘でしたし。男らしさとか考える人だったら、子どもと同じ年くらいの女性と二人で飲むならおごってくれるでしょう（笑）。お金があまりないことが、男らしい振る舞いを封印させてたのかもしれない（笑）。九〇年代後半、赤軍派議長をキャバクラに連れて行くというようなサブカルの企画がありましたよね。でも塩見さんはキャバクラなんてあれはもてない男がいくところだろう、と言うんです。塩見さんは赤軍派議長として超モテモテ男だという自己認識だったと思います。俺様がキャバクラなんか行く必要ないだろ、って。塩見さんに限らず団塊男性って、どうしてあんなに自己肯定感高いんでしょうかね。「生きてちゃいけない」と思ってる人が一人もいないみたいに見える。もちろん当時、自殺した人もいましたけど、これほど団塊ジュニアが自分に自信がない、生きてちゃいけないと思い込んでる自傷世代であるのに対して、なんであの人たちはあんなに強いのか。やっぱり自己肯定感が強くないと、革命なんて言えないですよね。自分が世界を変えられると思えるわけですから。逆に団塊ジュニア世代は、自分がいなくなれは世界はよくなる、自分がいなくなることで何かが完成するっていう前提で生きている。団塊世代に育てられた団塊ジュニアが自分を好きになれない感覚との断絶は、ものすごいですね。

——そういうところも「男の世界」というか、全共闘世代は男同士の閉じた関係の中で充足してるという感じもあります。

雨宮　「すくすく育った日本男児」ですね。

——アンケートを見ても二十五年前とくらべて、社会主義を信じている人や社会運動に参加する意思

がある人はかえって増えています。三・一一以降に実際デモに参加する人は増えたでしょう。

雨宮　最高に幸せな世代ですよ。これだけ好きに運動して、老後にまた反原発や安保で盛り上がった。しかもＳＥＡＬＤｓが「おまえらがダメだったからいま自分たちが運動してるんだ」ではなくて、「あなたたちのがんばりがあるから、私たちが後を継ぎます」と言って、孫世代が全肯定してくれた。こんな幸せに死んでいける人はいませんよ。現役時代は経済が右肩上がりでまだ年金ももらえますし、人生のご褒美がいっぱいあって、やっぱり一番おいしいところをもっていったなと思います。

女性への抑圧に真摯に向き合った人はいるのか

雨宮　私の友達のお父さんが全共闘世代でデモの現場で会ったりしたんですけど、「あ、〇〇君のお父さんだ」って言ったら、「お父様」って言い直すように言われたんです。え、天皇？って思いました。超家父長制なんですよ。ジェンダー意識もそうですけど、俺は偉いんだ、俺様だという感覚がとても強い。北朝鮮に行ったときも、塩見さんは私のことをほかに一緒に行く人たちに紹介もしませんでした。女で年少者でもあった私は、頭数にも入ってないんですね。当時キャバクラで働いていた私にとっては、それが普通の扱いだったので疑問にも思いませんでした。おっさんなんてそんなもんだなと。ふるまいがかなり、キャバクラに来るおっさんと同じだったんですよ。でもそんなものだろうと。

――全共闘当時に、女性が炊事係や救対ばかりやらされたという話は、男性からはあまり反省も聞きませんよね。

雨宮　私が塩見さんたちとつきあっている中では、そういう話は一度も聞いたことはないですね。だからバリケードの中では飲まず食わずでがんばってたんだと思ってたくらいです。家事とか炊事なんていうのはたぶん記憶にすらないんでしょう。

私が初めてその話を知ったのは、上野千鶴子さんと対談本を出すときに上野さんがさんざん文句を言っていたからです。「やっぱり、そうだったんだ」という思いしかなかったですね。でも男の人たちは気にもしていないし、いま聞いても、女なんだからそれくらいやるのは当たり前だろとか言いそうですよね。疑問にすら思ってないんじゃないかな。

――最近でも新左翼の某党派内での強姦事件が問題になって指導部が一新されたりしましたが、戦前の共産党のハウスキーパー以来、左翼運動のなかの女性抑圧はずっとあったわけですよね。

雨宮　うん。……もちろん男性全員とはいわないけど、私の知っている人で、女性に対する抑圧に問題として向き合い真摯な反省をした人はいるのかな、という気がしますね。若気のいたりとか青春の一ページくらいに思っている人が多いようにも思います。直接反省の言葉を聞いたことは、ないですね。

慰安婦の問題についても、全共闘世代の男性から聞くことは少ないように思います。女性の問題とかジェンダーの問題は、そもそも話題にもならない。威勢のいい革命話とか小泉・竹中許せん！みたいなのはしょっちゅう聞くんですけどね。塩見さんも沖縄とかアイヌとかに入れ込んでたけど、決してそこには女性は出てこないんです。フレーズとして私は一度も聞いたことがない。それが欠落してるのが、あの世代の男性特有の問題なのかどうか……。

いまの二十代の男性でも、マッチョなノリの人はそれはいます。ただ全共闘世代の人たちにとっては、女が家事やって当然だし、女が親の介護やって当然だし、というのがある。女性の無償労働を極限まで利用した「共助」みたいなものに、なんの疑問もなく乗っかっている人が多いですよね。運動してても「嫁」に自分の親の介護をさせることも当然だと思ってる。そこは絶対に相いれないですよね。

――雨宮さんが運動の中でかかわっている若い世代の男性とは違いますか？

雨宮　まず「偉そう」じゃないですよね。革命運動と反貧困運動だから、目的も違いますけどね。貧困の当事者というのは弱ってる人が多いので、ちょっとでもその人を傷つけたら死ぬ可能性がある。そのことはみんな気をつけてるので、物腰が柔らかで、絶対に声を荒らげないし、高圧的な態度をとらない。逆に、全共闘世代の人は、声を荒らげて高圧的で怒ってナンボという芸風でしょう。それで支配した者が勝ちというパワーゲームが好きじゃないですか。

あの世代の人がある時、とつぜん連絡してきて、自分も貧困で苦しむ若者の支援をしたいと言い出したんですけど、絶対に来てほしくないと思いました。だって、弱ってる人を支援できるとは思えないんですよ。安倍が悪いとか菅が悪いとか言い出して自分の運動に誘ったりしかねない。でも、自分は正しいと信じて疑わない感じなのでそういうことが迷惑であるということもなかなかわかってくれないんです。

私が二〇〇六年に反貧困運動を始めたときも塩見さんはすごい喜んでくれたんですが。ぜんぶ自分の影響だみたいに勘違いしちゃったらしいです。それで関係ないのに作戦会議しようとかいうんですが、要するに「俺が指導する」みたいになっちゃったんですね。それを断り続けてたら、「おまえ、マルクスも読んでないのに、何が左翼だ」とかいきなりキレだした。「こっちは困窮者を支援する運動で、世界同時革命じゃないんですよ」といっても、「なんで世界同時革命じゃないんだ」って、本気でわかってくれなくて。困った人でしたね。自分が正しいと思って善意で押しつけてくる。それが全共闘世代といまの若い世代の活動家との違いでしょうかね。いまの活動家はそういうふるまいが支配である、コントロールである、広義の暴力であるという理解があるわけです。

怒りの表明の仕方を洗練させていく必要がある

雨宮　二〇〇七年くらいに全国のあちこちで、フリーター労組みたいな個人加盟の労働組合が作られましたよね。ある地域でフリーター当事者が、個人加盟のユニオンを立ち上げたんですよ。そしたら団塊世代の活動家がどこからか聞きつけて仕切り始めたんです。で、みんなを怒鳴りまくるんですよ。若い人たちは「働かせろ」とも言うし、逆に「もう働きたくない」とも言える運動を目指していたから「労働者が団結して革命する」じゃない。でもそういうのが全然理解できなくて怒鳴り散らすばかりで、みんな最初はその人が精神的に不安定なんじゃないかと心配してたというんですが、途中でそれがガチの「全共闘スタイル」だとわかった。あまりにも高圧的で言うこと聞かせて支配しようというばかりなので、みんな疲れ果てていきました。でも、本人には「迷惑をかけている」という自覚はまったくなく、指導してあげてると思ってるんですよね。そのころサウンドデモとかやってると、「なんでフランスデモしないんだ」とか意味のわからないことでブチ切れる「武勇伝おじさん」もいました。昔の武勇伝しか語らないおじさんはそう呼ばれています。

――全共闘世代はまもなく、運動からも世の中からも退場していくわけですが、そうするとその後は、何かがよくなるんでしょうか。

雨宮　なんか話せば話すほど、すべてが反面教師でしかないように思えてきますね（笑）。教えてもらいたいことは特にありません。女性を「おにぎり要員」として扱ってきたことも、知れば知るほど、ああいうことはしたくないということばかりです。だから私たちはあえて、ゆるくて入りやすい運動であることを目指しています。そうするとまた怒られるんですが。労働組合だって全共闘世代が始めたわけじゃありませんからね。

みんなが火炎瓶や石を投げていたのはすごいなとは思いましたが、いまの日本でそれをやって通用するかというと、いまに使えるツールではぜんぜんないですよね。彼らの言葉は常に難しい言葉で、「いかに難しい言葉で演説するか」の競争をしていたみたいでしょう。それが空虚に響いたので、そこも真似したくありませんでした。私が運動の中で彼らの真似をしたことは、一つもありません。

ただ、危ういと思うこともありますよ。いまはコミュニケーションのあり方として「怒ってる人＝取り扱い注意」みたいになっちゃってるじゃないですか。怒ってる人はおかしい人にされてしまってる。安倍政権のもとで「野党はクレーマーにしか見えない」と言われたこともありますよね。全共闘世代のような「怒り」をあらわす人というのは、今後、暴走老人といわれて、場合によっては人格障害の一種として取り扱われるようになるかもしれません。反政府的な怒りを表明すると、「こいつは人格障害だから、言うことを聞く必要はない」という流れになることを警戒しなくてはいけないでしょう。怒りでもって何かを表現することがすごく難しい時代になっています。正当な怒りは必要なんですよ。全共闘世代がいなくなったら、怒る世代がいなくなってしまうので、それは困りますよね。怒りの表明の仕方をもう少し洗練させていく必要があるかもしれません。私も社会に対しては怒ってるわけですが、怒り方には気をつけています。十年前、五年前にくらべても「冷静に言ってナンボ」というのがすごく強まっていますよね。

――ネットだと「言い方が悪い」と叩かれて議論の入り口にも入れない。

雨宮　全共闘世代の人は、そういうことは気にしているんでしょうかね。言われても全然何も感じない鋼の心と鈍感力を持っているのかもしれません。もう今は「怒ったらあっち側の人」みたいな扱いですからね。怒る人がいなくなった瞬間に、取り返しのつかないことが起こってその時に気づくのかもしれない。でもいまの怒り方では、たぶんだめなんですよ。「アベ政治を許さない」というスローガンを、団塊世代は好きですよね。でもあれもすごい身内ノリの言葉で、興味ない人には何も伝わらない、何もわからないじゃないですか。怒れば怒るほど閉じた感じになってしまうのが、もったいないですよね。

と、散々言ってきましたが、たまたま私が出会った全共闘世代が特別面倒だったのかもしれません。今もいろんな運動に参加したり現場に来る人たちのことはもちろんリスペクトしてます。自分がこの年になってもできるのかと。でも、やってると思いますよ。年を重ねれば重ねるほど、「こんな社会にしてしまった」という悔いと責任感は大きくなる。老後は私の周りの全共闘世代を反面教師として、口は出さずに金を出したいと思います（笑）。

「全共闘」の〈解体〉に向けて

松井隆志

PROFILE

まつい・たかし／武蔵大学社会学部准教授
一九七六年生まれ。専門は社会学・社会運動史。大野光明・小杉亮子と共編で『社会運動史研究』（新曜社）を発刊（二〇二一年に三冊目を予定）。『季刊ピープルズ・プラン』（八〇号）特集「再考「一九六八」」を責任編集。論文として「六〇年安保闘争とは何だったのか」（『戦後日本スタディーズ2』紀伊国屋書店）「一九六〇年代と「ベ平連」」（『大原社会問題研究所雑誌』六九七号）等。具体的な闘争のリアリティを辿る中でこそ次世代に伝わるものがあるので「大学闘争白書」を待望。生き様が個別化されたままではなく運動の軌跡として書き残されて欲しいと願う。

1．『全共闘白書』と私

『続・全共闘白書』（以下「同書」）刊行を受け、「内輪褒め」に終わらせないために世代の異なる者として評せよ。これが依頼の趣旨だ。私は、肩書きとしては日本の社会運動史を研究する大学教員であり、また同書掲載の人びとの子ども世代にあたる。縁あって執筆機会が与えられたので、呼びかけに応えたい。

同書は「続」篇として出された。したがって、位置づけのために二十五年前の『全共闘白書』(新潮社)から話を始めることとしたい。『全共闘白書』が出た一九九四年八月、私は予備校生だった。年度初めに廣松渉が亡くなると授業が三つも休講となるような予備校で、私自身も(当時既に希少種だったが)同時代の政治・社会への関心を抱き、学生運動の歴史にも興味を持っていた。だから『全共闘白書』が刊行され、批判を含め話題になったことはよく覚えている。

しかし、この本を手に入れることはその後長らくなかった。「流行り物」に飛びつく習慣がなかったこともあるが、小ぶりの電話帳のような本をどう読んで良いのかよくわからなかったということが大きい。今手元にある『全共闘白書』は、いつどこで手に入れたか記憶にないが、研究上念のため入手したに過ぎない。正直に言うとその後も長らく積ん読のままだった。

今回『全共闘白書』を初めて多少なりとも読んでみて、「電話帳」とはいえ案外「読み物」になっていることを今さら発見した。冒頭には呼びかけ人の座談会、各回答には目を惹く小見出しが置かれ、巻末には回答者座談会や大学当局など「関係者」の原稿も置かれている。加藤一郎の原稿を収録したのも興味深いが、「造反教官」(編集部は「同伴教官」と書くが)の声は貴重だろう。

とはいえ、本体のアンケート部分が「電話帳」並に扱いにくいことに変わりはない。大学生になって社会学で「社会調査」を学ぶことになったが、こうした質問紙調査では何を母集団と想定し、どのようにサンプルを得るかに注意が払われる。そうした抽出手続きを取らないデータは全くの無価値ではないとしても、「何%が××」と安易に言えない結果となる。『全共闘白書』を最初に目にした時に社会調査の方法論を考えたわけではないが、たまたま集められたメッセージの束を前に、一体どう読めばいいのか戸惑ったのは確かだ。

さて、ようやく『続・全共闘白書』の話だ。同書も、前述の『全共闘白書』の性質をほぼそのまま引き継いでいる。むしろ「電話帳」感は強まっている。同書は座談会等での刊行主体からのメッセージがほぼなく(シンプルな「まえがき」のみ)、ひたすら回答が並ぶ。その回答も、『全共闘白書』では実は掲載が限定されていて、その分一つ一つの中身に具体的な記述があるものが多かったが、今回は基本的に全員分をそのまま載せる代わりに、多くの部分で選択肢が羅列されるだけになっている。「アンケート」だからそれで良いと考えるかもしれないが、前述のとおりここではじき出された数字(割合)は鵜呑みにできない。

たとえば前田和男は、同書のアンケート結果を『全共闘白書』のときの数字と比べ、二十五年間の変化について述べているが(「『続・全共闘白書』年内刊行へ」『季刊ピープルズ・プラン』八六号)、そうした比較は残念ながら成り立たない。なぜなら前回と同じ層の人びとが回答しているとは言えないからだ。「老いてますます意気軒高」であるかに見える回答傾向は、単に今回の回答が運動関係者に一層偏っただけという可能性も高い(これは後述の論点とも関わる)。

要するに、『全共闘白書』を前にした戸惑いは、同書においても継続せざるを得ない。

2．アンケートを読む

2-1 「運動参加」をめぐって

とはいえ、同書を全く無意味だとする立場ももちろん取らない。前述のような限界を踏まえながらも、集められた声を読み解こうとする方向で努力したい。だがそうは言っても、同書を最初から最後まで熟読玩味するのは私の集中力では不可能だ。そこで、まとまった文章での回答がある設問75「最後にこれだけは言いたい」を中心に一通り目を走らせ、随時気になった集計結果も参照することにした。

まず、（特に一九六〇年代の）社会運動史の研究者としては以下の点が気になった。『全共闘白書』で眺めていて案外興味深かったのは冒頭の「運動参加の理由」欄で、選択肢のみならずそれなりに具体的内容が書き込まれていた。一方今回の本では、自発的に書き加えている者はいたが、大部分が選択肢のみの表記で無味乾燥に映る。当時生まれてもいない世代の研究者としては、「なぜ運動に関わることになったのか」の説明部分に当時のその個人のリアリティが書き込まれると思うので、その言葉が省略されることになったのは残念だ（「研究」にとどまらず、運動と無縁の現代社会に投げかける人間的共感の可能性を削ぐことになったようにも思われる）。

また、これは前回も同様なのだが、大学名こそ明示させているものの入学学部や所属サークルについて一切尋ねていない（自発的に回答している者はいる）。デモばかりして勉強してないから学部など意味がない、「自らの信念で」運動に参加（今回五七・二％）したから所属は関係ない、と言いたいのかもしれないが、どのような人間関係や読書体験の中で運動に近づいたのかは本来重要な問題である。

さらに「どのような人間関係」ということで言えば、これも前回同様、質問から党派に関わる論点が基本的に省かれているのも大きな欠落だ。この点について、しばしば回答者から新左翼党派の「罪」について提起されているし、そこを問わない「全共闘白書」企画自体への批判（二一八頁）はその通りだろう（この点は次節で改めて述べる）。

ただし、今回のアンケートが二十五年前とは異なり「一般学生として参加」か「活動家として参加」かの選択肢を設けているのは、この問題への一つの対応策かとも思われた（ちなみにこの設問1は他に「参加しなかったが評価」「参加もせず評価もせず」があり、これらを回答した者も「有効解析対象」に含めているようだ。参加しなかった者も今回の回答者として扱う理由がよくわからない。この点も後で触れる）。つまり、「活動家」としての自己規定と党派所属をほぼ同じものとしてみることができるということだろう。もちろん、所属党派名まではわからない。

この仮定を正しいものとして設問1への集計結果を見ると、「活動家として参加」の割合は極めて高い（六割）。先に、今回の回答者が二十五年前と比べて運動関係者に偏っただけではないかと書いたが、現在の運動系のネットワークに沿ってアンケートが配布された結果、こうした比率になったのではないかと私は想像する。

2-2 「左派」志向とその弱点

回答の内実にもう少し踏み込んでみよう。今度は研究者視点ではなく、日本の政治・社会の困難な現状を共有する同時代人として、親世代の回答者は何を考えているのか探りたい。まず、設問43「嫌いな言論人」や設問58「最も嫌いな政治家」に見られるとおり、実にわかりやすく「反アベ」である。後者の設問では安倍晋三が六割、続く麻生太郎と菅義偉が一割超ずつで、これで大半を占める（ただし複数回答あり）。また安倍政権の改憲反対（設問47）は九割超、日米安保廃棄（設問48）も六割を超えており、前回回答者と比べても一層堅固な「左派」であることがうかがえる。ただし、「社会主義の有効性」（設問6）で「（有効性を）失っていない」も過半数あり、（「社会主義」の定義によるとはいえ）思考が硬直しているだけの回答者も相当数いるのかもしれない。

同時に、私が注目したいのは、大半が元活動家で今も「左派」志向を強く持つ人びとすら、日本のナショナリズムにだいぶ巻き込まれているのではないかと思われる点だ。たとえば「平成天皇」（設問65）を「大いに評価する＋少しは評価する」は六割を占める。もっとも、具体的な回答ではさまざまに理由が書き込まれていて諸手を挙げた翼賛ではないし、「まったく評価しない」も二割を超え、積極的に天皇制廃止や憲法の第一章削除、共和制実現などを主張している回答も散見される。どちらの可能性を重視するかは判断がわかれるかもしれない。一方、もう少しわかりやすいのは、日の丸・君が代への回答で、設問53「日の丸を国旗と認める」が三九・二％（前回二七・〇％）、設問54「君が代を国歌と認める」が二六・〇％（前回一二・九％）と、今回の方が「左派」色が強いにもかかわらず、「認める」が大幅に増加している（ちなみに前回は「学生時代の立場」も聞いていて、そこでの「認める」はさらに少ない）。

一九九〇年代の後半以降は、「嫌韓・嫌中」や「在日」差別、「慰安婦」問題への否認やデマがはびこった排外主義ナショナリズムの時代であり、安倍はそれを利用してのしあがり、政権獲得後もその腐臭を放つ社会意識をますます肥大させ自らの養分としてきた。回答者たちが「反アベ」であることは結構なことだと個人的には感じるが、排外主義に関わる設問を十分用意しなかったアンケート作成者も含め、この点で「アベ政治」なるものの土壌に何があるかを掴みそびれているように思える。六〇年代の学生運動はベトナム反戦と強く結びついていたし、今回の回答にも「戦争反対」のメッセージが強く出ているのは確かだ。だが、自国の加害（かつての侵略戦争と植民地支配）への具体的責任追及が、たとえば親世代のナチス加担が大きな論点となった西ドイツと比べて、弱かったのではないかと指摘される日本の大学闘争の性格と、今回のこの回答傾向は関連するのではないかとも思える。

2-3　子ども世代との関係

もう一つ回答者の世代について気になっているのは、その後の世代との断絶である。断絶と言っても、回答に書かれるように「疎まれている」のは限られた側面での話で、一般論として常に非難や排斥を受けているわけではない。しかし、政治や社会に対する同書に見られるような「左派」志向は、現代社会に必ずしも引き継がれていない。もちろん、「全共闘世代」といっても、大学進学率は今より相当低く、かつ運動参加者も一部ではあったから、もともとマジョリティだったわけではない。だが、運動経験者が層として社会に存在していたことを考えると、いまやデモの風景がほとんど一掃され（ゆえにＳＥＡＬＤｓがかなり目立つ状況となった）、アベ政治の跋扈を許すようになったことはよく考えると不思議に思える。

『全共闘白書』は、団塊世代（この表現への異議も回答中にあったが便利なので用いる。もちろん同一世代の内実が単一であるわけではない）の高齢期が見えてきた九〇年代半ばの時点で、運動体験を持つ人びとの再合流を目指すという意図がかなり濃厚だった。実際、この時期以降に団塊世代が社会の責任ある位置につくことが広がるわけで、『全共闘白書』には、局面を変えてもう一度社会を変えてみせるという期待感すら漂っている。呼びかけ人の一人であった今井澄の「われわれの時代がやってきた」という記事タイトルは典型的だろう。

一方、冒頭で述べたように私自身は団塊ジュニア世代であり、『全共闘白書』が出る頃に大学生となって政治・社会と向き合うことになる。しかし九〇年代半ば以降に私の目に映った風景は、全共闘世代の「われわれの時代」どころか、「戦後」の肯定的遺産を根こそぎ破壊しようとする右派が我が物顔でのさばる時代だった。だから、「続」として『全共闘白書』を引き継ぐというなら「われわれの時代がやってきた」などという九〇年代の夢想の総括を求めたいところだが、ここでは措こう。

問いたいのは、量としては多かった団塊ジュニア（第二次ベビーブーマー）の世代が、こうした社会状況に対して大規模な反対運動を決して起こさなかったことだ。もちろん、社会状況、マスメディアやら教育やらが変わったという指摘はあるだろう。だが、全共闘世代（団塊世代の中の運動体験者）たちは、自分の子どもたちに引き継いで欲しい価値を伝える努力をしたのだろうか。

こうした疑問を抱いて今回の調査を見ると、そもそも子どもとの関係はほとんど質問されていない。前回の時点でも正面切っては問われていないが、子育て期であったことを反映して「子供が学生運動をしたら」（好きにさせる＝七一・一％）や「子供を塾や予備校に行かせたか」（行かせた＝五三・八％）

などの設問がある。それに比べると既に子育て期は終わって、もはや論点たり得ないということなのだろう。だが、今回の設問12「運動参加を家族に話しているか」で「話している」が七八・八％（前回六九・六％）ではあるものの、細かく回答をめくると、配偶者には話しても子どもには話していないとするものがある（必ずしも多くはないが）。そもそも前回調査で学生運動を「好きにさせる」という自由放任の優しい親（父親）は、逆に子どもがノンポリでいても「好きにさせる」のだろうと思われる。

限られた事例の雑な印象論ではあるが、デモや集会に熱心に参加する「シルバー左翼」は、自分の子どもや孫と政治・社会についてどれだけ真剣に議論してきたのだろうか。同書は、世代関係がどうつながったか（つながらなかったか）について、示唆するものがない。

3.「全共闘」とは何か

前節までで、『続・全共闘白書』を評せよ、という課題に最低限応えたことにはなるだろう。だが同書の前提についても踏み込んでおきたい。

さんざん疑問が呈されていることではあるが、同書はこのアンケートを集めて何を目指したのか。『全共闘白書』のときにも同様の疑問は出されたが、その解答は実は用意されていた。先ほど述べたように、「全共闘世代」の再結集が企図されたものとして読めた(その評価はここでは措く)。つまり『全共闘白書』とは「全共闘世代白書」であり、もう少し意訳すると「運動体験のある団塊世代の近況報告集」を目指していた。

それに比べると今回の本はあいまいだ。まず世代としても区切られていない。大学入学年の集計結果を見ると、一九四七年や四九年というのは記入ミスと思われるが（前者は四三一頁にあるが「六七年」の誤記だろう）、それを除いても六〇年代初頭から七〇年代半ばまでかなり幅広い。

この時代の学生運動では、一学年違うと大違いであることがしばしば指摘されるが、そうだとすれば十数年間にわたって全てが「全共闘」だというのは広すぎる。さらに、大学別に並べられているように、大学ごとの個別性は大きい。先にも述べたが本来であれば学部や所属サークルによって、同一大学内においてすら見えた景色は異なったはずだ。だからこれらを「全共闘」としてまとめるのは実は乱暴なことなのだと、同書の捉えどころのなさを前に今更ながら思う。

そのことは、これも既に述べた党派の位置づけとも関わる。党派活動家として大学闘争にも関わった者と、大学生として大学闘争を通じて政治の問題に触れた者とが、同じ「全共闘運動」を担っていたと言える根拠は何か（両者に絶対的な境界線を引こうというのではない。ただ、相当違った学生ではあっただろう）。そもそも先に触れた大学ごとの個別性から、同じ大学闘争であっても課題も勢力配置も展開も異なる。人的・物理的な協力関係も存在したから全てをバラバラに理解することは適切ではないが、「全共闘の精神とは何か」のような問いが一般的に成り立つような単一性はそもそも成立しないのではないか。

このことは、たとえば三橋俊明の日大全共闘についての著作を最近読んで改めて気づかされた。三橋は、全共闘を「ベトナム反戦や全学連運動」あるいは連合赤軍に引きつけて論じようとする主張への反発をくり返し述べている。

全共闘運動は、連合赤軍に象徴されるような政治党派の綱領や運動方針や指導者の指示命令とは無縁な「個人」が大集団となって異議申し立てへと起ち上がった社会運動でした。そうした実体に焦点をあてて考えるなら、全共闘はそれ以前の政治党派組織が指導していた学生運動とは切断された、まったく別な考えかたに立脚した運動だったといえるでしょう。当時、同じように「個人」を立脚点にした社会運動が、米国のベトナム侵略戦争に抗議して起ち上がったべ平連（ベトナムに平和を市民連合）による反戦闘争や三里塚闘争・水俣病闘争など日本の各地で湧き起こっていました。（三橋俊明『全共闘、1968年の愉快な叛乱』彩流社・三〇頁）

私は、べ平連においても過去の運動とのつながりで生じた運動だと見ており、「まったく別な考えかたに立脚した運動」とは考えないし、日大全共闘も含め各学園闘争において全共闘が政治党派から「切断された」ものと見ない方が適切だろうと思っている。とはいえ、三橋の言葉は一方の極（全共闘の一つの理念型）からの指摘として傾聴に値する。そして今回の「白書」にも垣間見られる新左翼党派が大学闘争をいかに歪めたかという非難の声を踏まえれば、両者が同じ「全共闘」の名前でくくられるのが実は奇妙であることに思い至る。

本稿冒頭で『全共闘白書』の頃からの私の戸惑いについて述べたが、今思えば単に「電話帳」であることのみに由来する問題ではなかった。これを読んでも全共闘のイメージが、ヘルメットをかぶっている姿以上に焦点を結ぶようには思えなかったのだ。全共闘と称する運動体が大学ごとに現実に存在したことや、それが潮流として同時代の学生と共鳴したことは全く否定しようがない。だが、各大学の個別性を超えて全共闘運動が成立したというのは、全国全共闘の幻なのではないか。

ちなみに、もし全共闘が何かしら共通の実体性を持つことがあるとすれば、それは反日共系学生運動としての側面ではないかとも思われる。党派所属が曖昧にされているとはいえ、『全共闘白書』にも同書にも、おそらく民青だった者は一人もいないに違いない。同書には運動不参加者すら（なぜか）含まれているが、「全共闘白書」に民青がいたらかなり違和感があるだろう。

だがその枠組みこそ時代が作り出した自明性に過ぎず、（もちろん当時の経緯も踏まえて）再検討が求められているのではないか。小杉亮子の『東大闘争の語り』（新曜社）は「東大全共闘の語り」ではないことが実は重要だった。「東大闘争」というテーマ設定がアクターとしての民青の検討を可能とした。「運動体験のある団塊世代」を「全共闘世代」と表現することで、一群の人たちが当然のように隠されてしまう。重信房子すら「支持政党＝共産党」（！）と書く時代となった（五四三頁）ことも踏まえれば、日共・民青との敵対というのが何だったのかということから反省的に捉え返すべきだろう。

4. いくつかの提案

こうしたことを考えると、果たして「全共闘白書」なるものが成立するのかどうかから本来は検討すべきであったと私は考える。何も、「語ることなど不可能なのだから、企画自体無意味だった」と言いたいのではない。むしろ同書を読んでいて一番気に障るのは、全共闘運動を個人的な問題としてしか受け取る気のない人たちの発言だ。前述のように、『全共闘白書』も同書も個別大学闘争の具体性を伝えないために、「全共闘」なる漠然としたイメージと個人の体験とが曖昧に癒着した印象を残す。ある種の「墓碑銘」として個人の「生き様」は刻まれるかもしれないが、運動としての全共闘が残らない。

同書に寄せられたのは「声ある声」に過ぎない。そしてそこにおいてすら、語れないことが残されているとたびたび述べられているし、この背後にはいまだに言葉にできない思いを抱く者が大勢存在している。そのことを忘れてはならない。だが、語った者が特別偉いわけではないのと同様に、語れないと思い込み沈黙を守る者こそが「真実」を体現しているわけでもなかろう。何らかの形で語られなければ、歴史に新たに記録されることも（ほぼ）ない。

大学生に「社会運動論」の講義をしていて六〇年代の学生運動の映像を見せることがあるが、単なる「乱暴」にしか見えていなかった諸闘争が、意図を持った真剣な取り組みであったと知ることで、「自分だったらどう考えるだろう」という感覚が現代の学生たちにも生じる。もちろん、考えた上で「やはり自分には無理だろう」と思う場合も多いが、「自分たちと同年代の学生が真面目に取り組んでいた運動だった」ことの理解は、（何らかの）共感の前提条件をなす。

「思い」だけ述べてもお説教にしか聞こえない、もしくはそもそも何を言いたいのかすら伝わらない。どのような場面で何を考え何に取り組んだか、その帰結を今どう考えているか（あるいはその後何をしてきたか）、そうした具体的なリアリティごと伝えなければ肝心なものも届かない。データだけの社会運動史が面白くないのは、こうしたリアリティの次元を欠くからだろう。

だから、個人の声を束ねる以上に、それを理解する前提知識を束にして提供して欲しいと思う。つまり、「全共闘白書」よりも「大学闘争白書」を待望したい。これは「研究者」だからそう思うだけではない。具体的な闘争のリアリティをたどる中でこそ次世代に伝わるものがあると思うからだ。もちろんそこには「敗北」以降の取り組みも書き込まれざるを得ないだろう。生き様が個別化されたままではなく、運動の軌跡として書き残されて欲しいと願う。

(追記・本稿をモタモタと書いたところで、「学園闘争　記録さるべき記憶・知られざる記録」が『続・全共闘白書』のＷｅｂ〈zenkyoutou.com/gakuen.html〉に集められることを知った。継続的な取り組みに感謝したい。)

PROFILE

しらい・さとし／思想史家・政治学者
一九七七年生まれ。早稲田大学政治経済学部政治学科卒業、一橋大学大学院社会学研究科総合社会科学専攻博士後期課程単位修得退学。博士（社会学）。専攻は政治学・社会思想。修士論文をもとにした「レーニンにおける「力」の存在論」が雑誌「情況」に掲載されたのを契機に『未完のレーニン――〈力〉の思想を読む』が刊行され注目を浴びる。著書はほかに『永続敗戦論』、『「物質」の蜂起をめざして』、『国体論』など。『続・全共闘白書』のアンケート調査では、「好きな言論人」としてトップの十九票を獲得した気鋭の思想史家・政治学者は、三十年年長の全共闘世代をいまどう見ているのか。語っているようで語ってこなかった「総括」を聞いてみた。

「現実批判はラジカルに」を全共闘世代から継承した

白井 聡

意外に思われるかも知れませんが、私なりに政治学的に全共闘運動というものに関して考え続けてきましたけれど、まとまったアウトプットをしたことがありません。一つには全共闘運動というものは非常にすそ野の広いものであるがゆえに、簡単にわかったようなこととして語りづらい。そして全共闘運動自体や、それが提起したいろいろなことごとの意義、意味、拡がりが、現在進行形で今もなお変わり続けているると考えられるからというのがその理由です。

現在の政治的無関心の原因としてはもう免責されていい

例えば八〇年代、九〇年代あたりの全共闘運動のパブリックイメージに対して、非常に影響が大きいのは、やはり「あさま山荘事件」「連合赤軍事件」、そして中核派と革マル派の内ゲバなどです。そこで圧倒的にイメージが悪くなって、大衆的な支持を失ってしまった。これは何度となく言われてきたことなので今更ですが、しかし確かにその通りだろうと思います。あれを見て多くの大衆が忌避感、嫌悪感を持つのは当たり前でしょうし、活動家であった方々であっても、少なからずの人たちがあの事件を見て運動から離れたと聞いています。『続・全共闘白書』でも、「運動から離れた理由は」という問いに対して、一番多い回答が「内ゲバ」、そして「党派内粛清」と続きます。大衆社会でもそれを反面教師にとって、八〇年代、九〇年代において、社会変革への志向が蒸発し、ノンポリ化の進行に歯止めがかからなくなった。そういう歴史解釈には一定の説得力があったと思います。

しかし、現在においてはどうか。大学で教えてみるとよくわかるのですが、現代の若者に、一九六八年前後に学生運動の高揚期があって、大学生を中心とした多くの学生が反体制的な運動に自己投企して、東大の入試も中止になるくらい盛り上がって、そしてその後陰惨な結果をたどったということを知っているかと問うても、多くは「知らないです」と言う返事になるでしょう。全共闘運動が、歴史の前提知識としてそもそも保持されていない。だから、現在の若者の政治的無関心や反体制的なものに対する拒否感というのは、あさま山荘事件のようなものがあったからという理由での自覚的忌避なのかといえば、全然そうではない。ゆえに、全共闘運動の失敗の部分があったから今がこうなっているんだという説明はできないですね。換言すれば、現在の政治的無関心およびそれがもたらす諸問題については、全共闘はさすがにもう免責されていると言ってもいいのではないでしょうか。

全共闘に関しては、研究対象になってきていていろいろな方が書いたものがありますが、そういったものを読みますと、ふむふむなるほどなあと思ったり、ここはピンとこないなあなどと思ったりもするわけです。全共闘や全学連などに関して評論していない理由を冒頭述べましたが、なかなか書きづらい理由をもう一つ付け加えるとすれば、私自身は世代的にはそこに属しておらず、大学時代にも積極的に反体制的な運動をしていたわけではないですが、個人史的な人間関係から、三派全学連的な感性や全共闘的な感性に大いにシンパシーを抱いているということがあります。全共闘の評論者というより、年下の友人として見做されるほうが、自分にとって自然になりすぎたということかもしれません。

「ケンカも強くて情に脆くて頭もいい」はカッコ良すぎか

そういう関係性の中で私が受け継いだものがあるとすれば「現実批判はラジカルに行わなくてはならない」ということかもしれません。私は大学院でレーニンの研究をやりました。今のアカデミズムの中ではまるっきり流行らない、主流派からズレたテーマを選んでいたわけです。「レーニンというのは実に偉い男ですよ」なんて周りに言ってみても、ほとんどの人が相手にしてくれませんでした。そんな論文を抱えてこれからどうするのか、と思っていたときに、雑誌『情況』の大下敦史編集長がその論文を大変面白がってくれた。大下さんとはそれから長い付き合いになり可愛がってもらいました。

その後いろいろやりながら今に至ります。三・一一以降、日本の戦後史、近代史が私の仕事のメインフィールドになり、『永続敗戦論』や『国体論』などを書きましたが、私の中ではレーニンをやっていた頃と本質に変わりはないつもりです。そこに通底するのは「現実批判はラジカルに」というスタイルです。それはもともと私の中にあった信念でもありますが、六八年的なものと接触するうちに、いよいよ強固になった気がします。

あと特記すべきは、彼らの持つコミュニティー、共同性の力ですね。現代というのはコミュニティー消失の時代ですけれども、それとは逆に人間関係が大変に濃密ですね。遠くにいるけどどこか仲間なんだ、あるいは仲間じゃないにせよ知り合いなんだという意識の中に、驚くほど多くの人たちが生きておられる。先ほどの大下編集長には実にたくさんの方々をご紹介いただきました。

学生運動の経験と言うのは、旧制高校の同窓意識のようなものに加えて同じ戦争を闘ったというような戦友意識も醸成するのでしょうか。人に迷惑をかけない、面倒な人からは逃げるというのが現代社会を生きる道徳あるいは処世訓みたいなところがありますが、学生運動経験者の間には、進んで面倒をシェアしてくれるような美風が少なからず存在しますね。共生というありかたについて大いに教えられるところがありました。

余談になりますが、生前の大下さんの口癖というか決め台詞は「あいつはブントだから」というものでした。大下さんは若い頃にブントという党派に所属しておられたのですが、やたら「あいつはブントだから」を連発する。どう考えても敵方としか思えない自民党の代議士なんかに関しても「あいつは確かブントじゃないかな。話が通じると思うよ」とか言うわけです。いつぞやは酔っぱらったときに「オバマもブントだから」とか言い出して、さすがにそりゃないよとか思ったんですけども、会ったことがない人ともそんな構えで平気で接触を図る。そういう姿勢で交渉すると本来知り合いでもない人となぜか会えたりすることもあって、不思議なものだなあと思いました。ダメで元々当たって砕けろ式の行動力でことにあたる大胆さも、学生運動経験者に広範に見出だせる特質のような気がします。

全共闘への恐れが招き入れた新自由主義

それにしても『続・全共闘白書』アンケートで特に目を惹かれるのは、設問「あの時代に戻れたらもう一度参加するか」の回答で、六七%もの方がはっきりと「する」と断言されていることです。国際的な比較では成果が乏しいとの評価もある日本の全共闘運動ですが、運動の成果の有無はともかくも、参加されたご当人たちは多くの方が誇らしいとか楽しかったと感じておられる。自分たちが体を張って大暴れしたことで世の中が変わると思った、正義が実現しかけた、誇らしいというような感覚があり、今もなおそのように感じていらっしゃるということですね。

中身をよく読むと「運動参加による損害」はあると答えた方々の中にも、結構な数の「もう一度参加する」という表明があります。痛手を負ったからもうこりごりだという気分ではないんですね。「連合赤軍事件」や内ゲバといった世間で流通しているイメージとは大きく離れたところに参加者たちの感想があるということになります。

この方たちは運動体験の後どういう生き方をしてきたのだろうということを想像したくなります。それぞれがさまざまな生業に就いたと思うのですが、そのなかで運動経験がどう作用してきたのか、肯定的な面も否定的な面も含めて、ぜひ証言していただきたいと思いますね。やはり知りたいのは、運動参加の動機となった「気骨」とか「反骨」といった心情や倫理が、その後の人生にどう作用したのかということです。

このことはかつてないほど、いま重要になってきていると思います。「気骨のある」とか「反骨心」といったエートスが、いったいどの時分あたりからなのか、日本の社会から失われてしまった。「あの人は気骨がある」とかいうのはかつては誉め言葉だったはずですが、今ではとんと聞こえなくなってしまいました。「あの人は体制順応派だから」などというレッテルは、昔ならアプリオリにネガティブな意味だったと思います。それに似た言葉で「判官びいき」というものもありました。かつては日本民衆の性質と言われていたものです。ところが現在では「水に落ちた犬は叩け」とばかりに、ミスや失敗をした人を見つけると、寄ってたかって滅多打ちにするようになりました。

このような社会の変質、劣化が、全共闘運動から五十年間経った中で確実に起こったということです。先ほども申しましたが、これは学生運動のネガティブな末路が影響しているなんてことではないでしょうね。

では経済至上主義が悪かったのかというと、そうとばかりも言えない。ビジネス誌を読むと、相変わらず日本の生産性の低迷が嘆かれています。最近の論調では、日本人が主体的にものごとを考え、主体的に振舞う訓練がされていないからだ、つまりは空気読み過ぎの日本人と日本社会の劣化が低迷の原因だなどという分析になっていることが多い。この論理構造は丸山眞男にかなり近くて「日本人は近代人になりきれていない」というわけですね。つまり、カネ儲けを追求しすぎて日本人がダメになったのではなく、ダメになったのでカネ儲けも上手く行かなくなったということです。

私の知っている領域、大学およびその周辺ということで言えば、学生運動によって大学機能が不全化させられてしまったというその歴史的事実へのトラウマがすさまじいものだったことが随所に見て取れます。東京学芸大学を解体し筑波大学へというような動きに代表されることの意味というのは、それまでの教育の解体であり、絶対に全共闘運動を再来させないという意思なのでしょう。権力からしてみれば、とにかくあれだけは駄目だ、と。そのために学生、教員の双方に対して、行動しない大学人であるように規制、誘導する。今の大学のキャンパスを歩いていて、かつてそこで大きな政治運動があったことなど、想像すらできないですよね。完全に空気は変わってしまった。現代の大学も、口先だけでは主権者教育とか、多様性とか言うわけですね。しかし突出した行動が出た場合、それを抑え込むことが何より優先される。官僚制的統制が貫徹するシステムを組んできたということだと思います。そんななかで若年層の社会的無関心・無力感は極限に達しており、そういった教育の影響が現在顕著に出てきているわけですね。

自分が犠牲を払っても、社会正義を追求する。そういったありようの否定をしてしまえば、その真逆の姿として、正義の追求などはやめて確実な小利の獲得を積み重ねていくことこそが正しいということになってしまいます。これはいわゆる新自由主義的なエートスです。新自由主義というのは、全共闘の敗北の悲惨な内容からではなく、全共闘の再来を臆病に恐れたシステムの改悪が招き寄せたものではないかと私には見えるわけです。

『続・全共闘白書』を読んでみても、我々が立ち上がったことに関しては何の恥じるところもない、と多くの方々は思っているわけですね。しかし、その運動の末路と、現在このような社会が出現してしまったことについては、大変に残念な気持ち、忸怩たる思いを持たれていることが読み取れます。そうしたなかで、一体自分たちは何と闘ったのか、何を得て、何を得られなかったのか、何を変えられて、何を変えられなかったのか、今日の視点から語り遺してほしいと思いますし、そうした望みを持っておられると思います。だからこそその六七％の「あの時代に戻れたらもう一度参加する」なのだと理解しますし、そのような方々から、山本太郎さんや私が「注目している政治家」「注目している言論人」というような評価をいただいていますが、私にとってそれは大変光栄なことです。今後、いよいよ気を引き締めてことにあたっていかねばと思わされます。

『続・全共闘白書』をじっくり読んだときに実に面白いところは、匿名、匿名、匿名と続いた後に、安彦良和さんであるとか重信房子さんであるとか、とんでもない著名人が突然実名で登場されて思いの丈を語っておられたりします。思いの丈ということであれば、最後の項目「問75 最後に、今だから話せる当時のこと、今こそぜひとも伝え遺したいことをご自由にお書きください」の部分にみっちりとした長文を寄せていらっしゃる方々が多くて、そこが実に読みごたえがあります。あのような運動に参加された方が、五十年という社会の変遷の後に何を考えるに至ったのか。政治学的にも、また日本の近現代史を考えるうえでも貴重な資料ですし、政治的に立ち上がった若者たちが、どのような人生を経てどのような境地に至ったかという一級の文学としても読みうるものかと思います。

『続・全共闘白書』は、当時を経験した人たちの現在地点の確認の書ではなく、過去を踏まえたうえで未来をどう切り開くべきかの参考書として、むしろ若者にこそ読んでほしい本であると感じます。

共学革命として分析する全共闘運動

チェルシー・センディ・シーダー

PROFILE

Chelsea Szendi SCHIEDER／青山学院大学経済学部准教授
一九八〇年、米国ネバダ州生まれ。高校時代に日本にホームステイをした折に、日本の学生運動を知り、関心をもつ。米コロンビア大学で日本現代史を専攻し、同大博士後期課程単位取得済退学。戦後日本の社会運動とジェンダーについての研究を深めるべく来日。二〇一四年、明治大学政経学部特任講師をへて二〇一八年より青山学院大学経済学部准教授。『全共闘白書』と『続・全共闘白書』から得た一番大きな教訓の一つは「いま私たちが気軽に〝全共闘世代〟と呼ぶものを構成しているのは多彩で多様な個々人の経験であり、それらを一つの物語に収斂することは不可能である」と述べる。

私が初めて日本の学生運動について耳にしたのは高校生の頃、茨城県にホームステイをした時だった。東京で警察に向かって石を投げる若者といった信じられない話をホームステイ先のお母さんが聞かせてくれたのである。その頃、私が東京に行ったのはまだ数えるほどだったが、その東京と、心に思い描いた学生運動のイメージを全く重ねることができなかった。私が見た一九九六年の東京は整然として秩序正しい街であり、若い人達はどんな形であれ政治の話には無関心であるように見えたからだ。ラディカルな政治に関しては言うまでもなかった。

学生運動にまつわる話は私の中に小さな種となって残った。私は、自分が経験した現代の日本社会と少し前のラディカルな過去をどうすれば結びつけることができるのかを知りたくて本や資料をどんどん読みはじめていた。結局、いつのまにか研究に乗り出し、気づいたら自分がかつて読みたかった本を自分で書いていた。

「このままでいいのか、それとも立ち上がって闘うか?」

戦後の学生運動、特に「全共闘世代」と呼ばれる人々の経験は戦後日本の歴史という物語のなかにうまく編み込まれていない。さまざまな理由、さまざまな状況から多くの、とても多くの人々が学生運動に参加した。その経験は彼ら彼女らの記憶のなかに息づいている。にも関わらず、日本は基本的に和を尊ぶ社会だという文化的な神話は圧倒的で、こうした対立や論争にまつわる話は世に出回っていないのだ。この欠落こそが私を悩ませ、また戦後日本の学生運動についての研究で明らかにしようとしてきたものだった。

私が全共闘世代の経験に注目し、英語でその歴史を書きたかったのにはもう一つの理由があった。私は、全共闘の経験を日本戦後史の物語のなかに編み込むだけでなく、一九六〇年代のグローバル・ヒストリーのなかにも位置づけたかった。大学院に入り周りの人に日本の学生運動を研究するのだと話すと「日本に学生運動があったの!?」と多くの人々が驚いた。和を尊ぶ日本文化という神話は日本の外、グローバル社会にも輸出されていたのだった。

調査を始めるにつれ、私はすぐに二つの力学に気がついた。それらは私が戦後の学生運動について書く際の筆致を定め、学生に学生運動を教える際の教え方にも影響を与えた。一つめの力学は、一九六〇年代の日本のみならずどの地域の学生運動家もそうであったが、自分たちの日々の経験をより大きな政治経済に関連づける考え方だった。日本の若者は、「高度経済成長」の豊かさがアメリカの侵略主義および東南アジアの戦争とどのように繋がっているかに関心を寄せていた。彼ら彼女らは、戦後日本の平和な生活が世界の他の地域での暴力の上に築かれた上辺だけのものだと批判した。そして実力行使による介入で、政治や経済のみならず教育や社会の領域でもより公平な世界を要求しようと模索していた。

私は戦後日本の学生運動のこの最初の側面、とりわけ一九六〇年代後半の全共闘について学生と議論するのが好きだ。学生たちもまた、大勢の若者が街頭へ繰り出し、警察めがけて敷石を放っていた頃の日本をなかなか想像することはできない。だが、私たちの日常生活がいかに地政学的な不平等と繋がっているのかを考えてみると、歴史だけでなく私たちが生きているこの世界をもう少し理解し易くなるのである。例えば、手元にあるペットボトルのプラスチックがどこからやって来てどこに行くのか、またはレアアースが採掘されているコンゴの政治状況、あるいは、日本の大学や企業が生み出した科学技術が世界各地の武力衝突で市民に対して使われうる現状、といったものを私たちはどれだけ考えずにいるのか。こうしたことを学生と話し合っている。

一九六〇年代後半の新左翼は政治をより広く捉えていた。こうした政治のとらえ方は日本だけでなく世界的に共通のものだが、日本の活動家たちは、日本社会がだんだん豊かになっていくなか、社会構造を再生産する日々の生活と不平等な世界経済を、また戦後日本社会の享受している平和と第三世界の独立戦争を結びつけていた。こうしたものの見方をすると「日常」や「日常生活」は学生運動家にとって重要な概念となり、大学や政府当局へ立ち向かう理由となった。全共闘世代が主張してきた数々の根源的な批判や拒絶を学ぶことは、私たち自身の生活とライフスタイルをラディカルに（ここでいうラディカルとは必ずしも「過激」という意味ではなく「原理的」という意味だが）分析する議論へと繋がる。そして私たちにも「このままでいいのか、それとも立ち上がって闘うか？」と問いを投げかけてくるようになる。

戦後日本の「女子学生革命」

戦後の学生運動において私が気づいたもう一つの力学は、女子学生の運動家がマスメディアにおいてとりわけ象徴的な役割を果たしていたことだ。このことについて私はより広い分析を施すようになった。戦後日本の学生運動の研究者のなかには、運動において女性が果した役割はごく周縁的なものだ、と言ってきた人々もいたが、女性はニュース報道のなかで目につく存在だった。研究を始めてすぐの頃、女子学生の関わる暴力的な事件が日本の新左翼の興隆と凋落の象徴になっていることを知った。

一九六〇年、デモの最中に死んだ樺美智子の死と一九七二年に永田洋子の指示でなされた内ゲバによる粛正がそれだ。樺は一九六〇年日本における戦後民主主義の脆さの「犠牲となった乙女」のようであり、永田は一九七〇年代初頭の若者の行き過ぎた過激主義を代表するようになっていた。

現在、日本で戦後の学生運動が顧みられる際は、脆弱な運動から過激なそれに変化していった十年、という同じようなフレームで語られる。戦後に共学化した大学にて学生運動に参加し、過激な運動家とみなされた女子学生は、マスメディアによる学生運動のルポルタージュのなかで際立った役割を果した。メディアは彼女らを運動独特の脆弱性や暴力を体現する存在として、同情や恐怖をかき立てる人物として描いてきた。

学生運動への女子学生の参加が他の運動家たちにとって、そして広くは日本社会全体にとってどのような意味を持っていたのかを私は理解したかった。戦後日本社会において女性の役割が劇的に変化したことはよく知られている。そうした変化の一つが、かつては公式的には男性しかいなかった教育空間への女性の進出であった。では、大規模な学生運動がこうした新しい共学空間で形成されていったことは何を意味していたのか？戦後日本教育の共学という要素と、若い女性が戦後の学生運動で果たした役割（それが現実のものであれ想像上のものであれ）の二点を考慮して、私は自分の本のタイトルを、共学革命と女子学生革命の二つの意味を含む"Coed Revolution"とした。

高度経済成長のなかで男女を別々の分野に押し込めようとする社会的経済的な分断や、男性を公的な空間に、女性を私的な空間に切り分ける保守政策に対して女子学生たちが立ち向かいながら、同時に、学生運動家の掲げるラディカルな政治の、いわば強度をどのように測っていたのか。日本の学生運動をジェンダーの視点から分析することによって私が知りたかったのはこれだった。女子学生の活動家が運動に参加したことは、男女ともに参加した新左翼運動をより広い文脈において解釈するうえで、さらに学生運動の内部の力学を考える上で決定的に重要であると考えた。
一九七〇年代には、日本のみならず世界のあちこちで、新左翼の学生運動から女性だけの急進的な運動が育っていった。新左翼学生運動の理論と実践のなかの何が、大学で運動に参加していたラディカルな女性たちに新しい運動を立ち上げる必要性を感じさせたのか。それを理解する必要があった。男性の攻撃的かつ排外的な態度（ショービニズム）が、新左翼の活動経験のなかで多くの女性にとって決定的だったこと、それが世界共通の経験であったことが明らかになった。

第二次世界大戦後の民主化しつつある日本で育った若い女性たちはこうした男性性に対して楽観的であった。日本の民主化は両性の関係を見直す契機を含んでいたし、男女共学という新しい政策と、結婚における両性の平等を保証する法律によって男性のショービニズムはすぐに時代遅れになるものだと思われていた。戦後の学生運動は男子と女子が肩を並べて勉強する新たな環境のなかで進められたのであり、共学という制度は、社会的性差（ジェンダー）の役割分担に抵抗する新しい場を若者に提供した。そしてかつてないほどの数の女性を巻き込んだラディカルな学生運動を生み出した。

しかしながら、大学バリケード内での経験を述べる女子学生たちの語りは繰り返し矛盾をついていた。彼女たちは日本社会を覆う「日常の時間」から解放されつつも、同時に、性差に基づいた期待が寄せられる空間を経験していたのだった。

バリケードを築くことによって国家権力と資本を支える「日常生活」を破壊したいという希望と、バリケード内での日々の生活が彼女たちに求めるものは対立していた。普段政治に関心をもたない学生が全共闘にひきつけられたのは、より大きな解放、つまり退屈な講義や合理化された社会、社会から期待される役割などから解放されるという期待ゆえだった。

解放を求める広範な呼びかけに惹かれた若い女性たちも新しい自由をみつけたが、おなじみの制約にも出くわすことになった。抗議活動がだんだん攻撃的になると男性的な役割が次第に優遇されていき、女性には女性がすると見なされる仕事が課されるようになった。バリケード内の解放空間と、女だからと特定の労働を求めるありふれた性差別、この二つが釣り合わないことに多くの女子学生は気づいていた。

料理や掃除洗濯は女性がやるものだという考え方が、はっきり打ち出されていたわけではない。しかしながら、様々な大学で展開した様々な学生運動について記した話はどれもこれも、女性は新左翼運動の〝銃後〟を受け持ち、料理や掃除洗濯、ガリ版刷り、拘留された同志の支援をすべきだと想定している。こうしたケア労働は不可視化されることが多い。社会全般でよく見られる力学の一つであり、そのなかでケア労働は女性の仕事だと決めつけられるばかりでなく、労働として認識すらされない傾向にあるのである。

一九九四年に出版されたプロジェクト猪編『全共闘白書資料編』とその続編として昨年末に刊行された『続・全共闘白書』は全共闘運動参加者のアンケートを綴ったもので、私も研究で参照し多くを学んだ。そこで得た一番大きな教訓の一つは、いま私たちが気軽に〝全共闘世代〟と呼ぶものを構成しているのは多彩で多様な個々人の経験であり、それらを一つの物語に収斂することは不可能である、というものだ。

私は研究の中で、女子学生の社会的地位というより大きな構造が戦後日本の学生運動をどのように形づくったかを明らかにした。つまり学生運動に対するマスメディアの反応や、学生運動がそのあとに続く女性運動へどのように作用し教訓を残したか、という点で女子学生の社会的地位は大きな要因だったと考えている。

その上でなお私の関心をとらえて離さないのは、あまりにも独特でばらばらな私たち個々人の生活と経験が世界の動きを映し出すその作法であり、したがって、こうした個々の生活と経験はグローバル・ヒストリーとの関係から検討されなければならないということである。私の本の結論が、より多くの研究者にとって、全共闘運動を一九六〇年代の世界のなかにどう位置づけるか、また全共闘運動が今日私たちの生きる世界をどのように形づくっているのかを考えるきっかけになってくれれば幸いである。

＊なお、全共闘運動の「共学革命」としての分析は二〇二一年に出版される本で書かれている：Chelsea Szendi Schieder, Coed Revolution (DukeUniversity Press, 2021)

さまざまな学園闘争経験を読む

小杉亮子

PROFILE

こすぎ・りょうこ／日本学術振興会特別研究員（PD）一九八二年生まれ。東北大学大学院文学研究科博士課程後期修了。博士（文学）。専門は社会学。著書・論文に『東大闘争の語り――社会運動の予示と戦略』（新曜社、二〇一八）、「東大闘争の戦略・戦術に見る一九六〇年代学生運動の軍事化――ジェンダー的観点からの一九六〇年代学生運動論との接続をめざして」（『国立歴史民俗博物館研究報告』二一六号、二〇一九）など。『続・全共闘白書』を「当時の学園闘争が取り組んだ問題の幅広さや、それらの問題にたいしてアクティブに動いた学生たちの姿を伝える貴重な資料」と評価する。

一九六〇年代末～七〇年代初頭にかけて全国の大学や高校で起きた「全共闘運動」に関わった人たちから、二〇一九年に寄せられたアンケートの回答四百六十七通をもとに、『続・全共闘白書』（以下、本書）は編まれている。第一部では、回答者ひとりひとりが書いた内容をほぼそのまま収録したという。自由記述式の問いにたいする長文の回答や、選択肢で答える問いに補足として書き込まれた文章も収められている。そこに当時のエピソードや現在の心境を詳しく書き込んだ回答者も多い。アンケートの集計結果を報告する第二部も興味深いが、ひとりひとりが書いた文章が必要以上の手を入れられずにそのまま第一部に収録されたことによって、本書は貴重な資料になっているように思う。以下では、そのように考える理由を中心に、八〇年代生まれの研究者として、これまで東大闘争について調べ考えてきたわたしが本書をどのように読んだかについて、書いていきたい。

特徴ある少数者としてのアンケート回答者

まず、本書のまえがきには「全共闘世代」という表現が出てくるが、全共闘世代という言葉で本書におさめられた声を括ってしまうと、逆に読み取られにくくなるものもありそうである。まえがきには、本書は「全共闘世代の『遺言』」（五頁、以下とくに注記がない場合は本書中のページ数を指す）であり、アンケート結果の集計からは「全共闘世代の過去と現在と未来」（六頁）が浮かび上がってくるだろう、と書かれている。しかし、一九六〇年代後半の短大・大学進学率を見てみれば、一九六八年には一九・二％だった。当時は高等教育の急激な拡大期にあたり、一九七〇年には短大・大学進学率は二三・六％まで上昇している（文部科学省「学校基本調査」より）。それでも、同世代の若者たちのなかで、短大や大学に進学した者が少数派だったことは確かである。学生運動に参加した者はさらに少数派だったろう。全共闘世代というキーワードを使うことによって、当時の運動を世代論に落とし込んで語ってしまうと、本書をとおしてわたしたちは誰の声を聞いているのかという、回答者の正体が掴みにくくなってしまうことはないだろうか。

一九六〇年代後半に学生運動に参加した者は同世代の若者のなかの少数派だったはず、と書いたが、少数者だからといって、その運動が無力であったり無意味であったりするということにはならない。むしろ、少数者の社会運動として始まったとしても、直接的な利害当事者や運動のメンバーを越えて、幅広い支持や支援を獲得し、最終的に目標を達成することがある（長谷川公一、「社会運動の政治社会学――資源動員論の意義と課題」『思想』一九八五年一一月号、一二七―一二八頁）。少数者であるからこそ見える視野をもとに出発して、相対的にわずかな勢力しか持たない運動が、反響を広げていき、社会の制度や人びとの考え、生活を変えるポテンシャルを持っているところに、社会運動の可能性やおもしろさがある。本書には、全共闘運動――全共闘という表現で何を意味しているのかは、人によってかなり幅があるので、それぞれの運動経験の中身がだいぶ異なりそうだという留保はつける必要はあるものの――を経験した人びとにたいするアンケートの回答がまとめられており、本書をとおしてわたしたちはやはり、一九六〇年代当時の社会における少数者の貴重な声を聞いているのだと思う。

さらに、本書の回答者は、少数者のなかの少数者ともいえる。本書は、学園闘争がピークをむかえた一九六八年前後からおよそ五十年後に実施されたアンケートをもとにしている。運動に参加したおよそ五十年後に、七十五問にもわたる長いアンケートに答えるのは、どのような人たちなのだろうか。第二部に掲載されている、今回のアンケートの集計結果を一九九四年に刊行された『全共闘白書』のアンケート結果と比較したデータが、この点を考えるにあたって参考になる。なお、一九九四年のアンケートでは五百二十六通の回答があったのにたいし、二〇一九年のアンケートの回答数は四百六十七通と、微減に留まっている。このふたつのアンケートの両方に回答した人ももちろんいるだろうし、どちらかだけに回答した人もいるだろう。

二十五年前の『全共闘白書』のアンケート結果と比べると、二〇一九年の回答者たちは、運動に参加したことにたいして確信的な態度を示す割合が高い。たとえば、六〇年代後半に全共闘運動あるいは何らかの政治社会運動に参加した理由を尋ねる問2にたいし、「自らの信念で」と答えた人は二十五年前は五一・一%、『続・全共闘白書』では五七・二%と、割合がやや増えている。そして、「時代の雰囲気」を選んだ人は二十五年前の二一・九%から一一・四%へと、およそ半減した。また、「当時、全共闘運動あるいは何らかの政治社会運動によって革命（あるいは大きな社会変革）がおこると信じていましたか」と尋ねる問5に、「信じていた」と回答した人は、二十五年前は三五・七%であるのにたいし、二〇一九年の場合は四八・七%と増えている。あるいは、「もう一度『あの時代』に戻ることができたら、どうしますか」という問4では、二十五年前に「また運動に参加する」と答えた人は五五・三%だったのにたいし、今回は六七・〇%と、圧倒的多数派になっている。

二〇一九年の回答者たちが見せる、この確信的態度の強さを生み出した要因は、なんだろうか。まず、二十五年前には、回答者の多くがまだ現役で働いていたり子育てをしていたりしただろう。そのため、六〇年代後半から七〇年代前半に学園闘争や反戦運動に参加したことが、キャリアや家族形成などに与えた影響が生々しく感じられ、ポジティブな評価をしづらかった可能性がある。

ただ、ここでは、年月の経過とともに過去の記憶は薄れていくだろうという常識的な判断を前提にすると見えてくる、もうひとつの要因に注目したい。この常識的な判断を前提とすると、運動当時から数えて二十五年後の段階よりも五十年後の段階のほうが、経験者の記憶――ここには具体的なエピソードや感情、信条といったさまざまな要素が含まれる――が薄れているために、アンケートに回答する動機が薄れる人や、書く内容を迷って回答しにくいと感じる人が増えると推測される。それにもかかわらず、今回の回答者たちはこの長いアンケートに回答しえた。つまり、『続・全共闘白書』の回答者たちは、一九九四年のアンケートに回答した人たちよりも、当時の価値観や運動に参加した結果得られた信念にいまも忠実であり、運動経験を大切に考えているからこそ、年月の経過とともに薄れるはずの記憶を色濃く保ち、アンケートに回答できたのではないか。『続・全共闘白書』の回答者が見せた、当時の運動にたいする確信的で肯定的な態度には、このような背景がありそうである。

このような意味において、今回のアンケートの回答者には、あの時代の学生運動や反戦運動に参加した人たちのなかでも、運動の記憶や思想、行動様式などを色濃く保持している人たちがいると考えられる。少数者のなかの少数者とは、そのような意味である。一九六〇年代後半の学生運動や反戦運動に参加した、当時の社会における少数者のなかでも、五十年後もその記憶を自らにとって重要なものとして位置づけている、さらなる少数者――このような特徴ある少数者の声を収録したものとして本書を読み解いていくことで、回答内容がもつ意味や可能性を、より豊かに読み解くことができる。

自由記述にあふれるさまざまな学園闘争経験

社会運動に参加した当事者から後続世代が学びたいことは、やはり、その社会運動そのものについてなのではないかと思う。本書のもとになったアンケートでは、現在の収入や介護の状況、政治観なども尋ねられており、おそらく回答者と同世代の読者にとってはそれも興味深いのだろう。しかし、せっかく、一九六〇年代当時の学生運動や反戦運動、そのほかの社会運動を照らし出すような、特徴ある少数者の声を聞けるのならば、やはり、当時の具体的経験を聞きたい。なにを問題として受け止め、それにたいしてどのように行動し、その結果はどうなったのかを聞くことが、運動経験の継承には必要な作業である。

このような問題意識を持って本書の第一部を読んでいくと、「全共闘運動」という言葉で一括されがちな当時の学園闘争が、実際には、個別の課題とプロセスをもってさまざまに展開されていたことが浮かび上がってくる。最後に置かれた問75「最後に、今だから話せる当時のこと、今こそぜひとも伝え遺したいことをご自由にお書きください」への回答を中心に、長文の書き込みからは、取り組んだ課題や学生間の力関係、敵対する学生組織の性格、教職員の対応など、大学ごとに個別性があったことがわかる。

とくに、これまで一九六〇年代後半の学園闘争について論じられるさいには、当時大きな影響力を発揮した日大闘争と東大闘争が注目を集め、代表的事例として位置づけられてきた。本書の回答者の所属大学にしても、東大と日大が上位二校を占めている。このふたつの学園闘争は、しかし、当初の要求を達成できなかった、あるいは学生たちが求めた変革を大学にもたらせなかったという意味においては、全共闘派の学生たちが敗北に追い込まれた闘争といえる。

日大闘争では、日大全共闘の要求によって開催された一九六八年九月三〇日の大衆団交で全共闘側の要求が認められ、大学とのあいだに確認書が交わされた。ところが、当時の佐藤栄作首相の介入によって、日大理事会はその確認書を一方的に破棄し、その後は強硬な姿勢を貫いた。東大闘争では、一九六八年晩秋以降、全共闘派学生たちは、複数の要因によって当初から掲げていた七項目の要求を実現できる可能性が減じていく状況に陥った。同時に、東大全共闘と敵対関係にあった、日本民主青年同盟に集う学生たちとストライキに反対する学生たちによって闘争収束を進める代表団が結成された。そして年が明けた一九六八年一月一〇日、代表団と大学執行部とのあいだに確認書が交わされると、前後して各学部でストライキが解除されていくことになった。

本書のアンケートを読んでいくと、学生たちが制度的に勝利できた学園闘争があったことがわかり、日大闘争と東大闘争に象徴されがちだった学園闘争のイメージが揺らぐ。たとえば神奈川大学の闘争は、学生側の勝利に終わり、実のある大学改革につながったようである。「神奈川大学の創業家の米田家と応援団を追放、解体、民主化が進み、学生運動と大学職員、教授会が一帯となり民主的気風が醸成され変革を実感したときでした。学費が安く、学生は卒業単位が少なくなり、臨時雇用が正職員になり、教授の研究室が充実したりして、それぞれに利益がもたらされました」（六一頁）とだけ書かれていたが、閉塞的な大学の状況がどのように打ち破られていったのか、そのプロセスを詳しく知りたくなる記述である。

また、全共闘というキーワードで当時の学生運動が振り返られるさいは、もっぱら、一九六八年とその前後にのみ注目が集まりがちだが、東北大では、一九六九年と一九七二年の二度にわたって学園闘争が起きた。一九七二年の闘争に参加したという回答者によれば、この年に実施された国立大の学費大幅値上げにたいし、東北大の学生たちは値上げ阻止をかかげた。当時の東北大教養学部では、六九年の闘争で出た処分者の処分撤回問題もくすぶっており、教授会への反発は強かったという。結果として七二年の闘争では、バリケード封鎖や試験ボイコットが展開され、学生の過半数が留年するという驚くべき事態を生み出した。「機動隊と教官の逆バリケードに対峙する抗議と、試験会場に入り込んだ仲間の教官追及や一斉退場、白紙答案の突き付け、夜を徹してのクラスの仲間へのボイコット説得など創意工夫が、繰り広げられた」（三八二頁）という記述は、一九七〇年代前半まで、学生たちの生き生きとした動きがあったことを教えてくれる。

ほかにも、本書で語られる学園闘争のありようはどれも個別的だ。たとえば学習院大学の全共闘運動に参加した回答者は、皇室と深く関わりを持つ大学であるゆえに活発だったと思われる民族派学生運動に触れ、G大全共闘のこだわりは天皇制にあると言う（五五一―五六頁）。東京外国語大の全共闘運動が一九六八年九月に始まったきっかけは、完全自治新寮建設を求める寮生自治会の要望にたいして大学側が回答しなかったことだった。そして、一九六九年二月ごろ、大衆団交という話し合いのスタイルを大学側が拒絶したことを契機に、全共闘が分裂した（三一七―三一八頁）。新潟大学では、大学キャンパスの統合移転計画をきっかけに、全共闘の学生たちが、総合大学としてのマスタープランの作成、教授会の解体、無給医の問題解消などの要求項目を掲げて、大衆団交やバリケード封鎖などをおこなった。最終的に全共闘の望むかたちでの統合移転は実現しなかったが、当時の学長を辞任に追い込んだ結果、初めて医学部以外の学部から学長が選出されたという帰結は、学園闘争の大きな成果のように思われる（四一一―四一二頁）。

ここまで挙げてきたのは、アンケートの回答に書き込まれた体験談から浮かび上がってくる、学園闘争の多様性の一端に過ぎない。アンケートという性格上、回答に書き込まれた学園闘争の姿は、あくまで、長く複雑な闘争のプロセスを知る手がかりというふうに考えたほうがよくもあるだろう。それでも、本書は、当時の学園闘争が取り組んだ問題の幅広さや、それらの問題にたいしてアクティブに動いた学生たちの姿を伝える、貴重な資料である。本書の回答を出発点に、個別の学園闘争にかんする証言や資料がさらに集められ、当時の学園闘争や学生運動のより多面的で豊かな姿が、記録として残されることにつながればと考えている。

AIで読み解く『続・全共闘白書』

近藤伸郎

● P R O F I L E ●

こんどう・のぶろう／ジャーナリスト
一九八七年生まれ。東京大学法学部卒。立教大学人工知能科学研究科修士課程在籍中。予備校時代、全共闘運動経験者である表三郎さんとの出会いがきっかけで学生運動に興味を持ち、その後、情況出版に関わることになる。東京大学在学中、立花隆ゼミナールにてシンポジウム「今語られる東大、学生、全共闘」を主催。雑誌「情況」では、運動経験者へのインタビューをもとにした特集「なぜ今、全共闘か」を担当し、「全共闘四十年と五十年 連続と断絶」などの記事を執筆した。現在は大学院でAIを勉強中。『続・全共闘白書』が集めた四百五十人のアンケートデータをAIで解析すれば、全共闘世代の特徴があぶり出せるのでは。そう考えて取り組んだ成果の一部を紹介する。

1.『続・全共闘白書』をAIで読み解く

二〇二〇年度、立教大学に新設された日本で初めての「AI（人工知能）専門の学科」である人工知能科学研究科。現在、私はその一期生として日々、AIの勉強に取り組んでいる。まだまだ勉強中

図1　アンケートの一例─多くの方が回答欄に収まりきらないほど言葉を寄せてくださった

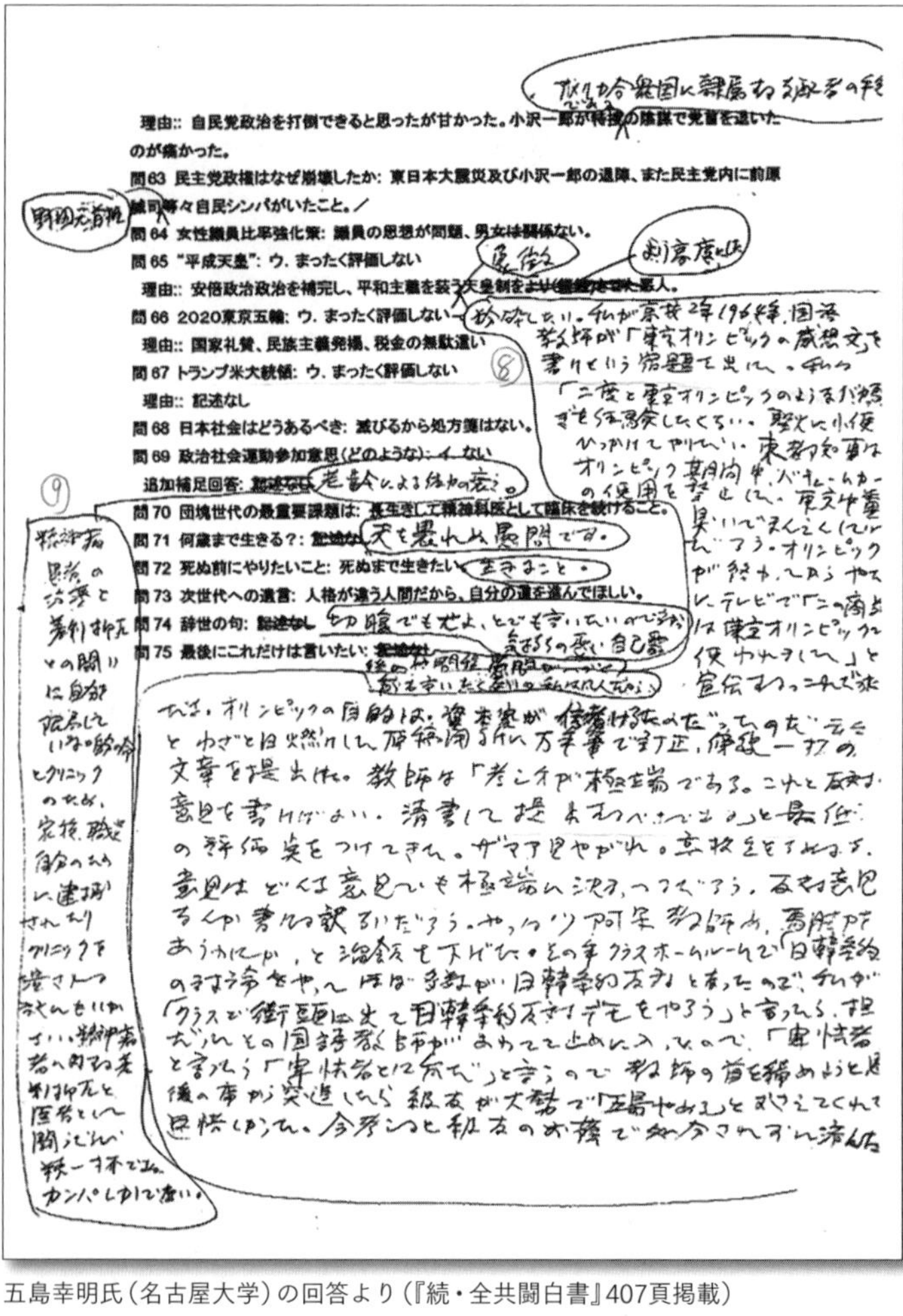

理由:: 自民党政治を打倒できると思ったが甘かった。小沢一郎が特捜の陰謀で党首を退いたのが痛かった。

問63 民主党政権はなぜ崩壊したか: 東日本大震災及び小沢一郎の退陣、また民主党内に前原誠司等々自民シンパがいたこと。

問64 女性議員比率強化策: 議員の思想が問題、男女は関係ない。

問65 "平成天皇": ウ. まったく評価しない

理由:: 安倍政治政治を補完し、平和主義を装う天皇制を 悪人。

問66 2020東京五輪: ウ. まったく評価しない

理由:: 国家礼賛、民族主義発揚、税金の無駄遣い

問67 トランプ米大統領: ウ. まったく評価しない

理由:: 記述なし

問68 日本社会はどうあるべき: 滅びるから処方箋はない。

問69 政治社会運動参加意思(どのような): イ. ない

追加補足回答:

問70 団塊世代の最重要課題は: 長生きして精神科医として臨床を続けること。

問71 何歳まで生きる?:

問72 死ぬ前にやりたいこと: 死ぬまで生きたい

問73 次世代への遺言: 人格が違う人間だから、自分の道を選んでほしい。

問74 辞世の句:

問75 最後にこれだけは言いたい:

五島幸明氏（名古屋大学）の回答より（『続・全共闘白書』407頁掲載）

図2　『続・全共闘白書』のアンケート項目をCSVでデータ化

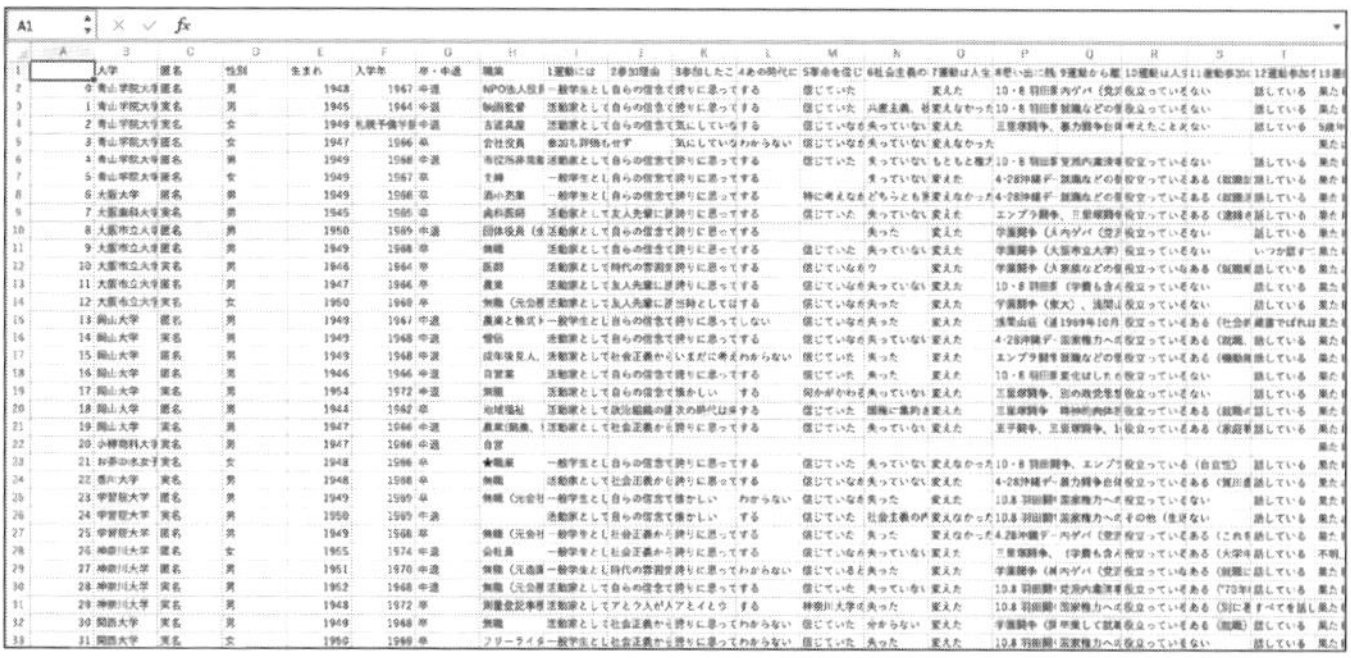

の身ではあるが、「AI学徒」の端くれとして、今回、『続・全共闘白書』のデータ分析に取り組んでみることにした。

まず目についたのは、「問75　最後に、今だから話せる当時のこと、今こそぜひとも伝え遺したいことをご自由にお書きください」というアンケート項目である。それぞれの人がこれまで生きてきた思いの丈がびっしりと書かれており、なかには回答欄に収まりきらない方も多かった。別紙で何ページにもわたり送ってくださった方もいたほどである。そこで今回、この「思いの丈」をテキスト分析してみることにした。（図1）

2．451人×75項目をデータ化

作業は、75項目に及ぶアンケート約450人分をデータ化することから始まった。送られてきたのはワードなどに貼り付けられた入稿のためのテキストデータだったので、まずはこれを機械で扱いやすくするためバラバラにし、CSV（Comma Separated Value＝カンマで区切られた値）と呼ばれる形式に作り直した。図2はその一部である。

3．アンケートに書かれた言葉をテキスト分析

次に行ったのが、アンケートに書かれた言葉の「前処理」である。「問75」以外にも、「問73　子供あるいは孫の世代への遺言（継承してほしいこと、ほしくないこと等）をお書きください」の設問であったり、「思い出に残る闘争」や「自衛隊問題」などに関連して長文の回答を寄せる方が多くいるなど、各設問で想定を超える言葉が書き込まれるケースが多くあった。そこで、可能な限りテキストを拾うという観点から、これらの「設問外回答」のテキストも拾い、合わせて「自由記述」として扱うことにした。（＊1）

この「自由記述」のテキストを機械（ＡＩ）で扱える形式に変換していかねばならない。人間の使う言語を分析することをＡＩの分野では機械の言葉との対比で「自然言語処理」といい、その第一歩は、意味を持つ言葉の最小単位（形態素）に文章を分割する「形態素解析」に始まる。（＊2）例えば「一度も同じ〝戦場〟で闘わなかった〝戦友〟に捧ぐ」というテキストであれば、以下のようになる。

一度	名詞,普通名詞,副詞可能,*,*,*	一度
も	助詞,係助詞,*,*,*,*	も
同じ	連体詞,*,*,*,*,*	同じ
〝	補助記号,括弧開,*,*,*,*	〝
戦場	名詞,普通名詞,一般,*,*,*	戦場

」　補助記号,括弧閉,*,*,*,*　」
で　助詞,格助詞,*,*,*,*　で
闘わ　動詞,一般,*,*,五段-ワア行,未然形-一般　戦う
なかっ　助動詞,*,*,*,助動詞-ナイ,連用形-促音便　ない
た　助動詞,*,*,*,助動詞-タ,連体形-一般　た
「　補助記号,括弧開,*,*,*,*　「
戦友　名詞,普通名詞,一般,*,*,*　戦友
」　補助記号,括弧閉,*,*,*,*　」
に　助詞,格助詞,*,*,*,*　に
捧ぐ　動詞,一般,*,*,文語下二段-ガ行,終止形-一般　捧げる
EOS

このような形態素解析をアンケートの「自由記述」に対して行った上で、助詞や補助記号などテキストの特性を表す上で重要でないと考えられる品詞は除外し、名詞・動詞・形容詞のみをピックアップした。さらには、こうして「分かち書き」した名詞・動詞・形容詞のなかから、「こと」「もの」「回」「自体」など、あまりにも一般的で文章の特徴を表すと言えない単語（ストップワードという（＊３））は取り除いた。「特になし」やそれに類する回答の意思がない旨の回答、また、あまりに短いが故に形態素解析で品詞を絞った後で空白になるものも除いた結果、４５１人の回答中、有効回答は４４０

であった。(＊4)その結果の一部を示す。

1　当時 仲間 付き合う 条約 海外 出る 現況 ok 世界情勢 変化 軍隊 自衛 組織 いい 慎ましい 貧しい 幸福感 時々 持てる 社会 孫 成長 女性 抱きしめたい 生きる 面白い 青春 青春

2　子 共産主義 社会主義 思想 概念 歴史的 経験 経る 人類 有効性 云々 図る 愚問 映画監督 作家 思想 哲学的 基盤 負 意味 大きい 比較 語る 戦後 歩む 歴史 全否定 未来 全否定 大衆運動 構築 憲法 平和 追求 理念 拡大解釈 自衛隊 縮小 スイス 軍隊 模する 再編す 戦前 関東軍 満州 派遣 本質的 変わり 嫌悪感 ラマルセーユ 羨ましい 革命 現在 条 改憲阻止 自由 命 守る 映画監督 文化芸術 フォーラム 参加 映画 撮る 続ける 子供 玲 任 東京 学生 会館 記念碑 皇居 北の丸 門前道路 挟む 北側 建立 1966 国家権力 破壊 学生運動 拠点 旧 近衛 1 師団 司令部 跡 雄飛 寮 行う 会議 戦前 2・26 事件 舞台 戦後 復員 学徒 学徒 住み着く 数十 大学 貧困 学生 選ぶ 自治会 形成 歴史 東学 60 代 学生運動 東学 舞台 映画 考える

3　5年下 おかげ 大学 管理 強化 草木 生える 戦争 出来る 人権 制限 福祉 社会 国会 抗議 行動 デモ 安倍 政権打倒 場所 違う 見る 風景 違う 周縁 全体 歴史 個人 個人 考え 記録 残る

4　健康 身の回り 整理 健康 家庭 暮らす

5　権力 暴力 反逆 精神 貫く 19 初 逮捕 ブント 参加 青山学院大学 逮捕者 小生 含める 4 逮捕 神田 カルチェラタン 闘争 東大 安田 決戦 神田 日大 芸 闘委 バリケード 死守 闘争 印象 残る 人生 死 賭ける 恐怖 戦う 自己 権力 さらす 戦う 経験 原点 ある意味 神風 特攻隊 隊員 社会的 問題

市民運動 根付く 原発 薬害 障害者差別 女性差別 部落差別 こども 虐待 非正規 臨時雇用 労働者 権利 学生時代 安保 粉砕 日帝 打倒 戦略 目標 暴力革命 目指す 人民革命軍 武装 遊撃隊 創設 必要 考える 真 日本 国家 憂慮 防諜 秘密保護法 組織犯罪処罰法 移民 水道法 カジノ 悪法 ……

これらの形態素を440人分数えると、その要素数は48496となった。これらをワードクラウドと呼ばれる方法で可視化すると図3のようになる。言葉が使われている頻度という点で言えば、「考える」「社会」という言葉が最も目立ち、次に「日本」「戦争」などが目立っている。

4.「大学入学年度」×「自由記述」

さて、ここで知りたいのは、このテキストがどういう性質を持っているかである。まずは、大学の入学年度を手がかりにテキストを分析していく。全共闘世代は一枚岩ではなかったはずで、例えば一九六八年のときに学部一年生だったのか、修士の学生だったのか、もしくは高校生だったのかなど、数年違うだけですいぶん経験には差が出るはずだ。回答者の入学年度の分布は図4・図5のようになっている。

アンケートの内容を一九六八年の時点ですでに大学生だったグループと、それ以後に入学したグループの大きく二つに分けるとき、それぞれのグループでどのような特徴があるかをAIの機械学習と呼ばれる手法を用いて解析した。テキストを手がかりに、書いた人物をどちらのグループに振り分

図3　「自由記述」で使われている名詞・動詞・形容詞を可視化
文字が大きいほど頻度が高い

図4　回答者の大学入学年度

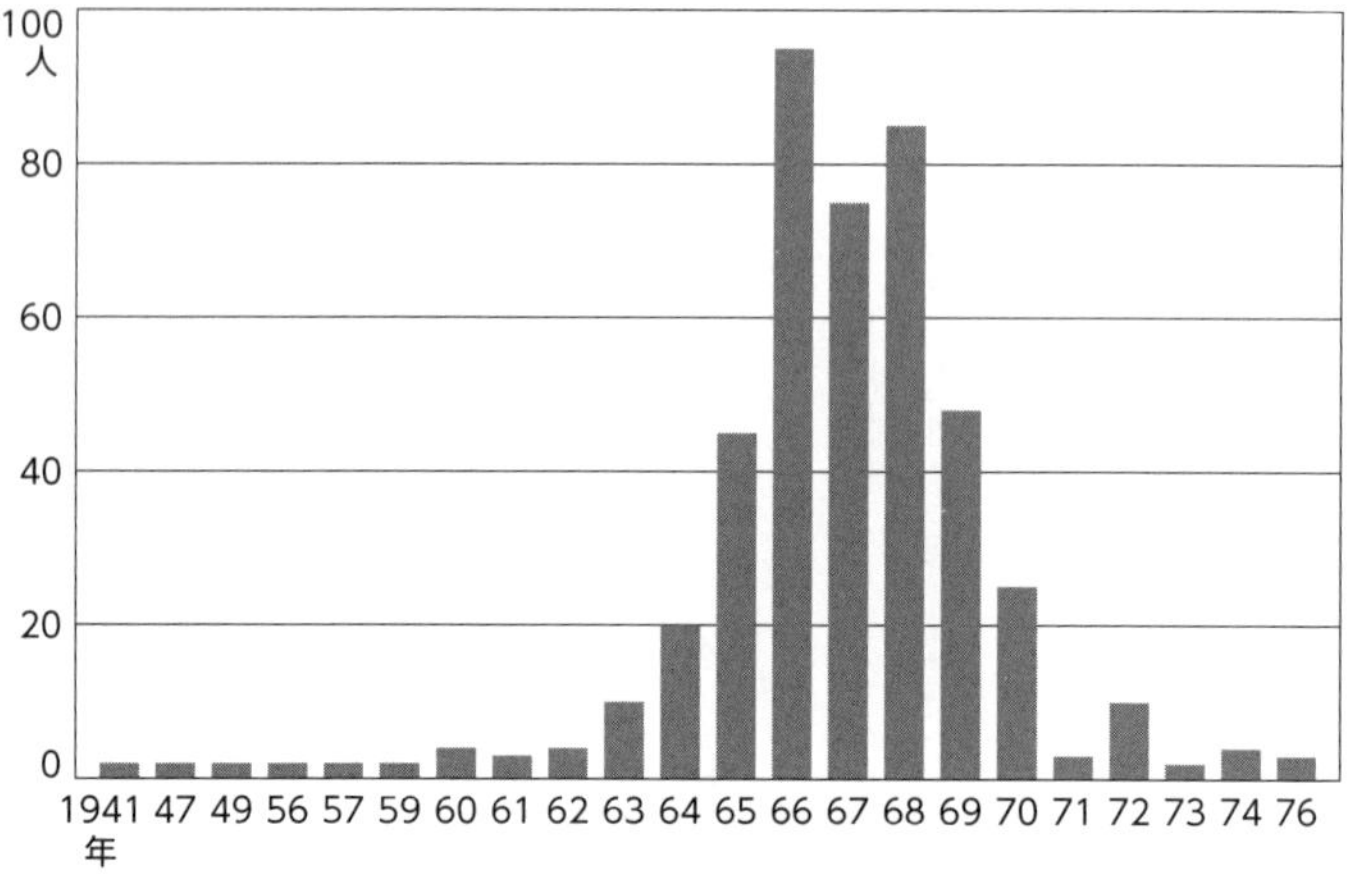

図5 「1968年以前入学」と「1969年以後入学」の分布

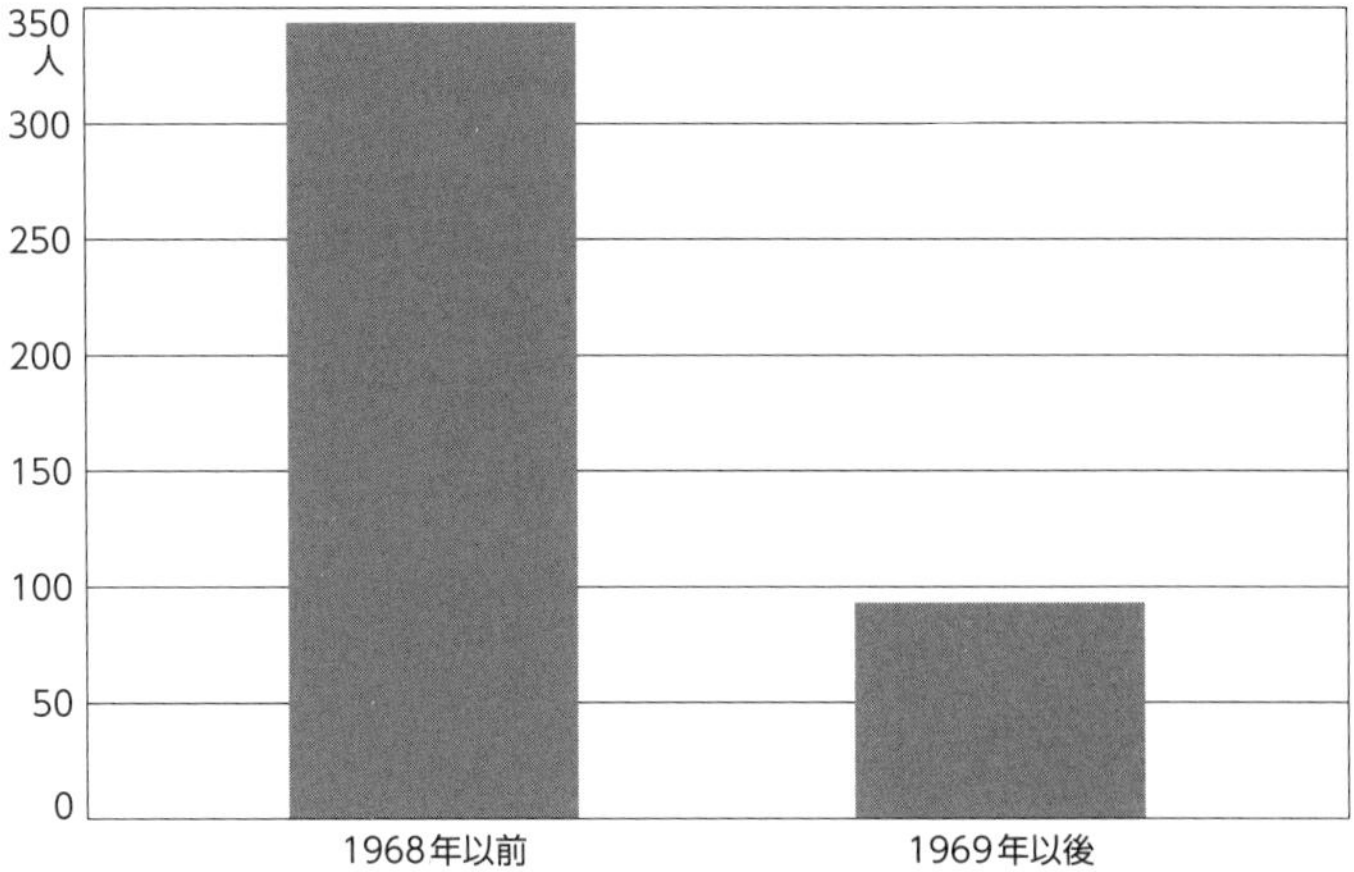

けるかという「分類問題」としてＡＩに学習させた結果、どの形態素（単語）が分類で重視されているかを示す「単語の重要度」は表1・表2のようになった。（＊5）

二つの表は、ＡＩが計算したそれぞれのグループの重要語トップ20を示している。一九六八年以前の「年長世代」に対応する重要語には、後期高齢者が多いこともあるのか「健康」という言葉が入っている。「死の直前まで健康でいたい」など、「団塊世代の最重要課題」の問いに対して健康を挙げている人が多かった。また、同じ問いで、「生活」に関してもある男性（一九六八年入学）は最重要課題に「公的年金のみでは生活が成り立たず、いつまで仕事を続けられるかという事」を挙げている。最重要語になっている「権力」に関しては、「国家権力」「反権力闘争」という文脈で使われて、「最後にこれだけは言いたい」の項目で、ある男性（一九六五年入学）は「権力と対峙したあの恐

表1 「1968年以前入学」の重要語20

単 語	重要度	単 語	重要度
権 力	0.7967	社会的	0.6147
健 康	0.7720	批 判	0.6142
人 々	0.7452	辺野古	0.6091
生 活	0.7286	戦争責任	0.6006
多 い	0.7072	つ く	0.5954
強 化	0.6943	安 倍	0.5947
考える	0.6731	民主主義	0.5905
憲 法	0.6725	変 化	0.5881
失 う	0.6560	受け入れる	0.5659
独 立	0.6158	愛する	0.5652

表2 「1969年以後入学」の重要語20

単 語	重要度	単 語	重要度
意 見	1.2873	反原発	0.8518
老 後	1.2315	人 脈	0.8434
市 民	1.1755	市議会議員	0.8384
愚 問	1.1574	社会民主主義	0.8354
社会活動	1.1531	決める	0.8233
武 器	1.1373	苦 労	0.8180
安保条約	1.0146	立 場	0.8112
可能性	0.9095	属 州	0.7938
変 革	0.8699	解 決	0.7681
問題意識	0.8528	現 在	0.7624

怖に耐え細やかながらも仲間と連帯して抵抗の意思表示を行いえた経験が、『世の中に怖いものなんて、それほどはない』という確信が持てた。」と述べている。政治に関する重要語では、「憲法」「辺野古」「戦争責任」「民主主義」などがあるが、これらは団塊の世代である全共闘世代のなかでも特に年長組が、戦争に連続した世代であることの現れだろう。

一九六九年入学以降の「年少組」はどうであろうか。最重要語が「意見」なのは、リベラルな価値観が反映されてのことだと考えられる。例えば、パルシステム生活協同組合の理事長で有名な一九六九年入学の若森資朗さんは、「段階の世代の最重要課題」として「分断と対立をなくしたい。反対意見を尊重する寛容な社会へ」と述べている。「武器」に関しては、自衛隊、憲法関連が多く、意外にも、連合赤軍に関してやゲバ棒などの当時の運動の暴力の文脈で触れているものはなかった。(一つだけ傘を武器にしたという記述があるのみだった。)一九六九年以後に関しては、データが少ないこともあるのか、年少世代を特徴付ける言葉として確信が持ちづらいものも多い。「老後」は、一九六八年以前にも多く見られたし、一九七〇年入学の男性の「今のところ「老後」とか「終活」という概念はない」などという使われ方もあった。「属州」「愚問」に関しては、一人の方が四つ以上記述欄に「愚問」と書いているなど、データの偏りがそのまま反映されている。(「属州」も同様。)

5.「運動に参加した立場」×「自由記述」

では、運動に参加した立場の違いではどうだろうか。全共闘運動は「大衆運動」であるという言説があり、いわゆる活動家の運動とは区別されるべきだという意見も根強い。そこで、「問1　全共

図6　「一般学生として参加」と「活動家として参加」の分布

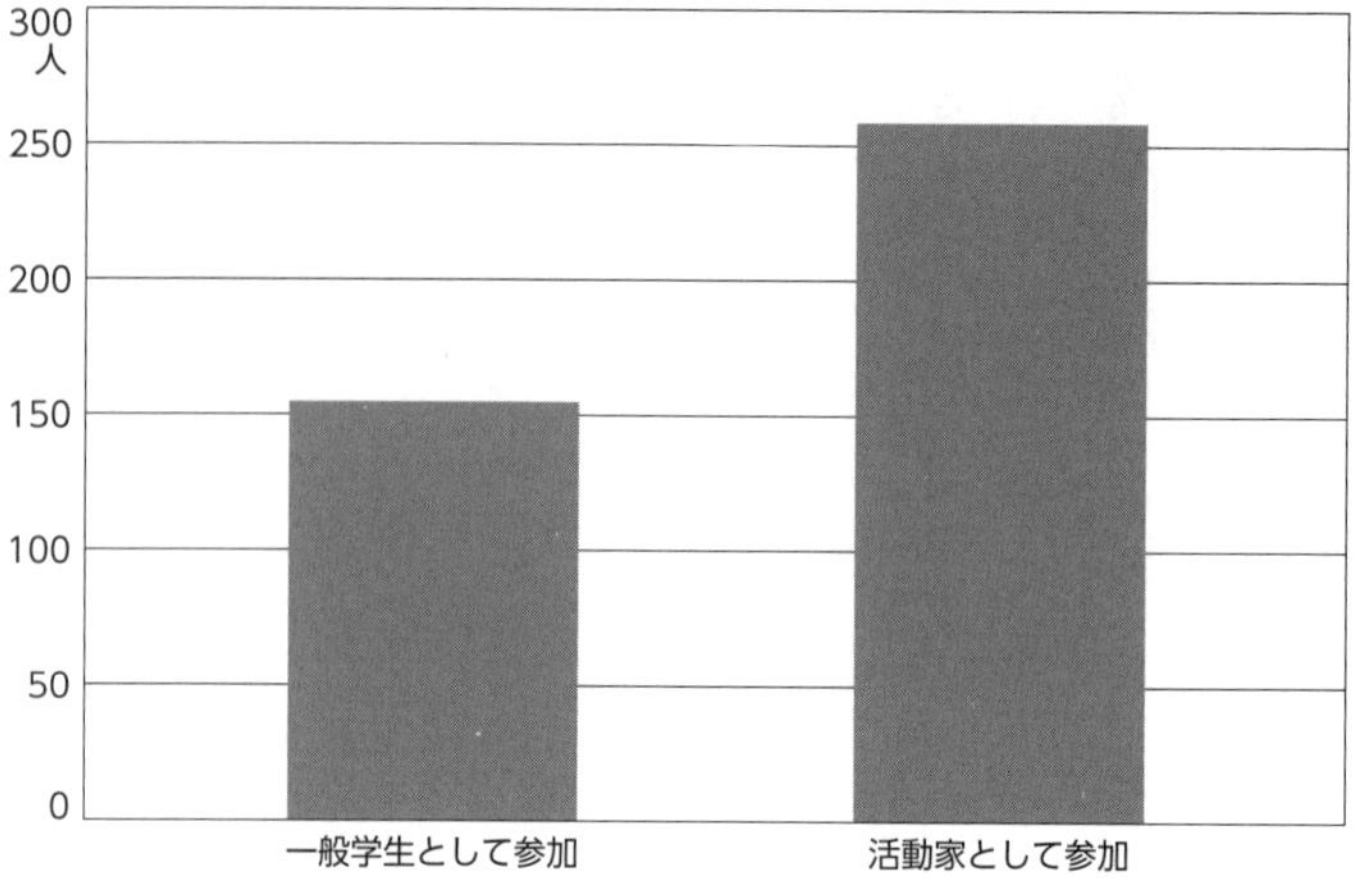

闘運動あるいは何らかの政治社会運動に参加しましたか」という設問への回答を用いて、「一般学生として参加」「活動家として参加」という二つのグループで同様にテキストの内容を解析した。（表3・表4）（＊6）

「一般学生として参加」したグループの重要語には特徴的なものが多いように思われる。「生きる」は、必ずしも「一般学生」に限ったものではなく、「活動家」のテキストにも多く見られたが、「毎年毎年を楽しく生きること」「前向きに生きる」のようなポジティブな文脈が多かった。「地球」「子ども」「国民」「趣味」「平和」など、多くの人に共感しやすいテーマも目立つように思われる。ある女性は、「何らかの政治活動、社会運動に参加の意思をお持ちですか」の問いに対して、「地域でできることをしています。子ども、災害、など。」と答えている。また、「団塊世代の最重要課題」として、「子どもや孫たちに、思いを伝えていく」「生きてきた歴史を子ども達に伝える」など「子ども」という

表3　「一般学生」の重要語20

単　語	重要度	単　語	重要度
生きる	0.9768	趣　味	0.7883
追　求	0.9010	行　使	0.7510
安　保	0.8537	明　日	0.7385
肯　定	0.8499	改　正	0.7374
戦争責任	0.8168	中　退	0.7247
重　視	0.8156	武　器	0.7241
地　球	0.8068	堅　持	0.7124
子ども	0.8006	関　心	0.7049
国　民	0.7964	平　和	0.6980
軍　隊	0.7921	回　答	0.6845

表4　「活動家」の重要語20

単　語	重要度	単　語	重要度
外　交	1.0283	結　果	0.8259
課　題	0.9938	文　化	0.7817
強　化	0.9549	日本国	0.7488
現　在	0.9473	反　戦	0.7400
就　職	0.9371	仕　事	0.7383
与える	0.9095	平　等	0.7286
わかる	0.8976	一　人	0.7168
沖　縄	0.8790	全　て	0.7030
救　援	0.8570	過　去	0.6934
考える	0.8506	減らす	0.6856

言葉が入った回答が複数人から寄せられている。温暖化や反原発など地球環境を気にしたものも多い。「趣味」に関しては、「六十七歳まで必死になって仕事をしてきたので、今は好きな事や趣味を精一杯楽しみたい。」というような回答もあった。

「活動家」に関しては、「沖縄」「救援」「反戦」など具体的な活動内容を示す言葉が目立つ。最重要語になっている「外交」は、「日米安保」の関係で述べている人が多かった。興味深いのは、「就職」「仕事」という言葉が入っていることである。特に「就職」に関しては、「逮捕歴で就職試験に落ちたことがあった。」など「運動参加による損害」で顕著に見られ、「一般学生」との差が現れた結果となった。「日本国」は、「日本国憲法」絡みが多かったが、「日本国」という単位をナショナリズムとして肯定している表現と否定している表現がどちらも見られた。いずれにせよ、国際・国内政治を議論する活動家ならではの特徴と考えられるかもしれない。「平等」に関しては、社会主義の理念そのものであり、例えば、「日本社会はどうあるべき」という問いに対する「生まれながらの不平等のない社会、みんなが安心して暮らせる社会の実現。搾取することが当然という価値観からの断絶。」という回答など、社会主義の有効性は失われていないと考える回答が多かった。この文脈のほか、ジェンダー関係の文脈でも「平等」の語が多く見られた。

＊1　例えば「ア 自らの信念で」「イ 友人先輩に誘われて」「ウ 社会正義から」「エ 時代の雰囲気」という選択肢で運動を参加した理由を問う設問に対して、「見なかった様に生きることは出来る。しかしそれは『見たということだ』これから一生自分を偽って生きるのは嫌だった。」という回答がこれにあたる。今回は、明らかに「設問外回答」として入力している部分に関してのみテキストを拾った。例えば、「もう一度あの時代に戻ったらどうするか」の設問で、「するが、今度は正しく闘いたい。

闘えると思う。それとは別に、せっかく大学を占拠したのだから、全共闘運動はもっと学術・研究とか文化・芸術とかの運動をやればよかったと思う。」というものは、「する」の部分を取り除き、それ以降のテキストを有効とした。また、「社会主義の有効性を失ったと思うか」という設問の回答で、「社会主義の定義によるが、自由、平等、博愛の精神は有効性は失われていない。」というものについては、「社会主義」という文言が設問と重複するため取り除き「定義によるが、」以降の部分を採用した。このようにテキストを拾った設問は、問2、問3、問4、問5、問6、問7、問9、問10、問11、問12、問13、問14、問15、問45、問46、問47、問48、問49、問50、問51、問52、問53、問54、問65、問68、問69、問70、問72、問73、問74、問75とした。今回は、イシューとしては憲法や安保などの全共闘運動に大きく関わりのある項目は取り入れ、「死後どのように葬られたいですか」といった政治から離れたものや、「２０２０東京五輪開催をどう評価されますか。」「トランプ米大統領をどう評価されますか。」といった個別すぎる論点に関しては排除した。

＊2　日本語の形態素解析をするためのライブラリが無償で公開されていて、今回はSudachiPyを使用した。SplitModeはCを用い、辞書は最も充実したFullの辞書を用いた。デフォルトの辞書Coreだと、例えば、固有名詞の「藤本敏夫」は「藤本」と「敏夫」に分割されてしまうが、Fullだと一つの固有名詞「藤本敏夫」として認識した。

＊3　インターネットで公開されている一般的なストップワードのリスト（http://svn.sourceforge.jp/svnroot/slothlib/CSharp/Version1/SlothLib/NLP/Filter/StopWord/word/Japanese.txt）に加え、「ある」「言う」「いる」「対する」など、いくつかオリジナルのものを追加した。

＊4　さらには一部、自動的に分かち書きできなかったものを手作業で「後処理」している。例えば、「羽田　闘争」や「10　8」、「sect　6」などは、分割されては意味をなさないため、それぞれ「羽田闘争」「10・8」「SECT6」と後処理で置き換えている。

＊5　形態素の重みを機械で扱える数値に変換するために、「TF-IDF」（単語の出現頻度Term Frequencyに逆文書頻度Inverse Document Frequencyをかけ合わせた値＝全文書中での単語の重要度を表す指標）をscikit-learnのTfidfTransformerを用いて計算した。入学が一九六八年以前か一九六九年以後かという二値カテゴリでテキストをラベリングし、この「TF-IDF」を訓練データとしてLinearSVCに入力した。得られた線形モデルで係数の絶対値が大きい単語を重要語と考える。なお、分類手法のハイパーパラメータを10-foldクロスバリデーションによって評価し、Optunaを用いてチューニングしたところ、ベストな分類精度は0.7991となった。

＊6　「一般学生」には、「ノンセクトラジカル」「前線ではなく学習会開催等で参加」「大学入学後に参加」「高校生のため全共闘には直接参加せず、デモには少し参加」「なりゆきで」などを含めた。「活動家」には、サークル活動家や「反戦青年委員会・労働組合員」、自治会委員に加え、判断が難しかったが「東大闘争開始時は『一般学生として』、七〇年安保闘争では『活動家として』参加」「一般学生として、やがて活動家として参加」の二者もメインの立場は活動家として参加と解釈できるため、こちらに含めた。「助手として(参加)」とあった最首悟さんに関しては、「活動家」のカテゴリーに加えた。こちらのベストな分類精度は0.6469となった。

PROFILE

なば・たいすけ／東京成徳大学非常勤講師
一九八九年生まれ。一橋大学大学院博士後期課程。専門は戦後史、社会学。『きけわだつみのこえ』を刊行する「わだつみ会」を対象に研究を進めている。論文に「ハチ公像が時代によってどのように表象されたのか」（『年報カルチュラル・スタディーズ』２巻）など。評論に「全共闘白書２０１９から考える小熊英二『１９６８』（新曜社）における方法論の批判的検討」（『情況』第５期冬号）など。『続・全共闘白書』は、次世代への語りかけであり、語ることのできない仲間の言葉を紡いでいこうとしたさまざまな想いが輻輳した書物である、と評価する。本稿は筆者が『続・全共闘白書』のＡｍａｚｏｎに投稿したコメントを加筆修正したものである。

書物を紡ぎだすということ
――『全共闘白書』から『続・全共闘白書』へ

那波泰輔

書物という「資料」

「公文書は国民共有の知的資源だ。この原点に立ち返り、危機感を持って再発防止に全力をあげなくてはいけない」（質問第一八号公文書管理法の造反に対する罰則に関する質問主意書）。これは二〇二〇年八月末に退任を表明した安倍晋三首相が公文書に関して述べた答弁である。安倍政権に数々の問題があったことは周知のことだろう。そうした問題のひとつが公文書の扱いである。辞任の意向を表明した会見でも公文書の改ざんの説明責任について記者から問われていた。公文書とは歴史資料でもある。二〇二〇年三月二一日に日本歴史学協会は「公文書の不適切な管理に対して厳重に抗議する」という声明を出している。そこで日本歴史学協会は「公文書」は「歴史的事実を検証する歴史資料として極めて重要」であると指摘している。公文書の改ざんは「資料」の根幹を揺るがす問題でもあった。

近年のこうした公文書をめぐる議論は、ある意味で「資料」というものに注目が集まったことでもあるだろう。そして「資料」にもさまざまなものがある。公文書のような公的なものから個人の日記などももちろん「資料」である。

では、「資料」からなにがわかるのだろうか。まず、はじめに考えられることは、「資料」に書かれている内容そのものについてだろう。当時の出来事を知るために、その時代に書かれたものや、また当事者が後年に書いたものを人びとが参照することで、当時の歴史の様相を描こうとする。「資料」は時代を「再現」するために必要な内容が記述されたものとして重要であるという認識は、多くの人びとが共有しているように思える。

だが、「資料」はその内容だけが重要なのではない。それが編まれていく過程も重要である。その「資料」がどんな目的で作られ、またどのような人びとを介在して、生成されていったのか考えることは、その「資料」を作ろうとした人びとの営為と向きあっていくことでもある。「資料」はさまざまな人びとの想いによって作られていくのである。

書物もそうした「資料」のひとつである。書物は人びとの関わりによって編まれていく。こうした視点において、『続・全共闘白書』という書物からなにが見えるだろうか。注目したいことは、『続・全共闘白書』は全共闘運動から半世紀近く経った現在において編まれたという点である。前書の『全共闘白書』もふりかえりながら、『続・全共闘白書』が刊行された意味について考えてみたい。

『全共闘白書』

『続・全共闘白書』の前書にあたる『全共闘白書』は一九九四年に刊行された。これは、一九九三年にかつて全共闘運動に関わった有志たちの事務局「プロジェクト猪」(全共闘運動の中心的層の干支にちなんだ呼称)から始まった企画であった。

一九九〇年一一月の早大全共闘の集まりや、日大芸闘委も参加した一九九二年一二月におこなわれた東大闘争を記録する会の「打ち上げ会」など、大学や党派・セクトを超えた再会の動きが盛んとなっていたことも、『全共闘白書』の刊行のきっかけとなっていた(全共闘白書編集委員会 1994：9)。こうした会で盛りあがった議論は、「われわれ団塊世代はおとなしすぎる」ことであった。これは「黙り続けること」を倫理綱領としてきたかつての仲間たちが語り始め、互いがもう一度会う時期が熟しつつあることでもあったといえるだろう(同前：9)。『全共闘白書』の「まえがき」には、「私たちの多くは、髪を短くして「企業戦士」となり、ひたすら黙り続けることをもって、私たちの〝意思表示〟としてきました」とあり、それまでが語らないことが彼・彼女らにとってのひとつの「意思表示」だったことがわかる。

全共闘世代を駆り立てたものは、当時の政治的状況も関係していた。一九九三年には細川護熙内閣が誕生し、自民党が野党となることで五十五年体制が終焉した。まさに、政治や社会が変わっていくと人びとに感じさせた時代であった。呼びかけ人の高橋公は、「五五年体制にかわる政治状況は混とんとしている。われわれは、それぞれの場所で自分の闘いを続けてきたが、もう一度、大きなうねりにならないか」と当時の取材において語っている（朝日新聞一九九三年一二月一四日朝刊）。このような政治的状況も全共闘世代がふたたび繋がろうとする意欲を惹起させたのである。

そして、本書のアンケートを通して、それにこめられたメッセージを、世代を超えて発信し、世代を超えたネットワークづくりの契機にしたいという意図もあった（同前：10）。編集方針は、①世代を超えて共感と関心を呼ぶ項目を選択的に掲載する（掲載できなかった項目は「アンケートの集計分析」の対象とする）②世代を超えたメッセージ力があると思われるものを紙幅の許す限り掲載する③全共闘運動の「全国性」に鑑み、できるだけ多くの大学・高校等からの回答を掲載するという、おもに3つの方針がとられた。つまり、刊行の意図には、世代を超えたネットワークの構築ということにもあったのである。

このアンケートに回答した人びとの理由には、日常生活においての社会問題への直面もあった。東大全共闘の三井一征は、マンション問題に関心を持ち、その解決にはさまざまな異分野のネットワークを作らないことには解決できないと思い、小さな意味での全共闘、中年全共闘が必要だと考えたという（三井・高橋・横谷・味岡・花野 1994：12）。また、早大全共闘の高橋公も、仕事で社会福祉を担当するなかで、そこで団塊世代としてのネットワークや連帯感を感じたと語っている。高橋は、一九九〇年の早大全共闘の同窓会をきっかけにほかの大学の人はどうなんだろうかと思い、「一度自分たちの思っていることを大学を超えて語り合う場を作ろう」とし、『全共闘白書』に呼びかけ人として関わることになった（同前：12―13）。彼らがふたたび集まろうとしたのには、身近に起きている社会問題と向きあっていこうとする姿勢の表れでもあったのである。

そして、重要なことは、自分たちが語らなければならないという意識が醸成されたことである。『全共闘白書』に関わった人びとのなかには、一九九四年一月一五日の『朝日新聞』に掲載された高橋の「論壇」に影響を受けたものもいた。高橋はそのなかで沈黙を破るべき時がきた理由として、「私たちの世代の課題がそのまま日本社会の課題」となり、「当事者能力が問われ始めた」ことをあげている。自分たちの世代は「巨大な塊」であるがゆえに、つねに「社会の矛盾を集中的に受ける」と同時に、「社会に矛盾を生み出す「素」でもあり続け」てきたとしている。一九七〇年に新宿高校を卒業した横尾和博は、この記事を受けて、「どんな表現手段でもいいから自分自身を語るべきではないか」と思うようになったという（黒田・横尾・木村・結城・山本衛・萩原・山本美 1994：424）。自分たちの世代の責任の自覚からも、語りが促されていったのである。

『全共闘白書』が編まれていく過程には、当時の政治的状況や全共闘世代が社会問題に直面したことなど、さまざまな要因が絡んでいたのである。

『全共闘白書』に書かなかった／書けなかった人びと

上記では『全共闘白書』ができあがっていく過程を検討した。一方で、『全共闘白書』のアンケートを書かなかった／書けなかった人びとはどういう人びとなのだろうか。本稿では、書物という点から『全共闘白書』・『続・全共闘白書』をみようとしていた。ならば、書物に残さなかった／残せなかった人びとはいったいどういった人たちびとなのか。普段、わたしたちは「資料」に表れたものからなにかをみようとする。ここでは、書物に表れなかったものを考えてみたい。書物に表れなかったものを考えることは、書物に表れたこともものを考えることでもある。書かなかった／書けなかった人びとから、書いた人びとについても素描したい。

書かなかった理由をふたつに大別しよう。まず、書かなかった理由の第一は、面倒というシンプルな理由である。アンケートが届いた作家の三田誠広は、アンケートに答えなかった理由を「面倒だという気がした」からだと答えている（三田 1994：336）。日々の多忙な生活のなかで、アンケートに回答するという行為は労力を要する。そのため、「面倒」だから書かない人がでてくるのである。逆にいえば、「面倒」なことにもかかわらず、数百というアンケートが返信されてきたことは、全共闘運動のその後を考えるうえでも重要なことであろう。

次に、書かなかった理由の第二は、『全共闘白書』の趣旨や目的に共感できないという点である。前述の三田はアンケートに応じなかったもうひとつの理由として、呼びかけ人の発言に「この本を契機」に「バリケードの中の懲りない面々」を再結集し、「政治的な勢力」に仕立てようという、「野心のごときもの」が見えたことをあげている（同前：337）。上記で確認したように、『全共闘白書』の刊行を促したのには、五十五年体制の終焉という政治的状況もあった。呼びかけ人のなかでこうした政治的状況に自分たち全共闘世代がどう応えていけるのかという責任の意識があった。三田にとってそれは意に沿わないものであったがゆえに、アンケートに応えることはしなかったのである。『全共闘白書』の方向性に共感できない理由から書かない人もいた。

今度は、書けなかった人について大きくわけてふたつ考えてみたい。第一は、当時の辛苦な体験などから書けないという点である。これは彼らにとって悲壮な出来事を思い出したくないことでもある。書くという行為は、出来事を想起する行為と不可分である。辛い体験や悲しい出来事があるならば、想起を促してしまう書くという行為は避けられる。アンケートに回答できなかった人は、彼らの辛い体験などによって書けないという状況が生じたのである。

第二は、現在の境遇によって書くことができない点である。まず、アンケートに答えるには、自宅にアンケートが届かなければならない。自宅にアンケートが届くにはどうすればいいか。現在の自分の住所を把握している知人がいることである。つまり、現在において当時の知人とのつながりを持っているかどうかでアンケートに答えられるかどうかも左右される。もちろん、ある程度調べれば境遇がわかるような仕事をしている人は、知人の伝手がなくともアンケートが届くだろう。しかし、生活のため仕事を転々としている人の場合では、住所も頻繁に変わっている可能性が高いため、アンケートが届くのは難しくなる。また、アンケートの入手方法の点からみると、前述の『朝日新聞』に載った高橋の「論壇」から『全共闘白書』の試みを知り、新聞社などに問い合わせてアンケートを送付してもらった人も少なくなかった（黒田・横尾・木村・結城・山本衛・萩原・山本美 前掲：424）。だが、このようなアンケートの入手の仕方は、常々新聞をチェックしている人にできることで、日々の生活に追われている人がするのは難しいであろう。作家の阿奈井文彦は、数年前に解散して潰れたサーカス団の営業をしていた全共闘世代の知人を思いだし、「彼のもとへも「白書」のアンケート用紙は届いたのかどうか?」と述懐している(阿奈井 1994:342)。つながりが途絶えていたり、職業的な不安定さから、アンケートを書けない人びともいた。

ここから考えたいことは、このようなアンケートを書かない/書けない理由があるにもかかわらず、アンケートを送ってきた人びとが大勢いるという点である。多くの質問項目に対して回答をしたアンケートが返送されてきたからこそ、『全共闘白書』はできあがったのである。アンケートを回答することは自分を見つめ直そうとする姿勢でもあった。一九六九年に関西大学に入学した山本美和子は「普通だと一枚のアンケートでも無視したくなるのに、答えるのに半日とか一日かかる分厚いアンケートにこれだけ回答がよせられたというのは、自分も答えることでもう一度自分を見つめ直してみようという感じでアンケート用紙を書いた人が多かったんじゃないでしょうか」と語っている(黒田・横尾・木村・結城・山本衛・萩原・山本美 前掲:432)。一人一人が自分を見つめ直しながら一日かかる分厚いアンケートに回答によって、『全共闘白書』は誕生したのである。

そして、『続・全共闘白書』は、『全共闘白書』から二十五年が経ったのちにそれを成し遂げた。これは人びとのつながりが途切れていてはできないことである。

次ではその『続・全共闘白書』についてみていきたいと思う。

『続・全共闘白書』

『続・全共闘白書』でまず驚くべきことは、これが全共闘運動から半世紀近く経っているにもかかわらず、アンケートを収集し出版することができたことだ。普通ならば、半世紀も前の人びとに連絡がつくことさえ、奇跡と言ってもいい（十年前の知人でさえ連絡をとれと言われても、できる人はそこまで多くはない）。アンケートを答えるには、アンケートを作り、送るという作業が必要となる。それらをふまえて、送るという作業がなされる。送るには連絡先を知っているか、または、入手しなければならない。連絡先を知るには、この書物を完成させるために多くの人びとにつなげたいという想いがなければ難しい。半世紀近く前の運動の関係者何百人にもアンケートを送ることができたことは、全共闘運動に関わった人びとの継続されたつながりと、さまざまな関係者につなげようという想いのふたつがあってこそである。

さらに注目すべきことは、連絡がついただけではなく、何百人という人びとが、何十問もあるアンケートに答えて送ってきたことだろう。アンケートは、そのアンケートの回答内容も重要であるが、アンケートに答えるという行為も重要である。アンケートに答えることが、回答者のひとつの意思表示でもある。あの運動から半世紀後の現在において、大量の質問に答えることは何を意味するのだろうか。

それは「まえがき」に書かれている。

おそらく、50年前、社会の諸制度に対する異議申し立ての運動を起こした全共闘運動経験者も、いまや「後期高齢者」を目前にして、これが〝社会的遺言〟になると自覚されてのことだと思われます。

したがって、本書を歴史的レポートとすべく、回答は基本的にほぼそのままの形で掲載することにいたしました（『続・全共闘白書』編集委員会一同 2019a：6）。

全共闘運動に関わった人びとは、これが〝社会的遺言〟になることを意識していた。あの運動をおこなった当事者として、運動を知らない人びと、さらにいえば、これから生まれてくるだろう人びとに対しても答えるという意味で、アンケートに回答しただろう。

編集側もそれをわかっているからこそ、当書を〝歴史的レポート〟と考え、ほとんど手を加えることをしなかった。『続・全共闘白書』は、回答者と編集側の両者の想いが結実してできあがったものである。

これは、『続・全共闘白書』と『全共闘白書』を比較してもわかる。『続・全共闘白書』の回答者の年齢層が六十代後半から七十代前半になったことは大きな意味を持つ。続・全共闘白書編纂実行委員会の前田和男は、前回のアンケートでは「働きざかりで多く人が中間管理職」の年齢であったのに対して、今回は「言いたいことが言える」年齢になり、『続・全共闘白書』の問75「最後に、今だから話せる当時のこと、今こそぜひとも伝え遺したいことをご自由にお書きください」がかなりの分量になったことを指摘している（前田・近藤・横山 2020：35）。この質問に対応する『全共闘白書』の質問は、問73の「当時のことなど、ぜひとも発信したいことがあれば、ご自由にお書きください」であろう。両者を比較してみると、『続・全共闘白書』の質問は〝社会的遺言〟が想定されていることがわかる。編集側も回答者も〝社会的遺言〟を意識してアンケートに回答していったのである。

そして、回答者と編集側を繋いだのは、彼・彼女らとともに歩んでいった、もう語ることはできない仲間たちの存在であった。「あとがき」では、鬼籍にはいった仲間たちに思いを馳せる。

いっぽうで、いま2年越しの編集をしおえて、つくづく思うのは、本書は、私たち全共闘体験者の「遺言」であると同時に、鬼籍に入ってもはや物言えぬかつての仲間たちの「墓碑銘」でもあることです（『続・全共闘白書』編集委員会一同 2019b：711）。

『続・全共闘白書』は、次世代への語りかけであり、語ることのできない仲間の言葉を紡いでいこうとしたさまざまな想いが輻輳した書物である。

〈参考文献〉

阿奈井文彦、1994、「誇り高き人びと」『文藝春秋』72（14）：338-342
黒田洋一・横尾和博・木村隆美・結城昭・山本衛士・萩原共次・山本美和子、1994、「心は今も「全共闘」――なぜ我々は〝ゆるやかな再会〟に応じたのか」全共闘白書編集委員会編『全共闘白書』新潮社:422-432
前田和男・近藤伸郎・横山茂彦、2020、「叛乱乱世代の証言―『続・全共闘白書』近藤伸郎氏が前田和男氏に聞く 450人を超える回答」『週刊金曜日』1279：34-39
三田誠広、1994、「バリケードの中の懲りない面々」『文藝春秋』72（14）：335-338
三井一征・高橋公・横谷優一・味岡修・花野忠念、1994、「今こそ語り始めよう「全共闘世代」――なぜ我々は〝ゆるやかな再会〟を呼び掛けたのか」全共闘白書編集委員会編『全共闘白書』新潮社：12-19
高橋公、1994年1月15日、「いま語り始めよう全共闘世代」『朝日新聞』朝刊

全共闘白書編集委員会、1994、「まえがき」全共闘白書編集委員会編『全共闘白書』新潮社：9-10
『続・全共闘白書』編集委員会―同、2019a、「まえがき」続・全共闘白書編纂実行委員会編『続・全共闘白書』情況出版：3-6
『続・全共闘白書』編集委員会―同、2019b、「編集後記」続・全共闘白書編纂実行委員会編『続・全共闘白書』情況出版：710-711
「混迷の今こそ全共闘の「うねり」自分でもう一度 「団塊白書」発行へ」『朝日新聞』1993年12月14日朝刊.日本歴史学協会「公文書の不適切な管理に対して厳重に抗議する（声明）」http://www.nichirekikyo.com/statement/statement20200321.html（最終閲覧2020年9月19日）

PROFILE

ひらまつ・けんじ／日本自治委員会前議長
一九九五年生まれ。都立新宿山吹高校で新聞部に入部、校内紙「山吹ジャーナル」編集長を務めて学校当局と対立したことから、生徒の権利や自治を求める活動を始め、二〇一九年五月「日本自治委員会」を組織、二〇年七月まで議長。「全国の学校教育現場の埋もれたニュースを生徒目線で報道するニュースサイト」であるインタースクール・ジャーナル編集長でもあり、文科大臣会見には毎回出席している。二〇二〇年七月、目黒九中での弾圧事件をきっかけに全共闘世代からも知られるようになったが、組織の作り方、ありようは全共闘とは大きく異なるようだ。

小さなところで闘えなければ社会は変えられない

平松けんじ

全共闘にはそもそも、そんな関心がない

――平松さんは日本自治委員会という組織をつくって活動しています。二〇二〇年七月には目黒九中でビラまきをしていたメンバーが、副校長に私人逮捕されるという事件も起きています。今回は若い

世代の考えも聞きたいということでインタビューをお願いしたのですが、全共闘や学生運動にはもともと特に興味はなかったということですね？　少し前までは、否定するにせよ肯定するにせよ、若い世代が社会運動にかかわろうとすると、全共闘運動や全共闘世代との距離感を意識せざるをえないようなところがあったと思いますが、平松さんにとってはもう、全共闘はそういう存在ではなかったということでしょうか。

平松　そうですね。全共闘にはそもそも、そんな関心はないんです。『続・全共闘白書』は主に高校の部分を読ませていただきました。大学のことはわからないことが多いですし。思い半ばで挫折していった人も多かったんだろうなとは思いましたね。五十年前はこうだったんだと知るとともに、現在は五十年前よりひどくなってるところもあるんじゃないかと書いている人もいて、そうかもしれないとも思います。管理主義的な学校教育に対する問題意識という点では一致できるところもあります。ただ、「革命四字熟語」「活動家慣用句」「共産主義ことわざ」とでもいうような、用語がイデオロギッシュな感じがしますね。

――当時は制服廃止など学校内の問題と並んで、ベトナム反戦や安保が大きなテーマでしたが、そこはどうなんですか。

平松　われわれとの大きな違いは、けっきょくそこですよね。学内の自由と権利、われわれはそこにしかほとんど関心がない組織なので、戦争にしても学外の問題はおのおの個人が自分で判断してやればいいことです。日本自治委員会や僕らの学内の組織は、そういう意味での政治的主張はしません。それは徹底しているんです。日本自治委員会は党派ではありませんから。ここが肝です。反戦とか安保とか、あるいは安倍政権に対しても、日本自治委員会はコメントを出していません。

――そもそも日本自治委員会とはどういう組織なんですか。

平松　この七月まで議長を務めていました。目黒九中でビラまきをして逮捕された高校生は、われわれの団体の活動中でした。今回の弾圧が相当無理筋で不当な弾圧であるということについては、断言できます。日本自治委員会の活動はコンプライアンスの重視を徹底しています。法令遵守の枠内でどれだけ出来るかということに力点を置いている団体です。私の出身校である新宿山吹高校、稔ヶ丘高校、中央高校、三つの高校に自治委員会組織があり、その連合体として日本自治委員会ができました。

――そこは全学連みたいなものですね。

平松　全共闘のように個人加盟もできます。児童・生徒・学生、それから三十一歳未満の一般人も加入できます。構成人数は明かしていませんが全国にいますし、今回の事件で参加者は増えました。われわれの団体では「活動家」ではなく「活動員」と言っています。英訳でいうとActivity stuffで、activistではない。事務局員というか、職員みたいなものです。今回ビラまきでつかまったのも活動員です。「校民防衛隊東京方面隊」に属する活動員ですね。「校民」というのは、「生徒」というのは統治されているイメージが強いので、われわれはそう読んでいます。

従来の団体のように、活動家が一から百まで――思想からオペレーションの実行まで一括して担うという考え方はとりません。それは「家内制手工業型」です。われわれは、おのおのが得意な分野だけをやる分業制です。外務局、財務局、防衛局などさまざまな局を設けていますが、局の間で相互の交流はありません。

――全体の方針はどうやって決めるんですか。

平松　執行機関は議長一人で、「独任制」というシステムです。議決機関として中央自治委員会会議があって議長はそこで信任されるのですが、執行部は議長のみ。議長の下に副議長や各局長もいて個人的に諮問することはありますが、方針を決めるのはあくまで議長一人の判断です。この組織形態は僕が自分できめました。全共闘や左翼の運動団体の組織形態について、私はほとんど何も知りません。

全学連が自治会単位とか全共闘は個人加盟とか、そういう話も、この活動を始めて活動界隈の人と知り合ってからチラと聞いたくらいです。そもそも全共闘と全学連の違いとか、まったくわからなかった。もともとは単なる高校の校内新聞の編集長だったのが学校に弾圧された結果、ここまで来たわけですから。新聞部に入ったのもノリで、それまで部活動やってなかったからなんです。ただ私は組織づくりは得意なので、完璧な独裁編集長として二十人くらいの部員を動かしていましたよ。

自由と人権を獲得するために官僚制を敷いている

――平松さんが山吹高校に在籍されていた時期、二〇一五年には安保法制の問題があって、ＳＥＡＬＤｓや高校生たちのティーンズソウルといった活動もありました。当時はそうした運動に関心はありませんでしたか。

平松　高校生たちが反安保の活動をしているということは、社会的な話題としては校内新聞でちょっとは触れましたけど、あまり関心はなかったですね。私は憲法九条に対する考え方も、改憲賛成だから彼らとは根本的に違う。ほかのメンバーがどう考えているかは、思想的にそこまで立ち入らないので、わかりません。活動員との会話はドライで、事務的な会話しかしないんです。それは管轄外。

――しかし今回弾圧を受けたように、みなさんの活動も社会全体の動向と無関係ではないではないのではないですか。

平松 そういう思いを持ったとしても、日本自治委員会としてやることではないでしょう。

日本自治委員会の活動は法令遵守の徹底、コンプライアンスをモットーにしており、あくまで日本の法体系の下で活動することとしていますから、取り締まりの対象とされることがおかしいのです。今回の件もそうですが、万一逮捕事案が起きたとしても、日本自治委員会の活動は法令に一切違反しないようマニュアルを通達していますから、最終的刑事責任を問われるような事案には発展しないはずです。それを無理くり刑事処分しようとすれば司法制度が破綻します。わが国の法体系下では基本的にかなり自由に活動できますから、法令の枠内で十分に闘うことは可能です。

それと、われわれの組織は完全に分業制なので、私はビラ配りの現場には一回しか行ったことがありません。校民防衛隊というのはビラ配り、ポスティングの専門部隊で、組織は完全に縦割りです。ビラまき中に何か言ってくる人がいても、それに対応するのは別の部門が受け持ってるので、ビラまきしてる活動員に「ビラ配るな」といわれでも「うちでは対応できません」と答えるんです。防衛局はビラをまくこと自体に意味があって、極端な話、ほかの党派から委託を受けたビラだっていい。

――昔の共産党の細胞組織みたいなものですか。そういう縦割りの官僚制みたいなものに抵抗感はないと。

平松 完全に縦割りです。めちゃめちゃビジネスライクで、そもそもうちは官僚制なんです。議長一人が執行機関ですから、残りは「執行補助機関」なんですよ。僕らは自由と人権を獲得するために官僚制を敷いてるんです。「活動員」と言ったのはそういうことで、「活動家」ではないんです。

——ショッカーの戦闘員みたいな？

平松　活動員にも階級があって、一番下が主事。その上が、主任、主幹、副課長、課長、部長、局長。局長は「理事級」です。これはわれわれを弾圧している東京都教育委員会のパロディでもあります。

——五十年前の活動家たちはおそらく「コンプライアンス」なんて考えもしなかったでしょう。それに対する反省があるんでしょうか。

平松　まず第一に、暴力を無制限に認めてしまうと、コントロールが効かない無秩序状態になる。市民側の暴力も権力側の暴力もそうです。だから暴力を無制限に認めてはいけない。あくまで法の支配を徹底すべきという考え方です。

そして第二に、日本国の法制度というのは、憲法や法律を読む限りはけっこう好き勝手できるはずなんですよ。法律の枠内でも闘えるんです。こういう日本自治委員会の組織は、過去の何かを参考にしたということでなく、まったく私の考えに基づいて作ったものです。

われわれのしているのは「学生運動」とは違う

——すると『続・全共闘白書』のアンケートを読んでも、あまり参考にならない？

平松　ぶっちゃけ言ってしまえば、そうです。参考にはなりません。

——彼らのやり方は下手だったと思いますか。もしあの状況に自分がいたら、どうだったと思いますか。

平松　いまあれだけの人数が獲得できれば、自分であれば活動員制度を整備して合法の範囲内でもっといろんなことがやれたと思います。よくマクロの視点でものを考えないのかとも言われますが、小さなところで闘えなければ社会は変えられない。僕らの組織では法令違反みたいなことをやったら一発でパージされます。

――官僚制の組織が効率的だとしても、そんな組織のなかで疎外されるのはいやだ、もっと自由にやりたいと考える人もいませんか。

平松　そもそも活動は何のためにやっているんでしょうか。自分のための活動なのか、それともほかの生徒たちのための活動なのか。自分が暴れたいだけなら、フーリガンですよ。フーリガンがしたいのであれば、八〇年代、九〇年代の珍走団、暴走族とかわりません。うちは「反管理教育のための管理教育」だと割り切ってます。そういうのは隠していません。だから左の人からは評判悪い。

――風通しがよくなさそうだし、あんまり楽しそうな活動じゃないかな。それだと、メンバーの数は増やせるんでしょうか。

平松　「入りたい」といって入ってくる奴はだいたい使えないんですよ。外から見てやってみたいというのじゃなく、議長が「こいつだな」と思う奴に声をかけて、獲得する。「風通しが悪い組織だ」というのは事実と違います。意見できないわけでは決してない。組織の中で執行部方針と違う考えをいいだしたときには、納得してもらえるまで議長が何時間でも説明します。別に意見を言えないわけではないし議論を認めないわけではないんです。ただ執行部が決めた方針には従わなくてはいけない。意見を聞いた上で上が決めたことには従ってもらう。

――民主集中制ですか。

平松　小学生のときにソビエト連邦を研究したことがありました。私は「民主集中制」型組織は正しいと思った。ソ連が破綻したのは、規模に応じた組織改革を定期的に行わなかったことが原因でしょう。僕らの組織も、地方ごとに方面委員会というのをつくろうとしていて、日本自治委員会の権限は外交と防衛だけに限定する方向です。外交というのは、対行政機関交渉。防衛は弾圧対策ですね。あくまで一時的に権力を集中させているだけなんです。

われわれの組織は無制限無秩序に人数を増やす必要はないと考えています。各都道府県に常時動かせる校民防衛隊の部隊が五人いれば、十分すぎるでしょう。ワンオペでたった一人送り込んだとしても都教委とやり合えるくらいのスペックは持ってるんですよ。校民防衛隊は最前線で闘ってる。ビラ入れをやるとなったら、毎日配る。毎週とかではなく、ターゲットに決めたら本当に毎日やる。これを徹底的に集中的にやるということが、われわれの力の源泉なんです。

――運動を広げたいというよりも、「校民」の権利を守るための圧力団体をつくるということでしょうか。

平松　そうですね。何かあったらわれわれがとんでくる、ということになったら各地の教育委員会も対処せざるをえない。社会に対する考え方、政治に対する考え方というのは十人十色ですから。それと特定の政党は支持しない。そこは徹底しています。もちろん弾圧してくる者に対しては、憲法と法律に基づいて闘います。

だから「学生運動」とは違う。われわれは「運動」だとは思っていません。統治行為だと思ってる。

――自分たちでつくった行政組織というわけですね。

平松　これをどこまで広げることができるかですが、もちろんメンバーと緊密に連絡を取り合うフォローアップは大切です。必ず直接会って話す。会うのが基本です。私は会ったことのない人は信用しません。現場の声で重視しているのは、自分たちが動いていることで実際どういう成果が上がってるのか見えてこない、という意見です。これに対しては内部向けのインターネットラジオをやろうと思っています。最小のセクションごとに集まることはありますが、全体で年一回大会を開くとか、そういうことは今のところは考えていません。集まるということは、ものすごくコストがかかりますからね。ちがうセクションがどういうことをしている知りたいという声もありますが、こちらがちゃんとマネジメントしてる状態で交流ができるような仕組みをつくる。議長が仕切ってコミュニケーションの促進を図ればよいのです。

――ＩＴ企業やなんかは、今そういう組織じゃダメだ、硬直した官僚制を打破しようということでやってるわけですよね。逆に七〇年代の組織論に戻ってしまっているような気もしますが。

平松　最終的には中央には防衛局と外務局、それと財務局が残る程度でしょう。あとは各方面委員が地域でそれぞれやっていけばいいんですよ。日本自治委員会中央は議長の権限が強いけど、方面委員会というのは教育委員会のような行政委員会型の組織なので、合議制をとっています。方面委員会に相談に来た人が学校で弾圧されていますということになれば、方面委員会がまず対応するけど、対応しきれないときは校民防衛隊に出動を要請する。つまり日本自治委員会本体に管轄が移って、校民防衛隊が介入するわけです。現在でも単位自治委員会を設置してる場合には、単位自治委員会の許可がなければ校民防衛隊は介入できないことになっています。

コミュニケーションが苦手な人でも、やり方次第で動かせる

――参考にした組織はないといいますが、やはりボルシェビキ型の組織というか、ボルシェビキを参考にしたということですかね。

平松　多少は参考にした程度ですよ。属人的要素が強いというか、私が作った組織はだいたいこういう形態になる。

――するとレーニンがいたうちはいいけど、レーニンが死ぬとよからぬことになる・・・

平松　だからこそ、誰がやっても同じように運営できるような官僚制をあらかじめ敷いておくんですよ。マニュアル化を進めていく必要がある。活動員の最低ランクの主事クラスでも議長に意見を言えるし、いい意見だったらそれに便乗してやりはじめます。官僚制といっても風通しが悪いわけじゃないんですよ。

――全体を仕切ってる議長はいいでしょうけど、下部の活動員にとってはどうやってモチベーションを上げていくんですか。

平松　活動員の階級制があるといいましたが、これががんばると上がっていく。「アクティビティポイントシステム」という制度があって、どういうことやると何点というポイントがつくんです。エクセルの表があって、起案系・実行系・NVMO・出張系という四つの課目があってそれぞれに細分化した項目がある。それぞれ何点というのがエクセルの中に自動に仕込まれていて、何時間かけたかと

いうことで生産性評価が算出されます。それに成果物評価を足して、その日の評価が出ます。その週の評定平均が3を下回ると点がつかないけど、3を超えるとアクティビティポイントがたまるというシステムです。

――**階級が上がることによって、その人にはどんなメリットがあるんですか。**

平松　それはそれぞれの人ごとに求めるものは違っているでしょうね。ただコミュニケーションの場というか、居場所。そこにいられるということがモチベーションになってる人はけっこういると思います。

――**人付き合いの苦手な人は、官僚制のほうがむしろ居心地がいいというのもありますね。自分のポジションがはっきり決まっているわけですから。**

平松　そういうタイプは防衛職の活動員に多いんです。ちなみに活動員にも、一般職・特別職・防衛職・自治支援職という四つがあって、それぞれ採用区分がまったく別になってます。コミュニケーションが苦手な人でも、やり方次第で動かせるというのが、日本自治委員会なんです。

――**たしかに新左翼の党派の活動家でも、今はコミュニケーションの苦手な人は多いですね。『続・全共闘白書』のアンケートを読んで、「これはきれいごと言ってるだけじゃないの」とは思わなかったですか。革命とか反戦とか言ってるけど、ホントは学校に合わなかった人が暴れてただけじゃないの、とか。大多数の人が我慢できることを我慢できなくて暴れちゃう、っていう人はいますよね。**

平松　便乗しただけじゃないの？　という気は確かにしましたね。

――**自分のコミュニケーション能力のなさともっと向き合った方がよかった？**

平松　じっさい、校民防衛隊で活動すれば、コミュニケーション能力は格段に上がりますよ。毎日ビラ配るから。それと活動すれば必ず報告書を作ります。何時何分にどういう妨害があった、何時何分こういうやりとりがあったということを詳細に報告書に書くんです。そのために、ふだんからその場の状況をざっと見て正確に把握する訓練をしてる。報告書を書く癖をつけることで事実関係を把握する能力をつけてるんです。だから今回逮捕された彼も、状況を正確に把握して一〇〇％不当であるということには自信を持っていますよ。

――今回の弾圧事件については、全共闘世代の方々からも支援を受けてますよね。実際に彼らと接してみた印象はどうですか。

平松　「烏合の衆」です。救援会を勝手に立ち上げたり、こっちの許可なく勝手に報道対応したりとか、われわれからしたら意味がわからない。この前、直接ブチ切れたばっかりですよ。元教員の人が多いから「所詮教師ですね」「あなたがたの言ってることは都教委と変わりないじゃないですか」とコテンパンに言ってやりましたよ。「統制するという考え方はよくない考え方です」なんて言われましたけど、率直に言わせてもらえば、だから都教委につぶされたんです。最初会ったときから、この人たちとは話が合いそうもないとは思ってましたけどね。

――気候変動の問題などで同世代の活動家も出てきていますね。どう見ていますか。

平松　うーん。私は環境を守ろうという考え方はあまり好きじゃなくて、むしろトランプ大統領を支持してますから。石油はバンバン燃やしていい。グレタさんが何を言おうと、人類の文明を捨てない限りは経済を維持するためにそうせざるを得ない。グレタさんに対してよりは、香港や台湾の運動に関心があります。香港では自由と人権が瀬戸際のところに立っている。これは本当に連帯したいという思いはあります。まあ、実際に出来ることはせいぜい談話を出すくらいでしょう。

――なるほど。革命をめざさないボルシェビキなんですね。

平松　大きな社会問題に関心を持つにしても、そこで自分たちに何ができるのか。たいした力にならないんだったら、便乗して烏合の衆になるのは適切じゃない。かえって害を与えることにもなります。もし日本自治委員会が一万人とかいう規模になったとしたら、それは多少変わるかもしれませんけどね。状況に応じて組織の大規模改編は厭いません。これは基本的な考えとして持っています。現状ではいまのシステムがいちばんうまく行っていると思いますが、今後うまくいかなくなった場合には、組織を分析して修復していく、変えていけばいいと思っています。

私たちが「運動」を語るときに「周縁」はどのように位置付けられるか

田中駿介

PROFILE

たなか・しゅんすけ／慶応義塾大学法学部四年

一九九七年生まれ。北海道出身。高校時代から政治について考える勉強合宿を企画、大学では政治哲学、戦後市民社会論を専攻し、慶大「小泉信三賞」、中央公論論文賞・優秀賞を受賞。二〇二〇年四月から朝日新聞の言論サイト「論座」に毎月、寄稿している。ほぼ同世代のSEALDsやティーンズソウルが注目された「一五年安保」では北海道在住の受験生で「国会前はすごく遠い場所に感じた」とも語る筆者は、今回この本に登場する書き手・語り手の中では最年少にあたる。半世紀前の「あの時代」になぜかくも興味をかき立てられたのか、歴史を語り継ぐことへのこだわりがあった。

カール・マルクスが述べた「歴史は繰り返す。一度目は偉大な悲劇として、二度目はみじめな笑劇として」という格言は、あまりにも有名である。「悲劇」はナポレオン・ボナパルトの第一統領への就任（一七九九年）を、「笑劇」はルイ・ボナパルトの皇帝即位（一八五一年）を示しているのだが、「五十二年」で革命をめぐる歴史が繰り返すという教訓から、筆者はどうしても「一九六九」の「五十二年」後に思いを馳せてしまう。

今年二〇二〇年は一九六八年から五十二年を数えている。思えば、半世紀という距離は、歴史を振り返るのに適度な距離かもしれない。「あの時代」を問う展示や、シンポジウムが数多く開催されていることからもうかがえるだろう。それだけではない。筆者には、半世紀を経て大学をめぐる状況が類似しているようにすら思える。今年、多くの大学は「公衆衛生」を大義名分として大学をロックアウトさせた。学費減免措置を求める学生の運動も盛り上がった。「Black Lives Matter」（黒人の命をなめるな）あるいは「香港に民主主義を」と訴える運動が、全世界的に共感を集めている。大学ロックアウト、学費値上げ反対運動、黒人解放運動や反戦運動など「あの時代」を彩った言葉が、筆者の周囲の学生のあいだでも闊達に議論されているのである。

しばしば、「あの時代」は、「愛と性」「総括・内ゲバ」「転向」といった帰結を招き、その後の社会運動を疎外するものだと語られてきた。もちろんそれらの言説が、まったく的外れなものだとは思わない。しかし、他方でその後の住民運動、当事者運動、寄せ場運動、フェミニズム運動などは、あきらかに「あの時代」の運動を（ときには批判的に）継承しているともいえる。「われわれ」「学生」という「大きな主語」の市民権を失いはしたが、決して運動の灯が消えたわけではない。だからこそ、筆者はひそかに「あの時代」に提起された課題と、今日起こっている現象の根本的問題は、実は共通しているのではないか、とすら思っているのである。

本稿では、一九九七年生まれの筆者がなぜ「あの時代」に関心を持ったかについて、自らの軌跡を振り返るとともに、今日の大学が抱える問題を指摘し、政治学徒としてどのように運動に関わりをもっていきたいのかについても記していきたい。

政治の季節として語り継ぐ「一五年安保」

筆者は、北海道旭川市にある北門中学校の出身である。当該地区は、「近文（ちかぶみ）アイヌ」が多く住んでいる地区である。近文とはアイヌ語の「チカプニ」（鳥がいるところ）に由来する地名で、旭川市の西側に位置する。その近文地区に建てられた上川第五尋常小学校（その後、豊栄小学校と改名）の跡地に建設されたのが北門中だった。上川第五尋常小学校は、アイヌの生徒のみを分離し通学させる「旧土人児童教育規定」（アパルトヘイト＝人種隔離政策そのものである！）に伴い設置された学校だった。

当時「土人部落」と呼ばれた同地区は、『アイヌ神謡集』の編訳者として知られている知里幸恵の出身地であり、筆者自身「知里幸恵生誕祭」にも生徒会長として参加した経験がある。アイヌの祈りの儀式「カムイノミ」を執り行ったほか、「川村カ子トアイヌ記念館」の館長の講話も聴いた。また知里幸恵に黙とうを捧げたほか、彼女の代表的著作である『神謡集』の一節（「銀の滴降る降るまわりに」）を合唱した。しかし筆者がそうした日本人の加害性に意識的になったのは、中学卒業後のことであった。恥ずかしながら、事後的に発見した（学校では教わることのできない）「歴史」なのである。

ちなみに、この経験を朝日新聞系のＷＥＢメディア『論座』に寄稿したところ、「アイヌの出身ではないので、冒頭において「義によって助太刀致す」くらいのことを言った方が説得力がある（原文ママ）」とのコメントを頂戴したこともある。筆者の祖母が樺太（現在のサハリン）の塔路出身だということを知ったのは、高校入学時くらいだったと記憶している。当時日本領であった南樺太の東岸に位置する同地の近くには、北方民族・ニヴフの集落がいまなお存在しているとされる。正直、自らの民族的「出自」が、完全に和人／ヤマトンチュであるとは思っていない。鶴見俊輔の提唱した「在日日本人」であるというのが、現在のアイデンティティーである。

中学時代、筆者が取り組んだのは「学生自治」の問題であった。生徒会長として生徒会役員に「学校教員には労働組合がある。生徒会は行事の下請け組織ではなく組合的であるべきだ」とアジテーションをしたり、形骸化した生徒総会を批判する生徒会通信を発行し発禁処分を受けたりしたこともあった。そうした問題意識を抱え、「闘い」は高校でも展開されることとなった。

高校入学後、中学校時代の「失敗」の経験から「生徒会の枠にとらわれず、できるだけ外部とつながりを持とう」と志した。社会問題を考えるため「北の高校生会議」と題した合宿を企画し、北海道の各地から30名ほどの高校生を集めて、憲法問題や障害者差別の問題などを文字通り夜明けまで侃侃諤諤と語り合った。活動は注目され、北海道内で多くのメディアに取り上げられた。

東京を中心としてＳＥＡＬＤｓが主体の「あたらしい社会運動」が盛り上がっていた二〇一四年〜一五年にかけて、筆者が通った旭川東高校はまさに「政治の季節」の真っただ中だった。ある親しい友人は、一五年秋に校内でシリア空爆反対ビラをまいた。弾圧をかいくぐるため、配布物が置かれている棚にドサクサ紛れに置いておいたという。それでも十枚以上掃けたのだとか。所属する部活動で教員によるセクシャル・ハラスメントまがいの行動を職員室で副顧問に告発したが、「こういう話はここではするな」といわれ、筆者は部活を辞めた。後輩の女子生徒が退部を決意したのは、その直後のことなのであった。

生徒大会も紛糾した。二〇一四年当時の生徒大会の議事録には、筆者による発言の記録が刻銘と記録されている。

あの、質問なんですけれども、百万円ほどのお金がどのように使われているか、しかもこれは僕らの生徒会費から出たお金なので、やっぱりそれを丁寧に載せるって言うことは、僕は必要だと思いますが。（…中略…）僕の要求は、この残金の特別会計を部局とか特定のとこに回すのではなくて、そういった要求ではなくて、特別会計についてを（生徒に笑いが起きる）明確にしっかりと公表してくれと、（生徒に笑いが起きる）そういったことが必要だということでございます。（原文ママ、ちなみに生徒から「死ね」というヤジが飛んだとも記されている）

六年を経たいま、当時の発言を振り返ってみても、特に過激な発言をしているわけでもないように思われる。しかし、このやり取りをしている最中、ある教員は目の色を変えて怒鳴りつけてきた。加えて、事前通告なしの質問だったことから名指しで「テロリスト」「ゲリラ」呼ばわりをホームルームでしたという。実際、この発言が契機となったのか、授業を受けているときさえ、「生活指導」を受けざるをえなくなった。れっきとした学習妨害であるが、教科担任は「授業より大切なものがある」とさえいった。そうした状況においても筆者を応援してくれたかけがえのない友人は、いまなお交流が続いている。

しかし、運動の「敗北」を実感したのは、むしろ卒業後のことであった。二〇一六年六月二十一日付の「北海道新聞」の一面記事で、北海道内の人口上位十市の公立高校において「旭川東と札幌西稜」のみが生徒に「政治活動届け出を求める」との決定をしたという報道がなされたのである。旭川東高校といえば、一九七三年に制服自由化を勝ち取った歴史が継承される「自由な学風」として知られていた。本件について卒業後に母校に問い合わせをしたところ「これはフェイクニュースにすぎない」と一蹴されてしまった。であれば、なぜ新聞社に対し訂正要求をしないのか。残念ながら、応答らしい応答を得ることは出来なかった。皮肉にも、自分たちの運動の帰結が「反動化」を招いたということを悟ったのである。

こうした経験を抱えているからこそ、「ポストコロニアル論理」「市民運動論」を東京の大学で探究したいというのは、筆者にとってきわめて自然な思いであった。現在筆者は、戦後日本政治学と市民運動との「距離」について研究をしながら、「論座」「情況」などで言論活動をしたり、原発や基地をめぐる運動にもかかわりを持ったりしている。

また、二〇二〇年の二月一一日に連合会館で開催された「高校闘争から半世紀」において、「若者世代」を代表して登壇・発言する機会を得た。筆者が問いたかったのは、私たちが「運動」を語るときに「周縁」はどのように位置付けられるかという問題であった。

たとえば、六〇年代の「高校闘争」として筆者が真っ先に想像したのは、沖縄の運動である。辺野古新基地反対運動の先頭に立っている山城博治は、前原高校在学中に生徒会長として「基地付き本土復帰反対」闘争を闘い抜いた。その結果、退学するか自主退学するか選べと言われて、退学を選んだ。あるいは六〇年代の運動が「男性中心的」だったという批判から、田中美津らはウーマンリブ運動を展開した。シンポジウムに登壇した「高校全共闘」世代は、結果的に東京出身者が中心で、かつ男性のみであった。

そうした問題意識を持ったのは、間違いなく筆者自身の経験に依る。「若者世代」パートで紹介されたのも、筆者を除いて東京の運動家ばかりだった。北海道から一生懸命問題提起をしたつもりでも、全国的に注目されることは非常に難しいという「限界」を感じると同時に、筆者自身がくぐり抜けてきた「一五年安保」の「政治の季節」も（六〇年代の高校闘争と同様に）語り継いでいかねばならないと決意した瞬間でもあった。

ネオリベの論理に親しむ学生たち

さて、ここまで自らの軌跡を振り返ってきたが、改めて慶應義塾大学に通う一政治学徒として、今日の大学が抱える問題についても改めて提起したい。

昨今の大学は、かねてから指摘されていた「就職予備校化」に加えて「ネオリベ（新自由主義）化」が進行しているように実感する。

かつて、「二〇一八年問題」が議論されてきた。「二〇一八年問題」とは、一九九二年の二百五万人をピークに減少し、二〇〇八年から百二十万人前後で推移してきた十八歳人口が、二〇一八年以降再び減少期に入るため、大学経営が厳しくなるとされる問題であった。文部科学省はこの問題への対処として、「組織の廃止や社会的要請の高い分野への転換に積極的に取り組むよう努め」よ、と各国立大学に通知したのであった(*1)。

ほぼ時を同じくして、文科省は慣行的に定員を超えて学生に入学許可を与えていたとされる東京二十三区内の大規模私大に対して厳しい姿勢で臨み、補助金を減額していく方針をとった(*2)。政府は「選択と集中」の名のもとに、大学に「競争原理」を導入し、また文系学部が比較的多い都内の私立大学の定員を削減させようとした。学部の看板架け替え等の「改革」を行った国立大学や、定員抑制に協力した私立大学を「評価」し、経営基盤が不安定な大学には補助金の削減をちらつかせてきたのである。また、安倍政権下で行われたとされる高等教育「無償化」(適用されるのは、住民税非課税世帯に限られ、とても無償化とは言いがたいが)の適用になる大学の要件として、「学生が学ぶ教育機関は、産業界のニーズも踏まえ、企業などで実務経験のある教員の配置」が課せられたことも記憶に新しい。

残念ながら、多くの私立大学はそうした状況に追従してしまった。「学術研究」の充実より「SNSを活用して大学の情報の発信」「新キャンパスの整備」などを選んだのである。大学百九十二校を対象とした読売新聞の調査によると(*3)、「二〇一八年問題」への対処法として、百四十三校は広報強化、百二十四校は設備投資を増加させるといった教育環境の充実、百校は就活支援の充実、七十三校は経費削減を挙げたという。政府と大学の経営陣は、共犯関係的に「就職予備校」としての役割を充実させると同時に、大学運営に経営論理を徹底させてきたのであった。

また、経団連と大学の紳士協定、いわゆる「就活ルール」の撤廃にともなう、さらなる就活の早期化が懸念されている。いまや「インターンシップ」には全学生の九割が参加するとのデータもある。悲しいことに、ロックアウトにともない一度もキャンパスに足を踏み入れたことがない新入生が、対面授業を受けたり図書館を利用したりする前に「インターンシップ」に精を出すという状況もあったという。就活が長期化する予期的社会化（＊4）の時代において、多くの学生たちにとってはアカデミズムよりネオリベの論理のほうが親しいものになっているのかもしれない。決して、就職活動の失敗や就職する企業／業界とのミスマッチは「自己責任」なんかではないのに……。

近年、国際的な大学の競争力を序列化する「大学ランキング」が注目されるようになった。しかしこの「ランキング」は、英語での被引用論文がいかに多いのかといった「偏った」基準で評価される。一方で大学側は「欧米基準」を取り入れるため、評価にＧＰＡ制度を取り入れたり、全て英語での履修コースを取り入れたりしている。ＧＰＡ制度の問題点は、たとえば成績がＳ＋Ｓ＋Ｓだと「4」。より多くの科目を受講してＳ＋Ｓ＋Ｓ＋Ａ＋Ａだと「3・6」〈＝（4×3＋3×2）÷5〉。つまり卒業要件を満たすための最低限の科目のみを履修し、集中して学ぶほうが、知的欲求に応じて、必修以外の科目を受講するよりもＧＰＡを有利に上げやすいのである。早くからＧＰＡが導入されている米国の大学では、授業料は「履修授業の単位数」に応じて決定する場合が多いという。大学の授業が、ますます「商品」としての位置づけられることに危機感を禁じ得ない。

未完の闘争へ「一にも勉強、二にも勉強」

そうした状況下で、ないがしろにされたのは「学生の自治」の伝統である。この二十年で、「ビラ一つ撤けない」ほど、学生自治の営為はズタズタになってしまった。二〇〇一年、東大駒場寮は強制執行により取り壊された。同じく〇一年には、早大戸山キャンパスの地下にあったサークルの部室が、一方的に廃止され、強制撤去された。〇五年には早大文学部キャンパス内において、ビラをまいていた男性が、突然文学部教職員に取り囲まれ、警察に「建造物不法侵入」の容疑で逮捕、勾留されてしまう事件が起きた。「最後の砦」である京大でも、一八年のタテカンの撤去に続き、百年以上続く学生自治寮である吉田寮の退去に反対する学生に「話し合いの中断」を通告し、翌一九年には寮の明け渡しを求め、大学が寮生を提訴したのである。

繰り返すが、本来、大学は産業界で生産性を上げることのできる人間を生み出す「就職予備校」ではなく、学術研究や自治の「砦」であるべきである。しかし、大学の「ネオリベ化」は、研究者を志す当事者として将来への不安を増大させているだけではない。間違いなく、文化レベルの低下という形で、社会全体にとっても大きな損失を招いてしまうだろう。

それでは今後、どう「闘い」を貫徹していくか。レーニンの格言ではないが「一にも勉強、二にも勉強」をしなければならない、と筆者は考えている。筆者が関わってきた反原発と反貧困、そして沖縄から基地を撤去する闘いと並行して、学術探究に精を出すことを、さしあたり取り組んでいきたいと考えている。

政治学を探究する筆者にとって、「研究」と「運動」をどう架橋するのかというのは非常に重要な課題である。筆者は、戦後の政治学における「運動」概念について研究しているが、たとえばべ平連の運動に大きく関わった高畠通敏は、戦後の政治学者を「岩波知識人」と「サラリーマン研究者」に分類されるとした。前者は、「アリバイ的な批判しかくり返しえない状況」に陥っていたとし、「身分としては支配階層、イデオロギーとしては権力批判という〈緊張関係〉の中で、自己の政治へのかかわり合いの日常的基盤をもたぬままに、反体制運動の身分的オピニオンリーダーとしての地位を占めてきた現実」を厳しく批判する(＊5)。一方で後者は、単なる操作主義と脱・権力批判に陥っており、「敗戦体験をもたないサラリーマン化した研究者群の出現は、政治学の性格を根本的に変えさせつつある」と評した。もちろん高畠が、新左翼運動をどう評価したのかは変遷しているし、充分に検討する必要があるだろう。しかし、高畠が問うた「日常性と政治」「運動と学問」といったテーゼは、全共闘の問いと通底するものがあるように感じる。

「論壇知識人」にならずに、現実政治といかに関わりを持ち続けることができるか――政治学徒として課せられた重い宿題である。その「答え」を見つけることが、筆者にとっての未完の「闘争」である。

＊1　文部科学省高等教育局「新時代を見据えた国立大学改革」https://www.mext.go.jp/component/a_menu/education/detail/__icsFiles/afieldfile/2015/10/01/1362382_2.pdf（閲覧日二〇二〇年九月一〇日）

＊2　「朝日新聞」二〇一五年七月二四日朝刊

＊3　「読売新聞」二〇一八年六月二一日朝刊

＊4　社会学者のロバート・キング・マートンが提唱した概念で、これから所属する予定の集団の規範や行動様式を予め学習し、内面化していくこと

＊5　高畠通敏「職業としての政治学者」『政治の発見』岩波書店　一九九七年、六五〜六七頁

『続・全共闘白書』アンケート結果転載

『続・全共闘白書』からのアンケートに対して総数467通の回答が寄せられたが、そのうち「連絡先不明」などにより回答者が特定できないもの、さらに「匿名でも掲載不許可」との回答があわせて16通あり、それらをのぞいた451通を「第1部掲載回答」とした。

さらにそれらのうち、設問には一切回答しなかったものとそれに準じるものが4通あり、また全共闘運動に直接関わっていない回答者があり、本集計ではそれらをのぞいた446通を「有効解析対象」とした。

そのうえで、「基礎質問」のうちから7項目（性別、生年、出陣地、活動当時の学園、入学年度、卒業・中退・除籍、職業）の「基礎質問」と75のアンケート項目のうち、数値化が可能な68項目について集計・解析を行なった。

『続・全共闘白書』第1部の「全アンケート回答」では、設問に対して「無回答項目」および「その他」と答えて「理由」を記述していない回答は省いたが、ここでは「記述なし・不明」に分類して、統計・解析の対象とした。

また、25年前の1994年に、同様の「全共闘白書アンケート」を実施したが、そのうち今回の設問と重なる集計・解析結果については、経年変化の比較対象のために再掲載をした。

なお、今回は、単純集計と一部のクロス集計を行なって、その結果を掲げるにとどめた。

回答者のプロフィール

〈性別〉

男性：400人・89.7%　　女性：46人・10.3%　　累計：446人・100.0%

女性の回答率は、進学率と比較するときわめて低い。当時の運動参加率も同様であったと思われる

	1965年	1966年	1967年	1968年
男子4年制大学進学率	20.7%	18.7%	20.5%	22.0%
女子4年制大学進学率	4.6%	4.5%	4.9%	5.2%

出典：文部統計要覧昭和31~41、42~平成13年版　学校基本調査報告書昭和40年版　文部科学統計要覧平成14~25年版

〈生年〉

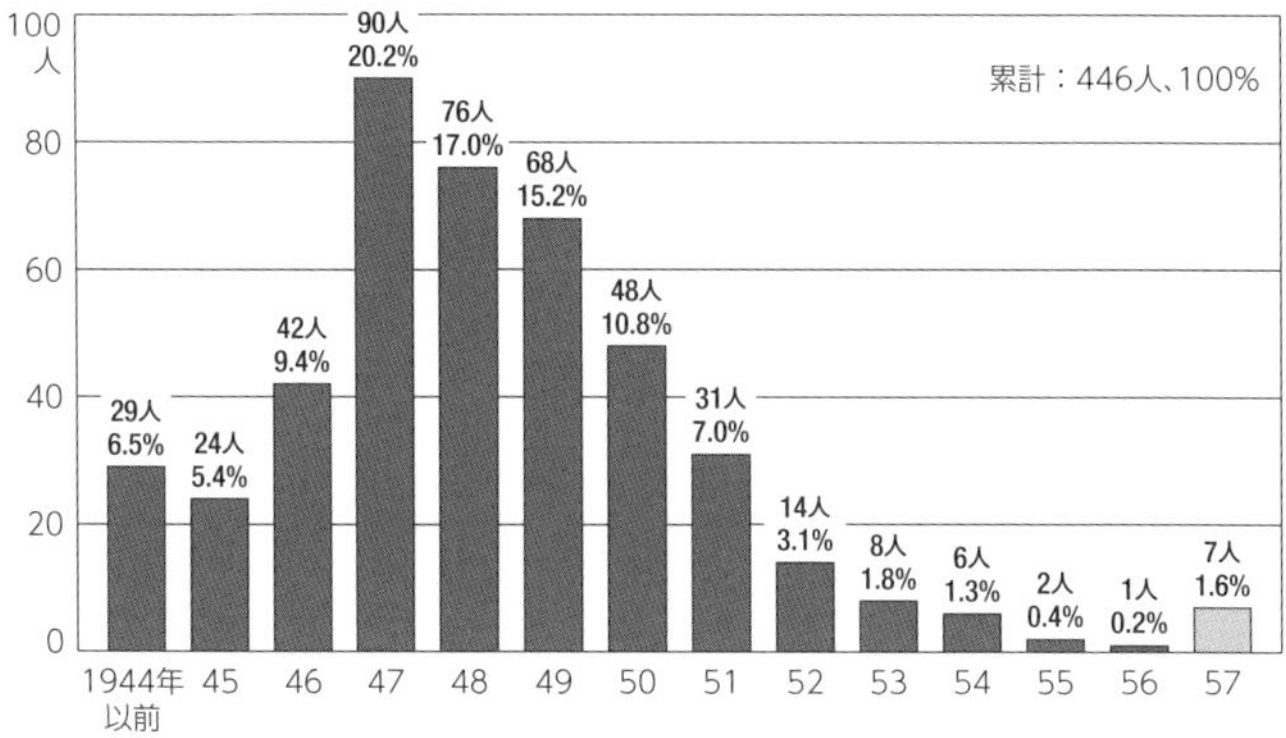

※1947年生まれ（「団塊世代」の始まり）以前

〈出身地〉（上位10名以上）

東京都	100人	22.4%	千葉県	12人	2.7%
神奈川県	31人	7.0%	兵庫県	12人	2.7%
大阪府	31人	7.0%	愛知県	10人	2.2%
北海道	28人	6.3%	香川県	10人	2.2%
福岡県	17人	3.8%	福島県	10人	2.2%
新潟県	14人	3.1%	累計	446人	100.0%

都市部（首都圏・関西・中京・福岡）：209人・47.2%、地方出身：234人・52.8%
※1970年の国勢調査による人口比率：都市部（46.3%）、地方（53.7%）

〈主たる活動の場と回答者数〉

●大学96校

56名	東京大
34名	日本大
33名	明治大
19名	法政大
18名	中央大、早稲田大
13名	京都大
12名	立命館大
11名	東京工業大
10名	同志社大
8名	九州大、慶応大
7名	青山学院大、岡山大
6名	専修大、東北大、広島大、北海道大
5名	大阪市立大、東京外国語大
4名	神奈川大、関西大、北九州大、駒沢大、国際基督教大、芝浦工業大、東京都立大、東洋大
3名	学習院大、西南学院大、東京理科大、徳島大、長崎大、立教大、慶応大学医学部付属厚生女子学院
2名	関西学院大、神戸大、埼玉大、信州大、成蹊大、拓殖大、東京医科歯科大、東京教育大、都立商科短大、鳥取大、日本医科大、明治学院大、桃山学院大、和歌山大、和光大
1名	宇都宮大、大阪大、大阪歯科大、小樽商大、お茶の水女子大、香川大、関東学院大、京都女子大、共立薬科大、共立女子短大、近畿大、群馬大、高知大、国学院大、佐賀大、札幌大、静岡大学法経短大、島根大、上智大、成城大、千葉工業大、東京学芸大、東京経済大、東京水産大、東京農大、東京農工大、東京薬科大、東邦大、東北学院大、獨協大、名古屋大、奈良教育大、新潟大、日本福祉大、一橋大、弘前大、広島商科大、佛教大、北海道教育大、北海学園大、武蔵工業大、武蔵野美術大、名城大、明治大学短期大、山口大、横浜国大、立正大
6名	校名匿名

●高校22校・中学1校・校名不明3人

2名	大阪府立生野
1名	麻布、浦和市立、海城、国学院、札幌旭丘、修道（広島）、四天王寺（大阪）、聖光学院（横浜）、膳所（滋賀）、都立足立定時制、都立井草、都立烏山工業、都立北園、都立九段、都立蔵前工業、都立志村、都立新宿、都立文京、都立三鷹、新潟、函館ラサール
3名	校名不明
1名	東京都千代田区立麹町中

〈入学年〉

●高校

1964年	1人	3.7%	1969年	5人	18.5%
1966年	4人	14.8%	1970年	1人	3.7%
1967年	7人	25.9%	記述なし	1人	3.7%
1968年	8人	29.6%	計	27人	99.9%

●大学

1947年	1人	0.2%	1967年	68人	16.2%
1949年	1人	0.2%	1968年	73人	17.4%
1956年	1人	0.2%	1969年	44人	10.5%
1957年	2人	0.5%	1970年	29人	6.9%
1959年	1人	0.2%	1971年	3人	0.7%
1960年	2人	0.5%	1972年	10人	2.4%
1961年	2人	0.5%	1973年	1人	0.2%
1962年	2人	0.5%	1974年	3人	0.7%
1963年	9人	2.1%	1976年	2人	0.5%
1964年	19人	4.5%	記述なし	8人	1.9%
1965年	42人	10.0%	不明	4人	1.0%
1966年	92人	22.0%	計	419人	99.8%

〈卒業と中退・除籍率〉

	高校		大学	
卒業	23人	85.2%	289人	69.0%
中退・除籍	3人	11.1%	124人	29.6%
記述なし	1人	3.7%	6人	1.4%
計	27人	100.0%	419人	100.0%

※大学での中退・除籍率はきわめて高い

〈現在の職業〉

何らかの仕事をしている	268人	60.1%
無職・年金生活	158人	35.4%
不明・記述なし	20人	4.5%
累計	446人	100.0%

※この年代としてはリタイア率がきわめて低い
➡働かないと生活できない、或いは社会参加意識が高いのか

各設問への回答の集計・解析

＊以下は、有効解析対象回答の466を100.0%として集計した。

問1　全共闘あるいは何らかの政治社会運動へどう参加したか		
活動家として	268人	60.1%
一般学生として	156人	35.0%
参加しなかったが評価	9人	2.0%
参加も評価もせず	4人	0.9%
その他	6人	1.3%
不明	3人	0.7%
累計	446人	100.0%

問2　参加の理由（複数回答）					
今　回			25年前との比較		
自らの信念で	255人	57.2%	自らの信念で	269人	51.1%
社会正義から	82人	18.4%	社会正義から	119人	22.6%
時代の雰囲気	51人	11.4%	時代の雰囲気	115人	21.9%
友人先輩に誘われて	48人	10.8%	友人先輩に誘われて	81人	15.4%
その他	12人	2.7%	その他・記述なし	61人	11.6%
累計	448人	100.5%	累計	645人	100.0%

問3　参加したことをどう思うか（複数回答）					
今　回			25年前との比較		
誇りに思っている	310人	69.5%	誇りに思っている	296人	56.3%
懐かしい	57人	12.8%	懐かしい	83人	15.8%
気にしていない	13人	2.9%	気にしていない	37人	7.0%
若気の至りと反省	4人	0.9%	若気の至りと反省	19人	3.6%
その他	45人	10.1%	その他・記述なし	138人	25.9%
累計	429人	96.2%	累計	571人	100.0%

問4　あの時代に戻れたらまた参加するか					
今　回			25年前との比較		
する	299人	67.0%	また運動に参加する	291人	55.3%
わからない	98人	22.0%	わからない	113人	21.5%
しない	10人	2.2%	しない	25人	4.8%
その他	28人	6.3%	その他・記述なし	97人	18.4%
累計	435人	97.5%	累計	526人	100.0%

問4の2　あの時代に戻れたらまた参加するか（活動家と一般学生との比較）					
活動家			一般学生		
する	200人	74.6%	する	98人	62.8%
わからない	47人	17.5%	わからない	44人	28.2%
しない	5人	1.9%	しない	6人	3.8%
その他	6人	6.0%	その他	8人	5.1%
計	268人	100.0%	計	156人	99.9%

問5　革命・社会変革を信じたか?					
今　回			25年前との比較		
信じていた	217人	48.7%	信じていた	188人	35.7%
信じていなかった	148人	33.2%	信じていなかった	218人	41.4%
その他	59人	13.2%	その他・記述なし	120人	22.8%
累計	424人	95.1%	累計	526人	100.0%

問5の2　革命・社会変革を信じたか?（活動家と一般学生との比較）					
活動家			一般学生		
信じていた	148人	55.2%	信じていた	61人	39.1%
信じていなかった	77人	28.7%	信じていなかった	61人	39.1%
その他	43人	16.0%	その他	34人	21.8%
計	268人	99.9%	計	156人	100.0%

問6　社会主義は今も有効か					
今　回			25年前との比較		
失っていない	229人	51.3%	失っていない	242人	46.0%
失った	126人	28.3%	失った	146人	26.6%
その他	71人	15.9%	その他・記述なし	120人	22.8%
累計	426人	95.5%	累計	526人	100.0%

問6の2　社会主義は今も有効か（活動家と一般学生との比較）					
活動家			一般学生		
失っていない	142人	53.0%	失っていない	79人	50.6%
失った	66人	24.6%	失った	52人	33.3%
その他	60人	22.4%	その他	25人	16.0%
計	268人	100.0%	計	156人	99.9%

問7　運動は人生を変えたか					
今　回			25年前との比較		
変えた	358人	80.3%	変えた	367人	69.8%
変えなかった	71人	15.9%	変えなかった	85人	16.2%
その他	9人	2.0%	その他・記述なし	74人	14.1%
累計	438人	98.2%	累計	526人	100.0%

問7の2　運動は人生を変えたか?（活動家と一般学生との比較）					
活動家			一般学生		
変えた	234人	87.3%	変えた	116人	74.4%
変えなかった	28人	10.4%	変えなかった	36人	23.1%
その他	6人	2.2%	その他	4人	2.6%
計	268人	99.9%	計	156人	100.1%

問8　思い出に残る闘争（複数回答、上位順）					
今　回			25年前との比較		
学園闘争	318人	71.3%	学園闘争	185人	35.2%
三里塚闘争	185人	41.5%	10.8 羽田闘争	122人	23.2%
10.21国際反戦デー	163人	36.5%	10.21 国際反戦デー	103人	19.6%
10.8羽田闘争	162人	36.3%	浅間山荘	94人	17.9%
浅間山荘〔連合赤軍〕	142人	31.8%	三里塚闘争	92人	17.5%
4.28沖縄デー	101人	22.6%	4.28沖縄デー	56人	10.6%
よど号ハイジャック	75人	16.8%	6.15	43人	8.2%
エンプラ闘争	70人	15.7%	エンプラ闘争	35人	6.7%
6.15	60人	13.5%	王子闘争	34人	6.5%
王子闘争	43人	9.6%	よど号ハイジャック	23人	4.4%
ASPAC闘争	19人	4.3%	ASPAC闘争	17人	3.84%
累計	1434人	321.5%	累計	919人	174.7%

問8の2　上記「学園闘争」のうちわけ（上位9校）					
東京大学	86人	19.3%	法政大学	10人	2.2%
日本大学	54人	12.1%	京都大学	9人	2.0%
明治大学	28人	6.3%	九州大学	8人	1.8%
早稲田大学	17人	3.8%	立命館大学	6人	1.3%
中央大学	11人	2.5%	累計	348人	78.0%

問9　運動から離れた理由は（複数回答、多い順）					
今　回			25年前との比較		
内ゲバ	166人	37.2%	内ゲバ	126人	24.0%
党派内粛清事件	108人	24.2%	党派内粛清事件（連合赤軍）	89人	16.9%
就職などの個人的な事情	79人	17.7%	就職などの個人的な事情	39人	7.4%
暴力闘争自体	68人	15.2%	学園闘争	25人	4.8%
国家権力への無力感	49人	11.0%	三里塚	6人	1.1%
家族などの個人的な事情	35人	7.8%			
経済的な問題	29人	6.5%			
友人との葛藤	10人	2.2%			
いまも運動に関わっている、離れた意識はない	21人	4.7%			
その他	89人	20.0%	その他	278人	52.9%
累計	654人	146.6%	累計	563人	107.0%

問10　運動は人生に役立ったか		
役立っている	359人	80.5%
役立っていない	29人	6.5%
不明・その他	32人	7.2%
累計	420人	94.2%

問11　運動参加による損害		
ない	233人	52.2%
ある	165人	37.0%
その他	24人	5.4%
累計	422人	94.6%

問12　運動参加を家族に話しているか

今　回			25年前との比較		
話している	348人	78.0%	話している	366人	69.6%
話すつもりはない	33人	7.4%	いつか話すつもりでいる	50人	9.5%
いつか話すつもりでいる	11人	2.5%	話すつもりはない	25人	4.8%
その他	34人	7.6%	その他・記述なし	85人	16.2%
累計	426人	95.5%	累計	526人	100.0%

問13　運動はその後の日本に何らかの役割を果たしたか

果たした	323人	72.4%
果たさなかった	69人	15.5%
その他	39人	8.7%
累計	431人	96.6%

問14　女性解放運動の登場で価値観は変わったか

変わらなかった	216人	48.4%
変わった	175人	39.2%
その他	30人	6.7%
累計	421人	94.4%

問15　夫婦別姓

賛成だが実行していない	288人	64.6%
わからない	42人	9.4%
実行している	30人	6.7%
反対	19人	4.3%
その他	45人	10.1%
累計	424人	95.1%

問16　収入

年金	186人	41.8%
給与・事業収入	141人	31.6%
給与・事業収入と年金ほか	51人	11.4%
貯金の取り崩し	5人	1.1%
年金と貯金の取り崩し	2人	0.4%
生活保護	1人	0.2%
その他	3人	0.7%
累計	389人	87.2%

問16の2　収入額					
今　回			25年前との比較		
200万円以下	90人	27.5%	0～200万円	20人	4.4%
201～400万円	143人	43.7%	201～400万円	48人	10.6%
401～600万円	41人	12.5%	401～600万円	81人	18.0%
601～800万円	20人	6.1%	601～800万円	116人	25.7%
801～1000万円	14人	4.3%	801～1000万円	94人	20.8%
1001～1200万円	2人	0.6%	1001～1200万円	25人	5.5%
1201～1400万円	2人	0.6%	1201～1400万円	14人	2.1%
1401～1600万円	4人	1.2%	1401～1600万円	16人	3.5%
1601～1800万円	1人	0.3%	1601～1800万円	9人	2.0%
1801～2000万円	5人	1.5%	1801～2000万円	14人	3.1%
2001万円以上	5人	1.5%	2001～万円以上	13人	2.9%
			無回答	75人	14.4%
総計	327人		累計	451人	100.0%

問17　それで生活できているか					
今　回			25年前との比較「その収入は？」		
なんとかできている	258人	57.8%	多い	37人	7.0%
できていない	34人	7.6%	少ない	264人	50.2%
十分にできている	138人	30.9%	ちょうどいい	113人	21.5%
その他	2人	0.4%	その他・無回答	112人	21.3%
累計	432人	96.9%	累計	526人	100.0%

問18　住居					
今　回			25年前との比較		
購入した持ち家	282人	63.2%	購入した持ち家	242人	46.0%
親・配偶者等から 譲り受けた持ち家	95人	21.3%	親・配偶者等から 譲り受けた持ち家	107人	20.3%
借家	31人	7.0%	借家	112人	21.3%
公営住宅	16人	3.6%			
刑務所	3人	0.7%			
その他	5人	1.1%	その他・無回答	65人	12.4%
累計	432人	96.9%	累計	526人	100.0%

問19　家族形態		
夫婦のみ	226人	50.7%
二世代	115人	25.8%
一人暮らし	66人	14.8%
三世代同居	17人	3.8%
四世代同居	4人	0.9%
その他	4人	0.9%
累計	432人	96.9%

問20　婚姻状況

今回			25年前との比較「離婚経験」		
配偶者あり	355人	79.6%	ない	412人	78.3%
単身	80人	17.9%	ある	79人	15.0%
その他	2人	0.4%	無回答	35人	6.7%
累計	437人	98.0%	累計	526人	100.0%

問21　故郷

今回			25年前との比較		
帰ることはない（故郷の実家はない）	196人	43.9%	帰ることはないだろう	155人	29.5%
一度も故郷を離れたことがない（東京・大阪含む）	84人	18.8%	一度も故郷を離れたことがない（東京・大阪含む）	70人	13.3%
すでに帰郷	78人	17.5%	すでに帰郷	100人	19.0%
一度帰郷してまた都会へ戻った	11人	2.5%	一度帰郷してまた都会へ戻った	10人	1.9%
いつか帰りたい	13人	2.9%	いつか帰りたい	40人	7.6%
その他	46人	10.3%	その他・記述なし	151人	28.7%
累計	428人	96.0%	累計	526人	100.0%

問22　公的年金

今回			25年前との比較「支給年齢になったらもらえるか」		
もらっている	402人	92.0%	もらえる	271人	51.5%
もらっていない	35人	7.8%	もらえない	113人	21.5%
その他・記述なし	9人	2.0	その他・記述なし	142人	27.0%
累計	446人	100.0%	累計	526人	100.0%

問22の2　公的年金の受給金額

50万円以下	17人	5.5%
50～100万円以下	66人	21.3%
100～200万円以下	128人	41.3%
200～300万円以下	90人	29.0%
300～400万円以下	7人	2.3%
400～500万円以下	0人	0%
500万円超	2人	0.6%
総計	310人	

問23 民間年金

もらっていない	331人	74.2%
もらっている	99人	22.2%
その他	1人	0.2%
累計	431人	96.6%

問23の2　民間年金の受給金額

50万円以下	36人	
50～100万円以下	24人	46.7%
100～200万円以下	11人	14.1%
200～300万円以下	4人	5.1%
300～400万円以下	2人	2.6%
400～500万円以下	0人	0.0%
500万円超	1人	1.3%
総計	78人	

問24　自身は介護保険を利用しているか		
していない	423人	94.8%
している	13人	2.9%
その他	1人	0.2%
累計	437人	97.9%

問25　要介護家族					
今　回			25年前との比較		
いない	345人	77.4%	いない	452人	85.9%
いる（いた）	91人	20.4%	いる	57人	10.8%
			その他・記述なし	17人	3.2%
累計	436人	97.8%	累計	526人	100.0%

問26　それを担っているのは（いない場合は回答不要、複数回答）		
社会的介護	42人	9.4%
配偶者	32人	7.2%
自分	23人	5.1%
子ども	1人	0.2%
その他	10人	2.2%
累計	108人	24.1%

問27　今後介護が必要な家族は		
いない	226人	50.7%
いる	123人	27.6%
不明	22人	4.9%
累計	371人	83.2%
「いる」との回答のうち記述された「続柄のうちわけ」		
配偶者	64人	50.4%
親（「義理」も含む）	33人	26.0%
本人	22人	17.3%
兄弟姉妹	5人	3.9%
子ども	2人	1.6%
その他	1人	0.8%
累計	127人	100.0%

問28　自身が要介護になったら（複数回答）		
社会的介護	256人	57.4%
配偶者	137人	30.7%
子ども	23人	5.2%
その他	29人	6.5%
累計	445人	99.8%

問29　認知症等で財産管理が不安になったら（複数回答）		
配偶者に委ねる	201人	45.1%
子どもや他の親族に委ねる	92人	20.6%
財産はない	55人	12.3%
成年後見人、弁護士、税理士など信頼できる第三者に管理を委ねる	40人	9.0%
自分の財産なのであくまで自分で管理	28人	6.3%
その他	27人	6.1%
累計	443人	99.4%

問30　最期はどこで?		
自宅	223人	50.0%
病院などの医療機関	72人	16.1%
高齢者向けのケア付き住宅	21人	4.7%
特別養護老人ホームなどの福祉施設	15人	3.4%
その他	22人	4.9%
わからない	67人	15.0%
累計	420人	94.1%

問31　延命治療		
絶対に望まない	214人	48.0%
どちらかというと望まない	170人	38.1%
わからない	36人	8.1%
望む	8人	1.8%
その他	10人	2.2%
累計	438人	98.2%

※厚労省による高齢者調査との比較
65歳以上で「少しでも延命できるよう、あらゆる医療をしてほしい」と回答した人の割合は4.7%と少なく、一方で「延命のみを目的とした医療は行わず、自然にまかせてほしい」と回答した人の割合は91.1%と9割を超えた

問32　終活		
そのうちするつもり	216人	48.4%
しない	124人	27.8%
している	85人	19.1%
その他	10人	2.2%
累計	435人	97.5%

問33　埋葬先		
散骨	118人	26.5%
樹木葬	10人	2.2%
共同墓地	8人	1.8%
先祖代々の墓に配偶者と入る	104人	23.3%
新規に購入した墓に配偶者と入る	65人	14.6%
先祖代々の墓に自分だけ入る	37人	8.3%
新規に購入した墓に自分だけで入る	2人	0.4%
残された家族に任せる	21人	4.7%
不明、その他	51人	11.4%
累計	417人	93.5%

※同世代と比較して、散骨・樹木葬・合同葬が群を抜いて高い

問34　いま最も好きな国（上位から）					
今　回			25年前との比較（上位5位、複数回答）		
日本	94人	21.1%	日本	102人	19.4%
北欧福祉国家	27人	6.1%	アメリカ	26人	4.9%
キューバ	22人	4.9%	中国	21人	4.0%
ドイツ	13人	2.9%	ドイツ	14人	2.7%
ベトナム	11人	2.5%	スウェーデン	12人	2.3%
累計	376人	84.3%	総計	546人	103.8%

問35　いま最も嫌いな国（上位から）

今回			25年前との比較（上位5位、複数回答）		
アメリカ	106人	23.8%	ロシア（旧ソ連をふくむ）	75人	14.3%
中国	49人	11.0%	日本	72人	13.7%
日本	49人	11.0%	アメリカ	63人	12.0%
北朝鮮	34人	7.6%	北朝鮮	42人	8.0%
韓国	21人	4.7%	中国	10人	1.9%
イスラエル	16人	3.6%			
ロシア	14人	3.1%			
累計	373人	83.6%	総計	543人	103.2%

問36　学生時代最も好きな国（上位から）

今回			25年前との比較（上位5位、複数回答）		
中国	55人	12.3%	中国	96人	18.3%
日本	41人	9.2%	アメリカ	42人	8.0%
アメリカ	36人	8.1%	日本	37人	7.0%
キューバ	33人	7.4%	フランス	32人	6.1%
北ベトナム	33人	7.4%	キューバ	27人	5.1%
フランス	30人	6.7%			
累計	369人	82.7%	総計	543人	103.2%

問37　学生時代最も嫌いな国（上位から）

今回			25年前との比較（上位5位、複数回答）		
アメリカ	193人	43.3%	アメリカ	187人	35.6%
旧ソ連	54人	12.1%	ロシア（旧ソ連をふくむ）	76人	14.4%
日本	23人	5.2%	日本	54人	10.3%
中国	5人	1.1%	韓国	10人	1.9%
北朝鮮	4人	0.9%	中国	3人	0.6%
			イスラエル	3人	0.6%
			南ア	3人	0.6%
累計	365人	81.6%	総計	547人	104.0%

問38　外国人労働者

今回			25年前との比較		
賃金労働条件を日本人並に整備した上で受け入れる	283人	63.5%	積極的に受け入れるべき	236人	11.3%
積極的に受け入れるべき	60人	13.5%	制限すべき	86人	16.3%
現状の外国人労働者の賃金労働条件を日本人並に整備し、これ以上受け入れるべきではない	46人	10.3%			
その他	39人	8.7%	その他・記述なし	204人	38.8%
累計	428人	96.0%	累計	526人	100.0%

問39　ボランティア活動

今回			25年前との比較		
熱心に取り組んでいる	157人	35.2%	熱心に取り組んでいる	118人	22.4%
ときどき参加する	127人	28.5%	ときどき参加する	110人	20.9%
やっていない	153人	34.3%	やっていない	272人	51.7%
			その他・記述なし	26人	4.9%
累計	437人	98.0%	累計	443人	100.0%

※厚労省の高齢者調査と比べてはるかに高い。「なにもやっていない」は69.9%

問40　定期購読紙誌					
今　回			25年前との比較		
朝日新聞	205人	46.0%	朝日新聞	330人	62.7%
東京新聞	53人	11.9%	日本経済新聞	94人	17.9%
毎日新聞	47人	10.5%	毎日新聞	72人	13.7%
日本経済新聞	37人	8.3%	読売新聞	38人	7.2%
週刊金曜日	26人	5.8%	AERA	22人	4.2%
読売新聞	18人	4.0%			
世界	13人	2.9%			
日刊ゲンダイ	11人	2.5%			
情況	11人	2.5%			
累計	720人	161.4%	累計	1042人	1980.1%

問41　ネット活用(複数回答)		
パソコンで	357人	80.0%
スマートフォンで	184人	41.3%
ガラケーで	43人	9.6%
タブレット	4人	0.9%
していない	14人	3.1%
累計	602人	135.0%

※同世代に比べると活用率が高い
2017年11月21日～11月22日、全国のシニア(50～79歳)の男女に対し、ソニー生命保険が行った「シニアの生活意識調査」(1,000名の有効サンプル)によると、「スマートフォン」を利用しているシニアは53.0%、「タブレット端末」を利用しているシニアは22.7%。一昨年、昨年の調査結果と比較すると、「スマートフォン」の利用率は、2015年34.9%→2016年40.9%→2017年53.0%と年々上昇、今年は初めて5割を超えた。

問42　好きな言論人					
今　回			25年前との比較		
白井聡	19人	4.2%	吉本隆明	25人	4.8%
青木理	18人	4.0%	立花隆	19人	3.6%
前川喜平	11人	2.5%	加藤周一	14人	2.7%
内田樹	11人	2.5%	本多勝一	12人	2.3%
吉本隆明	11人	2.5%	佐高信	12人	2.3%
姜尚中	10人	2.2%			
高橋源一郎	9人	2.0%			
佐高信	7人	1.6%			
金子勝	7人	1.6%			
山本義隆	6人	1.3%			
望月衣塑子	6人	1.3%			
辺見庸	6人	1.3%			
小出裕章	6人	1.3%			
総計	537人	120.4%	総計	672人	127.8%

問43　嫌いな言論人					
今　回			25年前との比較		
百田尚樹	79人	17.7%	舛添要一	39人	7.4%
櫻井よしこ	79人	17.7%	栗本慎一郎	25人	4.8%
橋下徹	16人	3.6%	竹村健一	23人	4.4%
竹中平蔵	10人	2.2%	西部邁	22人	4.2%
日本会議に集う人々	10人	2.2%	渡部昇一	8人	1.5%
三浦瑠麗	8人	1.8%			
田原総一朗	6人	1.3%			
曽野綾子	5人	1.1%			
大江健三郎	5人	1.1%			
総計	410人	91.9%	総計	627人	119.2%

問44　注目する言論人					
今　回			25年前との比較		
白井聡	11人	2.5%	大前研一	14人	2.7%
佐藤優	10人	2.2%	吉本隆明	12人	2.3%
内田樹	10人	2.2%	立花隆	10人	1.9%
青木理	9人	2.0%	柄谷行人	9人	1.7%
中島岳志	7人	1.6%	西部邁	8人	1.5%
山本太郎	7人	1.6%	田中直毅	8人	1.5%
総計	360人	80.7%	総計	601人	114.3%

問45　その1憲法はどうすべき					
今　回			25年前の回答との比較		
改正	92人	20.6%	改正	137人	26.0%
堅持	298人	66.8%	堅持	270人	51.3%
加憲	17人	3.8%			
その他	25人	5.6%	その他・記述なし	119人	22.6%
累計	432人	96.8%	累計	526人	100.0%
			学生時代の立場（25年前の回答）		
			改正	103人	19.6%
			堅持	292人	55.5%
			その他・記述なし	131人	24.9%
			累計	526人	100.0%

問46　学生時代の立場と		
同じ	313人	70.2%
変わった	112人	25.1%
その他	5人	1.1%
累計	430人	96.4%

問47　安倍政権の改憲		
賛成	9人	2.0%
反対	419人	93.9%
その他	12人	2.7%
累計	440人	98.7%

問48　日米安保をどうする					
今　回			25年前の回答との比較		
廃棄	279人	62.6%	廃棄	305人	58.0%
堅持	23人	5.2%	堅持	27人	5.1%
修正	118人	26.5%	修正	82人	15.6%
その他	12人	2.7%	その他・記述なし	112人	21.3%
累計	432人	97.0%	累計	526人	100.0%
			学生時代の立場（25年前の回答）		
			廃棄	409人	77.8%
			堅持	11人	2.1%
			修正	26人	4.9%
			その他・記述なし	80人	15.2%
			累計	526人	100.0%

問49　学生時代の立場と		
同じ	283人	63.5%
変わった	138人	30.9%
その他	4人	0.9%
累計	425人	95.3%

問50　自衛隊					
今　回			25年前の回答との比較		
合憲	79人	17.7%	合憲	26人	4.9%
違憲	306人	68.6%	違憲	431人	81.9%
その他	37人	8.3%	その他・記述なし	69人	13.1%
累計	422人	94.6%	累計	526人	100.0%
			学生時代の立場（25年前の回答）		
			合憲	10人	1.9%
			違憲	450人	85.6%
			その他・記述なし	66人	12.5%
			累計	526人	100.0%

問51　学生時代の立場と		
同じ	265人	59.4%
変わった	153人	34.3%
その他	4人	0.9%
累計	422人	94.6%

問52　自衛隊PKO参加					
今　回			25年前の回答との比較		
認める	93人	20.9%	認める	87人	16.5%
認めない	315人	70.6%	認めない	352人	66.9%
その他	26人	5.8%	その他・記述なし	87人	16.5%
累計	434人	97.3%	累計	526人	100.00%

問53　日の丸を国旗と認めるか					
今　回			25年前の回答との比較		
認める	175人	39.2%	認める	142人	27.0%
認めない	226人	50.7%	認めない	282人	53.6%
その他	24人	5.4%	その他・記述なし	102人	19.4%
累計	425人	95.3%	累計	526人	100.0%
			学生時代の立場（25年前の回答）		
			認める	84人	16.0%
			認めない	356人	67.7%
			その他・記述なし	86人	16.3%
			累計	526人	100.0%

問54　君が代を国歌と					
今　回			25年前の回答との比較		
認める	116人	26.0%	認める	68人	12.9%
認めない	283人	63.5%	認めない	367人	69.8%
その他	26人	5.8%	その他・記述なし	91人	17.3%
累計	425人	95.2%	累計	526人	100.00%
			学生時代の立場（25年前の回答）		
			認める	46人	8.7%
			認めない	403人	76.6%
			その他・記述なし	77人	14.6%
			累計	526人	100.00%

問55　選挙					
今　回			25年前の回答との比較		
いつも行く	350人	78.5%	いつも行く	283人	53.8%
ときどき行く	70人	15.7%	ときどき行く	154人	29.3%
行かない	14人	3.1%	行かない	81人	11.6%
その他	6人	1.3%	その他・記述なし	28人	5.3%
累計	440人	98.6%	累計	526人	100.0%

問56　支持政党（複数回答）

今　回			25年前の回答との比較		
立憲民主党	212人	47.5%	社会党	96人	18.3%
支持政党なし	64人	14.3%	共産党	6人	1.1%
社民党	50人	11.2%	日本新党	6人	1.1%
れいわ新選組	23人	5.2%	さきがけ	4人	0.8%
共産党	16人	3.6%	新生党	3人	0.6%
自民党	12人	2.7%			
自由党	5人	1.1%			
維新の党	4人	0.9%			
緑の党	4人	0.9%			
国民民主党	2人	0.4%			
生活者ネット	1人	0.2%			
新社会党	1人	0.2%			
NHKから国民を守る党	1人	0.2%			
その他	42人	9.4%	その他・不明・無回答	411人	78.1%
累計	437人	98.0%	累計	526人	100.0%

2019年7月参議院選挙全国比例得票率			
自民党	35.4%	日本維新の会	9.8%
立憲民主党	15.8%	社民党	2.1%
国民民主党	7.0%	れいわ新選組	4.6%
共産党	9.0%		

問57　最も好きな政治家（複数回答）

今　回			25年前の回答との比較		
山本太郎	59人	13.2%	土井たか子	38人	7.2%
枝野幸男	22人	4.9%	小沢一郎	13人	2.5%
小沢一郎	14人	3.1%	武村正義	13人	2.5%
福島瑞穂	9人	2.0%	江田五月	13人	2.5%
辻元清美	7人	1.6%	国弘正雄	11人	2.1%
保坂展人	6人	1.3%	細川護熙	11人	2.1%
森ゆうこ	6人	1.3%			
累計	483人	109.03%			

問58　最も嫌いな政治家（複数回答）

今　回			25年前の回答との比較		
安倍晋三	271人	60.8%	小沢一郎	119人	22.6%
麻生太郎	54人	12.1%	中曽根康弘	31人	5.9%
菅義偉	51人	11.4%	市川雄一	25人	4.8%
松井一郎	11人	2.5%	細川護熙	21人	4.0%
橋下徹	8人	1.8%	竹下登	15人	2.9%
稲田朋美	8人	1.8%	渡辺美智雄	15人	2.9%
累計	596人	133.6%	累計	683人	129.8%

問59　最も注目する政治家（複数回答）					
今　回			25年前の回答との比較		
山本太郎	81人	18.2%	小沢一郎	153人	29.1%
枝野幸男	31人	7.0%	横路孝弘	32人	5.1%
小沢一郎	28人	6.3%	細川護熙	30人	5,7%
小泉進次郎	20人	4.5%	武村正義	22人	4.2%
安倍晋三	8人	1.8%	土井たか子	15人	2.8%
橋下徹	7人	1.6%			
累計	336人	75.3%	累計	605人	115.0%

問60　最も注目する政党（複数回答）					
今　回			25年前の回答との比較		
立憲民主党	218人	48.9%	社会党	78人	14.8%
れいわ新選組	61人	13.7%	新生党	69人	13.1%
共産党	43人	9.6%	さきがけ	35人	6.7%
自民党	34人	7.6%	日本新党	30人	4.2%
社民党	19人	4.3%	自民党	22人	4.2%
維新の党	12人	2.7%			
公明党	9人	2.0%			
国民民主党	6人	1.3%			
緑の党	3人	0.7%			
NHKから国民を守る党	2人	0.4%			
なし	45人	10.1%			
その他	28人	6.3%	その他	345人	65.6%
累計	480人	107.6%	累計	579人	110.1%

問61　政界再編のあり方					
今　回			25年前の回答との比較		
ヨーロッパ型二大政党制	121人	27.1%	ヨーロッパ型二大政党制	61人	11.6%
アメリカ型二大政党制	43人	9.6%	アメリカ型二大政党制	18人	3.4%
多党制	154人	34.5%	多党制	280人	53.2%
不明・その他	77人	17.3%	その他・記述なし	167人	31.7%
累計	395人	88.6%	累計	526人	100.0%

問62　民主党政権		
大いに期待した	174人	39.0%
少しは期待した	214人	48.0%
まったく期待しなかった	40人	9.0%
その他	5人	1.1%
累計	433人	97.1%

問64　女性議員比率強化策		
必要	349人	78.3%
不要	41人	9.2%
不明	24人	5.4%
その他	17人	3.8%
累計	431人	96.7%

問65 〈平成天皇〉		
大いに評価する	112人	25.1%
少しは評価する	164人	36.8%
まったく評価しない	97人	21.7%
不明	2人	0.4%
その他	51人	11.4%
累計	426人	95.4%

問66 2020東京五輪		
大いに評価する	12人	2.7%
少しは評価する	64人	14.3%
まったく評価しない	344人	77.1%
その他	14人	3.1%
累計	434人	97.2%

問67 トランプ米大統領		
大いに評価する	8人	1.8%
少しは評価する	54人	12.1%
まったく評価しない	354人	79.4%
不明・その他	16人	3.6%
累計	432人	96.9%

問69 政治社会運動参加意思					
今 回			25年前の回答との比較		
ある	269人	60.3%	ある	204人	38.8%
ない	123人	27.6%	ない	181人	34.4%
不明・その他	28人	6.3%	その他・記述なし	141人	26.8%
累計	420人	94.2%	累計	526人	100.00%

問71 何歳まで生きる？		
75歳未満	7人	1.6%
75以上80歳未満	30人	6.7%
80歳以上85歳未満	90人	20.2%
85歳以上90歳未満	53人	11.9%
90歳以上100歳未満	57人	12.8%
100歳以上	18人	4.0%
総計	255人	
不明・無回答	118人	26.5%
累計	373人	83.6%

※日本人の平均寿命（2018年） 女性：87.32歳、男性：81.25歳

あとがき

〝元全共闘〟たちの生の声を一切編集の手を加えずに収録した『続・全共闘白書』を読み解くという、荷厄介なお願いをしたところ、私たちの期待をはるかに超えるポレミークな〝三十家争鳴〟の言説をお寄せいただいた。寄稿者の皆さんには改めて感謝を申し上げたい。

全共闘運動の評価をめぐっては、あれから半世紀を経てもなお（いや、経たからこそ）、かくも多元かつ多義的な論評があることを思い知らされた。

挑発的な設問に乗せられて想いの丈を吐露してしまった四百五十を超える『続・全共闘白書』の回答者はもちろんのこと、回答者の背後にいるであろうその数百倍の〝元全共闘〟たちにとっても、「全共闘を知らない」世代にとっても、新たなる〝気づき〟を促されたのではないだろうか。

すなわち、全共闘運動の「総括」はいまだ終わっていない、「未完」である、と。

私たち編纂委員会にとっても、新たなる〝気づき〟を促された。

実は全共闘運動から四半世紀を機に編んだ『全共闘白書』につづき、半世紀後の節目に『続・全共闘白書』をまとめ、さらにその「解体新書」である本書の刊行をもって、全共闘運動の「総括」は完了、これで歴史的役割は果たしたと考えていた。ところが、寄稿者の多くから「総括の続行」をつきつけられたのである。いわく——

「本書の回答を出発点に、個別の学園闘争にかんする証言や資料がさらに集められ、当時の学園闘争

や学生運動のより多面的で豊かな姿が、記録として残されることにつながればと考えている」（小杉亮子氏）、

「『全共闘白書』よりも『大学闘争白書』を待望したい。これは『研究者』だからそう思うだけではない。具体的な闘争のリアリティをたどる中でこそ次世代に伝わるものがあると思うからだ」（松井隆志氏）

「〝今〟がこうであることの理由を探るためにこそ、〝元〟全共闘の諸君には〝当時〟のことを書き残しておいてほしいのだ」（外山恒一氏）

「内省するのはこのへんにして、『もう一度、若者が自分たちのように考えるようになるためには、どうすればよいのか』を全力で考え、声に出してほしいと思う」（香山リカ氏）

どうやら本プロジェクトをもって〝お役御免〟とはならないようだ。

そのささやかかつ地道な一歩として、回答者によびかけて、それぞれが参加した学園闘争の記録さるべき記憶と知られざる記録を収集、『続・全共闘白書』のＷｅｂ〈zenkyoutou.com/gakuen.html〉に掲載し、雑誌「情況」で連載をすることに着手した。

これが契機となって、回答者をふくむ多くの〝元全共闘〟たちが「総括の続行」に参加、次世代との対話が生み出されることを願っている。

二〇二一年一月

全共闘　未完の総括編纂委員会

「全共闘」未完の総括
450人アンケートを読む

二〇二一年一月二五日　第一刷発行

編　者　全共闘　未完の総括編纂委員会
発行者　二木啓孝
発行所　世界書院
〒一〇一-〇〇五二
東京都千代田区神田小川町三-一〇　駿台中根ビル五階
電　話　〇三-五二一三-〇二九-九三六

印刷・製本　精文堂印刷
装丁・DTP　木村祐一（株式会社ゼロメガ）

ISBN978-4-7927-9585-6